Frankfurter Beiträge zur Soziologie und Sozialpsychologie

Herausgegeben von
Rolf Haubl
Thomas Lemke
Dieter Mans

im Auftrag des Instituts für die Grundlagen der Gesellschaftswissenschaften

Phil C. Langer • Angela Kühner
Panja Schweder (Hrsg.)

Reflexive Wissensproduktion

Anregungen zu einem kritischen
Methodenverständnis in
qualitativer Forschung

Springer VS

Herausgeber
Prof. Dr. Phil C. Langer
Dr. Angela Kühner
Dipl.-Soz. Panja Schweder

Goethe-Universität Frankfurt am Main, Deutschland

ISBN 978-3-658-03111-4 ISBN 978-3-658-03112-1 (eBook)
DOI 10.1007/978-3-658-03112-1

Die Deutsche Nationalbibliothek verzeichnet diese Publikation in der Deutschen Natio-
nalbibliografie; detaillierte bibliografische Daten sind im Internet über http://dnb.d-nb.de
abrufbar.

Springer VS
© Springer Fachmedien Wiesbaden 2013
Das Werk einschließlich aller seiner Teile ist urheberrechtlich geschützt. Jede Verwertung,
die nicht ausdrücklich vom Urheberrechtsgesetz zugelassen ist, bedarf der vorherigen Zustimmung des Verlags. Das gilt insbesondere für Vervielfältigungen, Bearbeitungen, Übersetzungen, Mikroverfilmungen und die Einspeicherung und Verarbeitung in elektronischen
Systemen.

Die Wiedergabe von Gebrauchsnamen, Handelsnamen, Warenbezeichnungen usw. in diesem Werk berechtigt auch ohne besondere Kennzeichnung nicht zu der Annahme, dass
solche Namen im Sinne der Warenzeichen- und Markenschutz-Gesetzgebung als frei zu betrachten wären und daher von jedermann benutzt werden dürften.

Lektorat: Dr. Cori Antonia Mackrodt, Katharina Gonsior

Gedruckt auf säurefreiem und chlorfrei gebleichtem Papier

Springer VS ist eine Marke von Springer DE. Springer DE ist Teil der Fachverlagsgruppe
Springer Science+Business Media.
www.springer-vs.de

Inhalt

Reflexive Wissensproduktion: eine Einführung

Angela Kühner, Phil C. Langer & Panja Schweder

> Das postmoderne Wissen ist nicht allein das In-
> strument der Mächte. Es verfeinert unsere Sen-
> sibilität für die Unterschiede und verstärkt unse-
> re Fähigkeit, das Inkommensurable zu ertragen.
> Es selbst findet seinen Grund nicht in der Über-
> einstimmung der Experten, sondern in der Para-
> logie der Erfinder. (Lyotard 1999: 16; Erstveröf-
> fentlichung 1982)

1 Annahme: Reflexivität als Modus kritischer Wissenschaft

Wer sich das Feld qualitativer Forschung heute ansieht, ist mit einer fast unüber-
sichtlichen Vielfalt an methodologischen Ansätzen und methodischen Verfahren
konfrontiert. Sie zeugen von gegensätzlichen Tendenzen einer paradigmatischen
Kodifizierung von Methodologien und Methoden auf der einen und ihrer innovativen Diversifikation auf der anderen Seite.[1] Ein Konsens, was unter qualitativer
Forschung überhaupt verstanden wird oder werden kann, ist dabei nicht in Sicht.
Pointiert sprechen Denzin und Lincoln (2003: 27) in dieser Hinsicht von „embar-
rassment of choice": „Researchers have never before had so many paradigms,
strategies of inquiry, and methods of analysis to draw upon and utilize" (ebd.:
28). Die Entscheidungen jedoch, welches Verständnis von qualitativer Forschung zugrunde gelegt wird, welchen Ansätzen gefolgt werden soll und welche
Methoden zur Realisierung der Forschungsinteressen herangezogen oder entwickelt werden, stellen stets einen wissenschafts- und gesellschaftspolitisch signifikanten Einsatz in einem umkämpften Raum – einem „politically charged
space" (ebd.) – dar. Zwar gehört der „Methodenstreit" und die „paradigm wars"

---

[1] Diese Unterscheidung überschneidet sich, ist aber nicht deckungsgleich mit der in der Literatur
zu qualitativer Forschung mitunter zu findenden Differenzierung zwischen „konventionellen"
(post-)positivistischen und „kritischen" sozialkonstruktivistischen Positionen. In diesem Sinne
sehen etwa Nelson et al. (1992: 4) qualitative Forschung im Spannungsfeld zwischen „narrowly
defined positivist, postpositivist, humanistic, and naturalistic concepts of human experience and
its analysis" und einer „broad interpretative, postexperimental, postmodern, feminist, and critical sensibility".

früher Jahrzehnte (in doppeltem Sinn) aus gutem Grund zur Geschichte qualitativer Forschung; angesichts gegenwärtiger Tendenzen von und Forderungen
nach einer anwendungsbezogenen Nützlichkeit, evidenzbasierten Konzeption,
nach einfacher Operationalisierung und Erlernbarkeit von Forschung sowie nach
zeitnaher Resultatproduktion reflektiert jede – mehr oder weniger bewusst ge-
troffene – Forschungsentscheidung in diesem Raum eine wissenschaftliche Haltung, ein Forschungsethos.

  „Kritisch" sich verstehende Forscher*innen verbinden in diesem Kontext
mit qualitativer Forschung mitunter die Hoffnung auf eine machtsensible Wissensproduktion als emanzipatorischen Beitrag zur Herstellung sozialer Gerechtigkeit (vgl. Denzin 2009; Winter 2010). Sie bringen dabei einen Begriff von
Kritik in Anschlag, der nicht nur am Gegenstand orientiert ist (etwa als Untersuchung sozialer Ungleichheit, Sexismus oder Rassismus), sondern der – begründet
in unterschiedlichen Paradigmen beispielsweise der *Gender, Queer* und *Postcolonial Studies*, der Kritischen Theorie oder Diskursanalyse – die wissenschaftliche Wissensproduktion selbst problematisiert: ihre impliziten normativen Grundlagen, die konstitutiven Ausschlüsse in der „Ordnung des Diskurses", die gesellschaftlichen und politischen Implikationen von Forschung sowie insbesondere
die eigene privilegierte und machtgesättigte Position als Forscher*in in dem
unhintergehbaren Diskurs-Macht-Wissen-Komplex. Für ihr Forschungsethos
grundlegend sind Anschlüsse an die in den letzten zwei Jahrzehnten herausgearbeiteten programmatischen Drives, die unter den Labels der „Krise der Repräs-
sentation" (vgl. z. B. Clifford & Marcus 1986; Butler 1991), der „Dezentrierun-
gen des Subjektes" (vgl. z. B. Hall 1994; Supik 2005) und der „Dekolonialisie-
rung hegemonialer Felder" (vgl. z. B. Appadurai 1996; Smith 1999) firmieren.

  Indem die damit einhergehenden Ansprüche auf eine kritische Wissensproduktion reflexiv auf die eigene Forschungspraxis gewendet werden, um die theoretischen Anliegen in die empirischen Praxis umzusetzen, werden Ambivalenzen, Dilemmata oder Widersprüche offenbar: Wie lassen sich die Perspektiven
der in postkolonialen oder feministischen Zusammenhängen Beforschten in der
und durch die Forschung repräsentieren, wenn das Konzept der Repräsentation
„des/der Anderen" bereits koloniale Züge trägt? Welches Subjekt empirischer
Forschung existiert in den *Queer Studies* überhaupt noch, wenn Identität als
diskursiver Zwangseffekt dekonstruiert und durch strategische Positionierungen
und kontingente Assemblagen theoretisch und politisch-subversiv abgelöst wird?
Wo muss die teilhabende Entscheidungsmacht der Beforschten in partizipativer
und emanzipatorischer Forschung enden, damit das produzierte Wissen noch als
wissenschaftliches anerkannt und nicht als politische „Betroffenheitsaktion"
diskreditiert wird? Inwieweit müssen sich Forschungsbefunde, die sich kritisch
mit den hegemonialen Strukturen „westlicher" Wissensproduktion auseinander-

setzen, in eben jene Strukturen einschreiben, um artikuliert und anerkannt werden zu wollen, und welche Folgen zeitigt solch eine Unterwerfung? Dies bezeichnet die Ausgangsposition des vorliegenden Bandes: dass diese Fragen, mit denen „kritisch" qualitativ Forschende in ihrer alltäglichen Forschungspraxis konfrontiert werden, keine (mehr oder weniger unvergleichbaren) Einzelfallherausforderungen darstellen, die lediglich mit der (mehr oder weniger kontingenten) Wahl einer bestimmten Forschungsfrage, eines methodologischen Ansatzes oder einer Methode, mit zeitlichen oder finanziellen Ressourcen zu tun haben und sich durch „bessere" oder „genauere" Anwendung von Regeln „meistern" ließen, sondern dass diese auf strukturelle Dilemmata verweisen, die in der wissenschaftlichen Wissensproduktion in qualitativer Forschung konstitutiv eingeschrieben sind. Sie erfordern je individuelle und im Forschungsprozess fortlaufend zu treffende Entscheidungen auf epistemologischer, methodologischer, methodischer und forschungspraktischer Ebene, die nicht (immer) durch festgelegte Verfahren legitimiert, den eigenen Ansprüchen nicht (immer) „gerecht" und (immer wieder) zu Erfahrungen eines „situativen Scheiterns" führen können.

In einem wissenschaftlichen Diskursfeld der *Scientific Community*, das auf Exzellenz abzielt und qua *Peer Review* standardisierte und eher konventionelle Ansätze und Projektdesigns befördert, scheint es nicht einfach, diese Forschungserfahrungen zu thematisieren. Natürlich wird ständig darüber gesprochen: intern in Forschungsgruppen, im vertraulichen Austausch mit engen Kolleg*innen, durch die signifikanten Aussparungen und Zurechtmachungen in den publizierten Forschungsberichten (vgl. Devereux 1967; Weiner-Levy & Popper-Giveon 2013). Aber was bedeutet es, diese „problematischen" Forschungsentscheidungen und die Erfahrungen des „situativen Scheiterns" im Lichte der wissenschaftlichen Öffentlichkeit zu präsentieren, wenn die eigenen theoretisch plausibel vertretenen kritischen Ansprüche an das eigene Forschungshandeln im Rahmen methodologisch gut begründeter Verfahrensweisen nicht oder nur bedingt verwirklicht werden können? Dadurch werden Aussagen anders gerahmt: Was bedeutet es hier, nicht nur abstrakt anzumerken, sondern persönlich einzugestehen, dass qualitative Forschung immer mit einer spezifischen Prekarität und mit Momenten des Scheiterns verbunden ist? Wie beeinflusst dies, jenseits von Gefühlen narzisstischer Kränkung, die Anerkennung und Kompetenzzuweisung in der wissenschaftlichen Gemeinde? Der Einsatz ist hoch. Manches wird sichtbar (und artikulierbar), anderes nicht.[2]

---

2 Katja Mruck und Franz Breuer (2003) vermerkten dazu in ihrer Einleitung zu einer Sonderausgabe der Zeitschrift *Forum Qualitative Sozialforschung* zu Subjektivität und Reflexivität: „Why is it so difficult to talk about ourselves and our presuppositions, choices, experiences, and actions during the research process in a sufficiently precise way so that it allows others to

Dennoch ist in den letzten Jahren die Tendenz zu beobachten, auch „schwierige" Forschungserfahrungen zu artikulieren, Forschungsentscheidungen und deren Implikationen kritisch reflektierend publik zu machen und so nicht nur den Prinzipien des qualitativen Selbstverständnisses von Nachvollziehbarkeit, Transparenz, Offenheit und Flexibilität nachzukommen, sondern im Sinne eines kollegialen Austausches Diskussionsräume zu eröffnen und zur Weiterentwicklung qualitativer Methodologien und Methoden beizutragen (siehe z. B. Swartz 2011; Unger 2012). Sie spiegeln die Hoffnung auf einen Arbeitsstil wider, den Pierre Bourdieu zur Eröffnung seines in dem Band „Reflexive Anthropologie" (Bourdieu & Wacquant 1997: 251f.) dokumentierten Forschungsseminars an der Pariser Sorbonne so beschrieben hat:

> Was ich erwarte, ist gerade kein formvollendeter, das heißt defensiver und in sich geschlossener Diskurs, der (verständlicherweise) vor allem eines soll, nämlich die Angst vor Kritik bannen; sondern eine einfache, bescheidene Darstellung der Arbeit, die man gemacht hat, der Schwierigkeiten, auf die man gestoßen ist, der Probleme usw. Nichts ist so allgemein und verallgemeinerbar wie die Schwierigkeiten. Es wird mit Sicherheit ein Trost für jeden sein, dass so manche Schwierigkeit, die er auf seine eigene Unbeholfenheit oder Inkompetenz geschoben hat, bei allen auftritt; und alle werden realer von den scheinbar ganz auf den Einzelfall zugeschnittenen Ratschlägen profitieren […].

In dem anfangs kurz anskizzierten umkämpften Feld qualitativer Forschung möchten wir mit dem vorliegenden Sammelband eine strategisch vermittelnde Position besetzen: Eine, die sich gegen eine Kodifizierung von Forschungsansätzen und -methoden wendet, da mit George Devereux (1967) eine standardisierende Methodenfixierung als ängstliche Abwehr der subjektiven Verstricktheit der Forschenden in ihre Forschung und damit als eine privilegierten Erkenntnismöglichkeit verstanden werden kann; und zugleich eine, die sich kritisch gegenüber eklektizistischen Tendenzen einer bedingungslosen Öffnung des Feldes zur Feier des Experimentellen in der Forschung verhält, die zwar als Unbehagen an der gegenwärtig dominanten Wissensproduktion ernst genommen werden muss, aber selbst Ansätze von utopischen Fluchtdynamiken in sich tragen, die indigene Methodologien in einem mehrfach paradoxen *Othering* vereinnahmen.

---

follow what we mean and did? In part, it is so difficult because the demand to exclude the researcher's subjectivity (and to include only what seems to be methodically controllable as a treatment) is one of the most important imperatives of the modern science. This imperative has been cultured by methodological prescriptions and has been realized by various methodological procedures. It is secured by the ways in which research projects are evaluated and funded, and it touches our hearts, minds and bodies in a very basic way."

Vor diesem Hintergrund gehen wir als Herausgeber*innen des Sammelbandes von der Notwendigkeit von Reflexivität als des einer empirischen qualitativen Forschung angemessenen *Modus* kritischer Wissensproduktion aus. Das so exponierte Verständnis von Reflexivität zielt dabei auf eine Engführung der beiden von Andreas Langenohl (2009) prägnant herausgearbeiteten Idiome der Reflexivität:

> [...] ein durch Debatten in der Anthropologie inspiriertes, *pragmatisches Idiom* der Reflexivität, gemäß den *Praxen akademischer Selbstbeobachtung* als (immer unvollkommenes) Substitut für die mit der Postmoderne verloren gegangene, selbstverständliche positivistische Objektivität der Erkenntnis auftreten; und ein *Theoriediom der Reflexivität*, das konstitutiv für eine allgemeine Krise der Repräsentation ist (...). Während die anthropologisch informierte Debatte einen epistemischen Bruch feststellt und die Konsequenzen – abhanden gekommene Objektivität – unaufgeregt prozessiert, wird bei Bourdieu die Behauptung eines solchen Bruchs kraft theoretisierender Operationen skandalisiert mit dem Ziel, an Objektivität festhalten zu können (Langenohl 2009, XX; Herv. PCL/AK/PS).

Bourdieus in diesem Zusammenhang vorgenommene Unterscheidung zwischen „narzisstischer" und „wissenschaftlicher Reflexivität" (Bourdieu 1983) wird dabei häufig wie eine Beschwörungsformel zitiert, die den Verdacht „narzisstischer" Selbsterhöhung abwehren soll. Diese Rezeption greift jedoch unserer Auffassung nach zu kurz und kann über die dem Bemühen um eine adäquate Forschungshaltung innewohnenden Dilemmata nicht hinwegtäuschen. So halten wir einerseits die „radikale Infragestellung ihrer eigenen Operationen und Denkinstrumente" (Bourdieu & Wacquant 1997: 270) für unverzichtbar für qualitativer Forschung und verwenden Reflexivität somit als wissenschaftliche Reflexivität im Sinne Bourdieus. Wir sehen diese radikale Infragestellung als Bedingungen der Möglichkeit sozialwissenschaftlich tragfähiger – nicht jedoch „objektiver" – Erkenntnisse und fordern somit die reflexive (An-)Wendung der eigenen theoretischen Ansprüche auf die eigene Forschungspraxis – im Falle der Soziologie also jene „Soziologie der Soziologie" (Bourdieu 1985; vgl. auch Burkart 2003). Zugleich sehen wir in der „bewusste[n] und in die Forschungspraxis eingeflochtene[n] Reflexion auf die[se] Standortgebundenheit [von Wissen; AK/PCL/PS]" (Langenohl 2009) eine unabdingbare Forschungshaltung, um die Implikationen dieser reflexiven Wendung zu verstehen und in informierte Forschungsentscheidungen zu übersetzen. Wie diese in der Praxis aussehen kann, ohne dass sie (zu) „narzisstisch" wird, ist dann genau die interessierende Frage.

2   Versuch: die Tagung „(Be-)Deutungsansprüche in qualitativer Forschung"

Mit diesem Sammelband möchten wir einen Beitrag zu der in den letzten Jahren innovativen Debatte der Selbstverständigung und Selbstvergewisserung einer sich als „kritisch" verstehenden Praxis qualitativer Sozialforschung leisten. Er hat seinen Ausgangspunkt in der im Mai 2012 am Fachbereich Gesellschaftswissenschaften der Goethe-Universität Frankfurt durchgeführten internationalen Tagung *On Meaning and Interpretation Authority: Claims in Qualitative Research – (Be-)Deutungsansprüche in qualitativer Forschung: Positionen, Strategien und Perspektiven (selbst-)kritischer Wissensproduktion.*[3] Die Tagung ging dabei von der beschriebenen Prämisse aus, dass qualitative empirische Sozialforschung ihre Akteure mit einer Reihe struktureller Widersprüche und Paradoxien konfrontiert, sobald diese ihre theoretischen Ansprüche auf die eigene konkrete Wissensproduktion anwenden und weiterhin als Wissenschaftler*innen ernst genommen werden wollen.

In der Ankündigung der Tagung wurden in dieser Hinsicht folgende Fragen beispielhaft formuliert: Wie lassen sich selbstkritische und reflexiv gewendete theoretische Ansprüche mit der Begründungslogik qualitativer empirischer Sozialforschung vereinbaren? Welche Strategien gibt es für einen produktiven Umgang mit Subjektivität im Forschungsprozess? Wie repräsentieren postkoloniale Theoretiker*innen die Stimmen ihrer Beforschten? Wie gehen (nicht nur) feministische Forscher*innen mit der konstitutiven Machtasymmetrie in der Forschungsbeziehung um? Welche Möglichkeiten gibt es, die methodologischen Herausforderungen des Umgangs mit Differenz und Diversität in qualitativer Forschung fruchtbar zu machen, ohne ein methodologisches *Othering* zu produzieren? Wie kann eine von Foucault inspirierte Wissensproduktion aussehen? Welche Ansprüche stellt (selbst-)kritische Sozialwissenschaft heute – an sich selbst, ihren wissenschaftlichen Deutungswert und die über den wissenschaftlichen Diskurs hinausgehende Bedeutungsreichweite ihrer Erkenntnisse? In Aussicht gestellt wurde dabei, mögliche Strategien zu diskutieren, die qualitativ Forschende in ihrem konkreten Forschungshandeln entwickeln, um mit solchen Widersprüchen umzugehen.

Aufgrund der oben angedeuteten Prekarität des wissenschaftlich öffentlichen Sprechens über „schwierige" Forschungserfahrungen war die Durchführung der Tagung mit einer gewissen Unsicherheit verbunden, ob unser Konzept überhaupt Resonanz finden würde. Indem die Tagung einen zeitweisen Raum zur gemeinsamen kritischen Reflexion eröffnete, wie in den alltäglichen For-

---

3   Siehe dazu die Tagungswebsite unter www.methodenkritik.de

schungsentscheidungen mit Dilemmasituationen umgegangen werden kann, ohne sich an konventionalisierten Regeln orientieren zu können (oder zu wollen), hatte sie durchaus Ähnlichkeiten mit einem Krisenexperiment. Umso angenehmer war die Überraschung, dass nicht nur die Bereitschaft, über die Herausforderungen, die eigenen Ansprüche in der Forschungspraxis umzusetzen, zu sprechen groß war, sondern offenbar ein starkes Bedürfnis nach kollegialem Austausch über jene Momente des „situativen Scheiterns" in der Forschung bestand. Über 40 Referent*innen aus Deutschland, Österreich, den Niederlanden, Großbritannien und Nordirland, den USA, Kanada und Südafrika trugen durch Vorträge, Workshopmoderationen und Posterpräsentationen zum Erfolg der Tagung bei. Insgesamt nahmen fast 200 Teilnehmer*innen an den zwei Veranstaltungstagen teil, um über *Keynote Lectures*, neun in Deutsch und Englisch geführte Workshops – z. B. zu „The Power of Doubts: Subjectivity and Reflexivity as Methodological Tools on Social Research", „Demarkationslinien und -dimensionen qualitativer Methoden", „Decolonizing Methodologies", „Kritik und Reflexivität – Method(olog)ische Konvergenzen" und „Beyond Research: Dealing with Dilemmas of Participation" – und im Posterforum, das sich mit einem offenen *Call for Abstracts* spezifisch an Nachwuchswissenschaftler*innen wandte, miteinander ins Gespräch zu kommen.

Eine Besonderheit der Tagung war die Partizipation von Studierenden an der Konzeption, Organisation und Durchführung der Tagung. Sie richteten eigenverantwortlich zwei Workshops aus und boten dabei über einen eigenen *Call for Abstracts* kompetitiv ausgewählten Studierenden die Möglichkeit, ihre Forschungserfahrungen bei entstehenden Qualifizierungsarbeiten vorzustellen und gemeinsam mit den Workshopteilnehmer*innen zu diskutieren. Die große Resonanz, die die Tagung gerade auch bei Studierenden fand, sehen wir als Ausdruck einer gelingenden Verbindung von Forschung und Lehre und als Chance einer frühzeitigen Hinführung eines künftigen wissenschaftlichen Nachwuchses an aktuelle Forschungsdebatten. Im Sammelband findet dieser Einbezug von Studierenden in den wissenschaftlichen Forschungsdiskurs weiter Ausdruck, indem zwei der Beiträge von den Organisatorinnen der studentischen Workshops verfasst wurden.

Trotz dieser engen Anbindung an die Tagung ist der vorliegende Sammelband kein „konventioneller" Tagungsband. Er nahm die Diskussionen auf der Tagung als Ausgangspunkt für ein methodologisches Weiterdenken über die dort vorgestellten Überlegungen. Bis auf zwei Beiträge wurden die Aufsätze genuin für den Band geschrieben; auch wurden Autor*innen eingeladen, zu dem Sammelband beizutragen, die keine aktiven Teilnehmer*innen der Tagung waren. Wir verstehen den Sammelband damit weder als mediale Übersetzung der Tagungsdiskussion noch als deren Abschluss: Vielmehr ist mit seiner Publikation die Hoffnung verbunden, dass das auf der Tagung begonnene Gespräch darin weitergeführt wird und Impulse für eine darüber hinausgehende Forschungs(methoden)zusammenarbeit geben kann.

3   Ergebnis: die Beiträge im Überblick

Die im vorliegenden Sammelband zusammengebrachten Beiträge sind in vier Teilen angeführt. Im ersten Teil werden unterschiedliche „Kontexte der Wissensproduktion" in den Blick genommen. Im Kontext mit der Globalisierung qualitativer Forschung setzt sich *Ping-Chun Hsiung* in ihrem Beitrag kritisch mit der angloamerikanischen Dominanz im Forschungsdiskurs auseinander. Sie stellt eine Überwindung der bisher vorherrschenden Arbeitsteilung zwischen dem Zentrum, in dem Theorie und Methoden produziert werden, und einer in sich diversen Peripherie, in der diese konsumiert und reproduziert werden, in Aussicht und plädiert für eine Indigenisierung qualitativer Forschung in der Peripherie. *Karolina Rakoczy* beleuchtet im Anschluss daran disziplinäre Kontexte der Wissensproduktion. Sie geht dabei der Annahme nach, dass eine selbstreflexive wissenschaftliche Methodik dem Interesse für kollektive Gedächtnisprozesse verwandt sei und diskutiert die These, dass die Entwicklung des kulturellen Deutungsmusters „Trauma" einen vielschichtigen Zugang zu wissenschaftlichen Fakten und deren Darstellung provoziert. Im dritten Beitrag dieses ersten Teils decken *Vesna Glavaski* und *Constanze Oth*, im Kontext mit der dem Band zugrundeliegenden Tagung, sowohl intersubjektive als auch innerpsychische Widerstände und damit einhergehende Marginalisierungsmechanismen im Wissenschaftsbetrieb auf. Sie exponieren eine Forderung nach einer kritischen Wissensproduktion, die imstande sei, die besagten Mechanismen zu entlarven und zumindest dem Anspruch nach auch aufzulösen.

Im zweiten Teil des Bandes werden drei unterschiedliche „Methodologische Perspektiven" herausgestellt, die als Anregungen zur reflexiven Wissensproduktion verstanden werden können. *Ulrich Oevermann* setzt eine konstitutionstheoretische Begründung der objektiven Hermeneutik in Szene. Dazu entfaltet er deren Gegenstandsbereich, wichtige wissenschaftslogische Implikationen sowie forschungsstrategische Grundlinien. *Alexander Geimer* diskutiert in seinem Beitrag das Konzept hegemonialer Subjektfiguren im Rahmen einer praxeologischen Wissenssoziologie, die grundlagentheoretisch zwischen einem habituell verankerten impliziten und einem explizit-reflexiven Wissen differenziert. *Phil C. Langer* schließlich nutzt eine Fallvignette aus einer empirischen Studie zu HIV, um daraus forschungspraktische Anwendungsbezüge als innovative Darstellungsweise eines „reflexive account" in qualitativer Forschung abzuleiten und zur Diskussion zu stellen.

Der dritte Teil umfasst drei Beiträge, die „Kritische Reflexionen der Forschungspraxis" ausführen. Entsprechend fragt *Katharina Hametner* in ihrem Beitrag danach, wie im Rahmen von qualitativer Forschung mit dem Anspruch gesellschaftskritischer Wissensproduktion im Hinblick auf Machtverhältnisse und Subjektpositionen umgegangen wird. *Yesim Kasap Cetingök* thematisiert Reflexivität am Beispiel der Konversationsanalyse. Dabei bezieht sie sich auf die Analyse von Gesprächen zwischen Lehrern und Eltern zum Übergang ihrer Kinder in eine weiterführende Schule. Im Fokus ihres Beitrages steht die Frage, inwieweit die Reflexivität der Forscherin den Gegenstand bestimmt oder ob nicht vielmehr die Kontingenz der Beforschten und ihrer jeweiligen Wirklichkeit die Forschungssituation determiniert. *Bettina Schmidt* stellt Überlegungen und Fragen aus einer ausführlichen Forschungsreflexion zur Diskussion, die sich auf den Anspruch nach Reflexivität und Partizipation in ihrem Forschungsprojekt an der Schnittstelle von schulischer und außerschulischer Bildungsarbeit beziehen. Dabei geht sie explizit nicht nur auf die erfolgreichen, sondern auch auf die suchenden und widersprüchlichen Erfahrungen ein, um diese an methodologische Überlegungen zu Reflexivität und Partizipation rückzubinden.

Im vierten Teil schließlich, der Impulse zu einer „Reflexiven Wissensproduktion in der akademischen Lehre" geben soll, nimmt *Alexandra Ivanova* zunächst die dem Band zugrundeliegende Tagung kritisch in den Blick und fordert neben einer reflexiven auch eine gesellschaftskritische Haltung nicht nur von Forschung und Forschenden, sondern vor allem in der Methodenlehre. Abschließend gehen *Panja Schweder, Phil C. Langer* und *Angela Kühner* dem Verführungspotenzial von Reflexion in qualitativer Forschung nach. In fünf Thesen fordern sie eine reflektierte Verwendung des Reflexionsbegriffs im Forschungsdiskurs und dessen Aneignung in der forschenden und lehrenden Praxis und kommen so dem Titel gebenden Anspruch des Bandes im Hinblick auf die darin versammelten Beiträge selbst nach.

Fast allen Beiträgen geht eine kurze Zusammenfassung voraus, die es eiligeren Leser*innen erlaubt, sich den für sie interessant erscheinenden Aufsätzen zu widmen. Im Sinne der besseren Lesbarkeit haben wir uns für eine weitgehende Standardisierung der Zitierweise entschieden.[4] Ausgenommen davon sind die geschlechtsbezogenen Markierungen in den Beiträgen, die im so genannten Unterstrich zur Verdeutlichung des „Gender Gap" oder dem Binnen-I oder einem

---

4   Eine Ausnahme stellt der Beitrag von Karolina Rakoczy dar, der in einer literatur- und kulturwissenschaftlichen Tradition verortet ist, die sich auch in der Zitierweise äußert und die wir nicht durch formale Übersetzungsansprüche quasi disziplinieren oder disziplinär kolonialisieren wollten.

Asterix aufscheinen und deren Verwendung wir den Autor*innen, für die sie in der Regel eine bestimmte Bedeutung haben, überlassen.

Wir verstehen die Beiträge, wie der Untertitel des Sammelbandes signalisiert, als *Anregungen* zu einem kritischen Methodenverständnis in qualitativer Forschung. In diesem Sinn sind selbst jene Beiträge, die sich programmatisch der Kritik zu entziehen scheinen, als (Weiter-)Denkanregungen für Leser*innen, die diese Positionen möglicherweise nicht teilen, zu sehen.

4 Dank

Allen Teilnehmer*innen der Tagung *On Meaning and Interpretation Authority: Claims in Qualitative Research – (Be-)Deutungsansprüche in qualitativer Forschung: Positionen, Strategien und Perspektiven (selbst-)kritischer Wissensproduktion*, die den fruchtbaren Diskussionszusammenhang begründeten, aus dem dieser Band hervorgegangen ist, den studentischen Mitarbeiter*innen, die sie mit in Szene gesetzt haben,[5] und den Mittelgeber*innen, ohne die sie nicht in dieser Form hätte stattfinden können,[6] sei an dieser Stelle ausdrücklich gedankt.

Unser Dank gilt natürlich vor allem den Autorinnen und Autoren dieses Bandes, die in ihren Aufsätzen die Tagungsdiskussion weitergeschrieben haben in der Hoffnung, dass diese in der Methodendebatte des qualitativen Forschungsdiskurses Folgen zeitigen werde. Wir hoffen, mit unseren kritischen Anmerkungen die Geduld nicht zu arg strapaziert zu haben.

Herzlich danken möchten wir zudem der Lektorin Monika Bächer (München), die trotz zweier kleiner Kinder in schneller und zugleich akkurater Lektüre- und Korrekturarbeit eine reibungslose Publikation im Zeitplan ermöglichte. Sie hat dadurch wesentlich dazu beigetragen, dass wir mit gutem Gewissen eine Lust am Lesen der Beiträge in Aussicht stellen können.

Für die Aufnahme des Sammelbandes in die Reihe „Frankfurter Beiträge zu Sozialpsychologie und Soziologie" sind wir schließlich den Herausgebern der Reihe, Rolf Haubl, Kira Kosnick, Thomas Lemke und Thomas Scheffer, verbunden. Wir hoffen, dass er zur Frankfurter Tradition des reflexiv-kritischen Den-

---

5 Namenlich zu nennen sind insbesondere Aisha-Nusrat Ahmad, Alexandra Ivanova, Benjamin Klemm, Vesna Glavaski und Constanze Oth.

6 Die Tagung wurde gefördert durch die Vereinigung der Freunde und Förderer der Goethe-Universität, die Stiftung zur Förderung der internationalen wissenschaftlichen Beziehungen der Goethe-Universität, das Methodenzentrum Sozialwissenschaften, das Cornelia Goethe Centrum für Frauenstudien und die Erforschung der Geschlechterverhältnisse, das Internationale Promotions Colleg des Fachbereichs Gesellschaftswissenschaften und das (ehemalige) Institut für Grundlagen der Gesellschaftswissenschaften.

kens und der Sichtbarkeit und Anschlussfähigkeit qualitativer Forschung am Institut für Soziologie der Goethe-Universität Frankfurt beiträgt.

Literatur:

Appadurai, Arjun (1996). *Modernity at Large*. Minneapolis: University of Minnesota Press.

Bourdieu, Pierre (1993). Narzißtische Reflexivität und wissenschaftliche Reflexivität. In Eberhard Berg & Martin Fuchs (Hrsg.), *Kultur, soziale Praxis, Text. Die Krise der ethnographischen Repräsentation*. Frankfurt/M.: Campus, 365-374.

Bourdieu, Pierre & Wacquant, Loïc (1997). *Reflexive Anthropologie*. Frankfurt/M.: Suhrkamp.

Burkart, Günter (2003). Über den Sinn von Thematisierungstabus und die Unmöglichkeit einer soziologischen Analyse der Soziologie. *Forum Qualitative Sozialforschung*, 4(2). Art. 18. Abgerufen am 15.4.2013 von URL http://nbn-resolving.de/urn:nbn:de:0114-fqs0302181.

Clifford, James & Marcus, Goerge E. (Hrsg.) (1986). *Writing Culture: The Poetics and Politics of Ethnography*. Berkley & Los Angeles: University of California Press.

Denzin, Norman K. (2009). *Qualitative Inquiry Under Fire. Toward a New Paradigm Dialogue*. Walnut Creek: Left Coast Press.

Denzin, Norman K. & Lincoln, Yvonna S. (2003). Introduction: The Discipline and Practice of Qualitative Research. In dies. (Hrsg.), *The Landscape of Qualitative Research. Theories and Issues* (2. Auflage). Thousand Oaks: Sage, 1-43.

Devereux, George (1967). *Angst und Methode in den Verhaltenswissenschaften*. München: Hanser.

Hall, Stuart (1994). Die Frage der kulturellen Identität. In ders., *Rassismus und kulturelle Identität. Ausgewählte Schriften 2*. Hamburg: Argument-Verlag, 180-222.

Langenohl, Andreas (2009). Zweimal Reflexivität in der gegenwärtigen Sozialwissenschaft: Anmerkungen zu einer nicht geführten Debatte. *Forum Qualitative Sozialforschung*, 10(2). Art. 9. Abgerufen am 15.4.2013 von URL http://nbn-resolving.de/urn:nbn:de:0114-fqs090297.

Lyotard, François (1999). *Das postmoderne Wissen*. Wien: Passagen-Verlag.

Mruck, Katja & Breuer, Franz (2003). Subjektivität und Selbstreflexivität im qualitativen Forschungsprozess – Die FQS-Schwerpunktausgaben. *Forum Qualitative Sozialforschung*, 4(2). Art. 17. Abgerufen am 15.4.2013 von URL http://nbn-resolving.de/urn:nbn:de:0114-fqs0302233.

Nelson, Cary, Treichler, Paula A. & Grossberg, Lawrence (1992). Cultural studies: An introduction. In Grossberg, Lawrence, Nelson, Cary & Treichler, Paula A (Hrsg.), *Cultural studies*. New York: Routledge, 1-16.

Pierre Bourdieu (1985). Leçon sur la leçon. In ders., *Sozialer Raum und Klassen. Leçon sur la leçon*. Frankfurt/M.: Suhrkamp, 49-81.

Smith, Linda Tuhiwai (1999). *Decolonizing Methodologies: Research and Indigenous Peoples*. London: Zed Books.

Supik, Linda (2005). *Dezentrierte Positionierung. Stuart Halls Konzept der Identitätspolitiken*. Bielefeld: transcript Verlag.

Unger, Hella von (2012). Partizipative Gesundheitsforschung: Wer partizipiert woran? *Forum Qualitative Sozialforschung, 13*(1). Art. 7. Abgerufen am 15.4.2013 von URL http://nbn-resolving.de/urn:nbn:de:0114-fqs120176.

Weiner-Levy, Naomi & Popper-Giveon, Ariela (2013). The absent, the hidden and the obscured: reflections on "dark matter" in qualitative research. *Quality and Quantity, 47(*2), 177-2190.

Winter, Rainer (2010). Ein Plädoyer für kritische Perspektiven in der qualitativen Forschung. *Forum Qualitative Sozialforschung, 12*(1). Art. 7. Abgerufen am 15.4.2013 unter ULR http://nbn-resolving.de/urn:nbn:de:0114-fqs110171.

TEIL 1
KONTEXTE DER WISSENSPRODUKTION

Die Globalisierung qualitativer Forschung: Ein Beitrag zur Herausforderung angloamerikanischer Dominanz und lokaler Hegemoniediskurse[1]

Ping-Chun Hsiung

Zusammenfassung: In den letzten Jahrzehnten wurden zahlreiche Veröffentlichungen über qualitative Forschung in Ländern außerhalb des „angloamerikanischen Zentrums" vorgelegt. Viele von ihnen verfahren beschreibend und bieten einen Überblick über die deren Entwicklung in einem bestimmten Land. Erst vor Kurzem begannen qualitativ Forschende in Länder, die oft als Länder der Peripherie bezeichnet werden, eine gemeinsame wissenschaftliche Identität in Relation zum angloamerikanischen Zentrum zu artikulieren, indem sie sowohl dessen Dominanz als auch die gegenwärtige Trennung zwischen Zentrum und Peripherie in Frage stellten. Bis heute waren die Bemühungen, diese Identität weiterzuentwickeln, um die angloamerikanische Dominanz zu überwinden und qualitative Forschung zu „indigenisieren", jedoch unzureichend. In diesem Beitrag schlage ich einen global informierten und lokal situierten Analyserahmen als ein Mittel der Entwicklung einer globalisierten qualitativen Forschung vor. Hierzu müssen qualitativ Forschende in der Peripherie zugleich der angloamerikanischen Dominanz und den lokalen hegemonialen Diskursen begegnen. In dieser Hinsicht werde ich erörtern, was Forscherende im Zentrum wie in der Peripherie zu einer Verschiebung der gegenwärtigen Arbeitsteilung beitragen können. Die Arbeitsteilung sieht vor, dass im Zentrum Theorie produziert wird, während diese in der Peripherie konsumiert und reproduziert wird. Vor diesem Hintergrund plädiere ich dafür, der Indigenisierung qualitativer Forschung in der Peripherie mehr Aufmerksamkeit zu verschaffen.

Die Entwicklung qualitativer Forschung in den Sozialwissenschaften hat sich in den Vereinigten Staaten und im Vereinigten Königreich im vergangenen Jahrhundert in unterschiedlichen Phasen und mit verschiedenen Schwerpunkten vollzogen (Denzin & Lincoln 2005; Fielding 2005; Reinharz & Conrad 1988;

---

1 Der Artikel stellt eine Übersetzung des Beitrages „The Globalization of Qualitative Research: Challenging Anglo-American Domination and Local Hegemonic Discourse" dar, der 2012 in der Zeitschrift *Forum Qualitative Sozialforschung / Forum: Qualitative Social Research* erschienen ist (Hsiung 2012). Der Einbezug der von Phil C. Langer und Angela Kühner angefertigten Übersetzung erfolgt mit freundlicher Genehmigung der Mitherausgeberin der Zeitschrift Katja Mruck.

Strong 1988). Auch wenn es jeweils innerhalb dieser Länder und in den verschiedenen Regionen unterschiedliche qualitative Forschungspraktiken gibt, so lassen sich doch gemeinsame methodologische Einsätze und erkenntnistheoretische Grundlagen ausmachen, die für die so genannte „kritische qualitative Forschung"[2] aus diesem „angloamerikanischen Zentrum" charakteristisch sind. Das Feld der Frauen- und Geschlechterstudien etwa erbrachte Einsichten in die Intersektionalität von Klasse, Ethnizität und Geschlecht.

Bereits in den 1900er Jahren wurde angloamerikanische qualitative Forschung außerhalb des Zentrums in Länder eingeführt, die oft als Länder der Peripherie bezeichnet wurden und werden. Dies erfolgte im Allgemeinen durch „Rückkehrer", die qualitative Forschung im Zentrum studierten, oder geschah vermittelt durch direkte Übersetzungen angloamerikanischer Lehrbücher und „klassischer" Studien der qualitativen Forschung. In Verbindung mit der Vorherrschaft angloamerikanischer wissenschaftlicher Fachzeitschriften zu qualitativer Forschung trug dies zu einer globalen Dominanz qualitativer Forschung aus dem angloamerikanischen Zentrum und einer andauernden Teilung zwischen Zentrum und Peripherie bei.

Darüber hinaus hat auch die relative Isolation von Forschenden aus der Peripherie untereinander einen Beitrag zu dieser Trennung geleistet. Über die letzten beiden Dekaden hinweg hat sich die Mehrzahl von Forschenden aus randständigen Ländern wie Indien, Irland, Israel, Japan, Mexiko, Neuseeland, Polen, Spanien, Südkorea sowie aus dem südlichen und östlichen Afrika auf länderspezifische Themen konzentriert (Bruni & Gobo 2005; Corradi 1988; Dzvimbo 1994; Kato 1988; Kim & Cho 2005; Konecki, Kacperczyk & Marciniak 1995; Mast 1988; Oommen 1988; Cisneros Puebla 2000; Schubotz 2005; Suzuki 2000; Valles & Baer 2005; Weil 2005; Wyka 1988). Viele der Beiträge aus der Peripherie wurden in dieser Phase auf Anfragen von Herausgeber*innen von Fachzeitschriften aus dem angloamerikanischen Kern geschrieben; sie waren vorwiegend deskriptiv und boten der angloamerikanischen Leserschaft einen Überblick über Stand und Entwicklung qualitativer Forschung in einem bestimmten Land. Eine Vernetzung der in der Peripherie Forschenden untereinander entstand dadurch kaum. Seit kurzem jedoch haben qualitative Forscher*innen in der Peripherie begonnen, eine eigene gemeinsame professionelle Identität (A.d.Ü.: im Original „collective professional identity") in Bezug zum angloamerikanischen Kern zu artikulieren. Statt lediglich zu beschreiben, wie die angloamerikanischen Methoden und Theorien jeweils vor Ort eingeführt wurden, haben sie angefangen, sowohl die Dominanz des angloamerikanischen Zentrums als auch die

---

2   A.d.Ü.: Im angloamerikanischen Diskurs sind „critical qualitative methodology" und „critical
     qualitative research" zu feststehenden Begriffen geworden (Denzin 2010).

Trennung zwischen qualitativer Forschung im Zentrum und in der Peripherie zu hinterfragen (Alasuutari 2004; Mruck, Cisneros Puebla & Faux 2005; Cisneros Puebla, Dominguez Figaredo, Faux, Kolbl & Packer 2006). Dieser Prozess ist noch in der Anfangsphase; eine so avisierte „globalisierte qualitative Forschung" bringt spezifische Herausforderungen mit sich, die sowohl die Beziehung zum angloamerikanischen Zentrum als auch die jeweilige Position innerhalb der lokalen gesellschaftlichen, institutionellen und politischen Kontexte betreffen.

Bislang wurden nur unzureichende Anstrengungen unternommen, eine solche gemeinsame professionelle Identität zu entwickeln, um die angloamerikanische Dominanz in der Peripherie zu überwinden und qualitative Forschung nicht nur zu übernehmen, sondern sie jeweils vor Ort anzueignen und zu „indigenisieren" (A.d.Ü.: im Original „indigenize"). Auch wenn Alasuutaris (2004) räumliche Metapher die Genealogie qualitativer Forschung auf globaler Ebene besser abbildet als die zeitlich-lineare von Denzin und Lincoln (2000) hat uns seine Arbeit nicht über eine Kritik der angloamerikanischen Dominanz hinausgebracht.[3] Nach wie vor unklar ist, wie wir eine globalisierte qualitative Forschung erreichen können, in der qualitativ Forschende in der Peripherie sich nicht auf die bloße Sammlung, Modifikation und Rückgabe von Forschungswerkzeugen aus einer „toolbox of approaches and practices" beschränken, die vermutlich durch das Zentrum entwickelt worden sind (Alasuutari 2004).

In diesem Beitrag schlage ich einen global informierten und lokal situierten Analyserahmen als ein Mittel zur Entwicklung einer globalisierten qualitativen Forschung vor. Ein derartiger Rahmen kann die gemeinsamen Themen und Kämpfe in der Peripherie offenlegen, die in der frühen länderbasierten Forschung übersehen worden sind, und kann zugleich die Trennung zwischen Zentrum und Peripherie verschieben. Ich verstehe die „Globalisierung qualitativer Forschung" (GQF) als einen Teilbereich, in dem qualitativ Forschende in der Peripherie begonnen haben, die Dominanz des angloamerikanischen Zentrums in Frage zu stellen. Damit GQF zu einer Verschiebung in der gegenwärtigen Arbeitsteilung führt, die der wissenschaftlichen Arbeit im Zentrum die Entwicklung von Theorien und Methoden und der Arbeit in der Peripherie deren Reproduktion und Konsum zuweist, muss jedoch, wie ich ausführen werde, der Indigenisierung von QF in der Peripherie mehr Aufmerksamkeit geschenkt werden. In diesem Sinne werde ich insbesondere zeigen, dass GQF nicht nur das angloameri-

---

3   Denzin und Lincoln identifizieren sieben Phasen der Entwicklung qualitativer Forschung in Nordamerika. Alasuutari sieht darin ideologische Konstrukte, die eine zeitliche Metapher projizieren. Im Unterschied dazu sei eine inklusive, räumliche Metapher offen für multiple Entwicklungen weltweit und Einflüsse, die über die Zentrum-Peripherie-Trennung und über die einzelnen Disziplinen hinaus wirksam sind.

kanische Zentrum herausfordert, sondern auch lokale Hegemoniediskurse infrage stellen muss, die verhindern, dass QF in der Peripherie indigenisiert wird. Für qualitative Forscher*innen im Zentrum und in der Peripherie bedeutet das: zu untersuchen, welchen Beitrag QF in der Peripherie für die globalisierte Welt der QF leisten kann; was andererseits qualitativ Forschende im Zentrum tun können, um ihre Rollen von Produzenten zu Konsumenten zu verändern; und zu explizieren, ob es nur einen anerkannten oder multiple „Werkzeugkasten" qualitativer Forschung in einer globalisierten Forschungswelt geben kann.

Dazu werde ich, mit Blick auf die Sozialwissenschaften und insbesondere die Soziologie, die Entwicklung und die Praktiken qualitativer Forschung in der Peripherie in den letzten beiden Jahrzehnten bis hin zur jüngeren kritischen Wende untersuchen (Abschnitt 1). Im Anschluss befasse ich mich mit der Zentrum-Peripherie-Trennung und der Indigenisierung qualitativer Forschung in der Peripherie (Abschnitt 2). Dabei fokussiere ich mich auf die Kritik an qualitativer Forschung im Zentrum und zeige, wie qualitative Forschung als alternatives Mittel der Wissensproduktion genutzt wird, um lokale Hegemoniediskurse zu überwinden. Abschließend sollen Schlüsselaspekte herausgearbeitet werden, die essentiell für das Vorankommen der GQF sind, und ich werde diskutieren, in welche Richtung sich eine globalisierte Welt qualitativer Forschung entwickeln könnte. Durch die Indigenisierung in der Peripherie haben bereits sehr grundlegende Veränderungen stattgefunden: Vor diesem Hintergrund schlage ich schließlich vor, dass die einzigartigen historischen, kulturellen und politischen Traditionen dieser als randständig wahrgenommenen Länder qualitative Forschung in einer globalisierten Welt neu definieren und/oder bereichern können (Abschnitt 3).

1   Qualitative Forschung in der Peripherie

Neugier auf qualitative Forschung in der Peripherie und ein Bewusstsein der euro-amerikanischen „ethnozentrischen" Tendenz brachte die Herausgeber der Fachzeitschrift *Qualitative Sociology* 1988 dazu, eine Sonderausgabe zu veröffentlichen, die die Entwicklung und die Praxen qualitativer Forschung außerhalb des Zentrums zum Gegenstand hatte. Qualitativ forschende Soziolog*innen außerhalb des Zentrums wurden eingeladen, Manuskripte über qualitative Sozialforschung in ihren Ländern einzureichen (Reinharz & Conrad 1988). Diese Ausgabe sowie weitere Veröffentlichungen, die darauf folgten, fokussierten sich im Wesentlichen auf zwei Themen: die Ähnlichkeiten und Unterschiede in der Entwicklung qualitativer Forschung in Ländern der Peripherie auf der einen und die Rolle(n), die das angloamerikanische Zentrum spielt, auf der anderen Seite. Wie bereits erwähnt dokumentierte diese frühe landesbezogene wissenschaftliche Arbeit vor allem wichtige Publikationen und Veranstaltungen, die das Aufkommen und die Entwicklung qualitativer Forschung kennzeichneten. Ein so verstandenes Schreiben zielte auf ein angloamerikanisches Publikum, das begrenzte Kenntnis von diesen Forschungskontexten hatte. Auch wenn diese akademischen Bemühungen wenig dazu beitragen konnten, die Trennung zwischen dem Zentrum und der Peripherie zu überwinden oder die Forschenden aus peripheren Ländern zusammenzubringen, so boten sie doch für lokale Forscher*innen der Peripherie[4] einen ersten Ansatzpunkt, den Entwicklungsweg der qualitativen Forschung in ihren jeweiligen Ländern einer genaueren Betrachtung zu unterziehen. Durch Initiativen wie Symposien, runde Tische und Workshops wurde eine zunehmende Institutionalisierung angeregt (Kim & Cho 2005; Mercado-Martínez 2002; Cisneros Puebla 2000; Suzuki 2000; Weil 2005). Verbreitet waren diese Bemühungen vor allem dort, wo qualitative Forschung neu aufkam. In Japan beispielsweise, wo qualitative Forschung im Feld der Psychologie begann, wurden solche Initiativen in den frühen 1990er Jahren gestartet, um spezifische methodologische und epistemologische Anliegen qualitativer Forschung zu diskutieren (Suzuki 2000). In Südkorea wurde qualitative Forschung formal in den Erziehungswissenschaften im Jahr 1995 im Rahmen einer Konferenz eingeführt, die unter dem Titel *Inquiry into Research Methods on Curriculum and Instruction* berühmt wurde; ihr folgten 1997 die Einrichtung einer wissenschaftlichen Fachgesellschaft sowie Workshops und jährliche Konferenzen (Kim & Cho 2005). In vielen Ländern der Peripherie zogen diese fachwissenschaftlichen Bestrebungen regelmäßig die institutionelle Verfestigung intellektueller Netzwerke als neue Forschungszentren an Universitäten, die Gründung von wissenschaftlichen Fachgesellschaften, die Einführung von Fachzeitschriften, die sich ausschließlich der Verbreitung von Ergebnissen qualitativer Forschung widmeten, sowie die Organisation themenspezifischer Workshops und jährliche Konferenzen nach sich. Indem diese Prozesse gemeinsame intellektuelle Räume schufen, trugen sie zur Formierung einer professionellen Identität der qualitativ Forschenden in den einzelnen Ländern bei. Qualitative Forschung entwickelte sich in dieser Hinsicht von einem Feld, das aus einigen individuell Forschenden oder einer kleinen Gruppe von Wissenschaftler*innen bestand, zu einem Cluster von

---

4 Herausgeber der Zeitschrift *Qualitative Sociology* wiesen darauf hin, dass sie durch qualitative Forschungen aus der Peripherie auf für sie bis dahin unbekannte „andere Traditionen" aufmerksam gemacht wurden, die sich in spezifischer Weise von denjenigen in den USA unterschieden. Allerdings führte dies nicht zu einer Diskussion, was solche eine Entdeckung genau bedeutete. Stattdessen hofften die Herausgeber, dass die „special issue will contribute to the development of an international perspective among qualitative sociologists in the U.S.A. and elsewhere" (Reinharz & Conrad 1988: 11).

Forscher*innen, die sich selbst als *qualitative Forscher*innen* verstanden und als solche auch wahrgenommen/anerkannt wurden.

In den meisten Fällen wurde qualitative Forschung in den Ländern außerhalb des angloamerikanischen Zentrums durch einheimische Wissenschaftler*innen (die oftmals im Ausland studiert hatten) eingeführt. Die Einführung qualitativer Forschung in die Länder der Peripherie vollzog sich durch die wörtliche Übersetzung englischsprachiger Lehrbücher und beispielhafte Arbeiten in die jeweiligen Landessprachen. Quantitativ begannen jene Methoden, Theorien und Texte, die für den angloamerikanischen Kontext entwickelt wurden, den einheimischen Publikationsmarkt zu dominieren (Alasuutari 2004; Bruni & Gobo 2005; Hsiung & Qi 2009; Kato 1988; Kim & Cho 2005). Die Nutzung dieser Texte in der einheimischen akademischen Ausbildung und Forschung führte in der Folge *qualitativ* dazu, dass Theorien, analytische Konzepte und/oder spezifische Themen, die für die angloamerikanisch fokussierte qualitative Forschung relevant waren, unhinterfragt in den Forschungsdiskurs der Peripherie übernommen wurden und diesen zu dominieren begannen. Besonders deutlich wird dies, wie Kato (1988) vermerkte, in Fällen, in denen Studierende die Namen und Ideen „westlicher" Gelehrter auswendig lernen mussten, ohne deren Relevanz für die eigene Gesellschaft kritisch zu hinterfragen. „Westliche" Theorien oder Modelle wurden oft in Abschlussarbeiten oder Artikeln adaptiert, ohne dass dabei ihre Anwendbarkeit auf die jeweiligen lokalen Realitäten reflektiert wurde. Letztlich hat dies zu einer Fortschreibung der Trennung zwischen qualitativer Forschung im Zentrum auf der einen und in der Peripherie auf der anderen Seite beigetragen.

Es gibt jedoch daneben auch eine sehr neue Entwicklung, die einen Gegensatz zu der skizzierten länderspezifischen Tendenz bildet: Wissenschaftler*innen, die der Trennung zwischen Zentrum und Peripherie kritisch gegenüber stehen, formulieren zunehmend eine kollektive Vorstellung von qualitativer Forschung in der Peripherie. Durch die Formierung einer kollektiven Identität als periphere Forscher*innen in Bezug zum angloamerikanischen Zentrum begannen diese Wissenschaftler*innen, die Dominanz der angloamerikanischen Perspektive in der englischsprachigen qualitativen Forschungsliteratur herauszufordern. Von Bedeutung war dabei die Veröffentlichung des *Forums Qualitative Sozialforschung / Forum: Qualitative Social Research*, das auf die Publikation dessen ausgerichtet war, „what is happening in the non-Anglo-Saxon 'peripheries' of our globalized qualitative research world" (Cisneros Puebla et al. 2006: 11). Diese online erscheinende Fachzeitschrift hat eine große Anzahl von wissenschaftlichen Arbeiten über internationale qualitative Forschung zusammengetragen, die in deutlichem Kontrast zu der umfangreichen Literatur über qualitative Forschung steht, die sich in erster Linie auf das angloamerikanische Zentrum bezieht (Mruck et al. 2005). In kritischer Weise zeigt FQR/FQS die Entwicklung qualitativer Forschung in Regionen und Ländern, die eine gemeinsame Sprache nutzen, aber sich außerhalb des angloamerikanischen Zentrums befinden; damit fördert die Zeitschrift eine kollektive professionelle Identität zwischen den Ländern der Peripherie. Diese kollektive Identität markiert nicht nur einen Abschied von der rein landesbezogenen Forschung; sie fördert zudem Publikationen, die die Zentrums-Peripherie-Trennung problematisieren und im Hinblick auf ihre Implikationen untersuchen.

Seitdem zeichnet sich eine globale qualitative Forschung als ein Teilbereich (A.d.Ü.: im Original „subfield") ab, in dem Wissenschaftler*innen in der Peripherie begonnen haben, das Zentrum kritisch zu beurteilen und ihre implizit zugrunde gelegten konzeptionellen Positionen und bislang kaum untersuchten blinden Flecken zu identifizieren. Besonders deutlich werden die Probleme, wenn über qualitative Forschungspraktiken und die jeweilige Genealogie geschrieben wird und dabei „andere Traditionen" ignoriert werden, wie ich im Folgenden ausführen werde.

2   Die Trennung zwischen Zentrum und Peripherie und die „Indigenisierung" qualitativer Forschung

Wie Atkinson, Mruck und andere bemerkten, verfestigte die qualitative Forschungsliteratur, so wie sie sich in den Reihen des Sage-Verlages wiederfindet, die stereotype Vorstellung, dass akademische qualitative Forschung vor allem von privilegierten „male, white, Anglo-Saxon, and more concretely North-American" (Atkinson 2005; Mruck et al. 2005: 6) produziert wird. Da wissenschaftliche Arbeit von außerhalb des Zentrums weitgehend ignoriert wurde, ist es kein Zufall, dass die sieben Phasen qualitativer Forschung, die Denzin und Lincoln (2000) identifizieren, lediglich den genealogischen Pfad der qualitativen Forschung in den USA abbildet. Darüber hinaus sind diese Phasen, wie Alasuutari (2004) gezeigt hat und bereits oben angemerkt wurde, eher als ideologische Konstrukte zu verstehen, die eine lineare, unidirektionale Evolution aus dem angloamerikanischen Zentrum unterstellt, die nicht in der Lage ist, die Koexistenz verschiedener Traditionen und Praktiken qualitativer Forschung außerhalb dieses Zentrums anzuerkennen. Eine solche zeitliche Metapher projiziert eine zeitliche Vorstellung, die sich deutlich von einer inklusiven und räumlichen Metapher unterscheidet, welche multiple Entwicklungen qualitativer Forschung weltweit beschreiben. Dazu ist es ihr möglich, Einflüsse aufzunehmen, die sich quer zu der Trennung zwischen Zentrum und Peripherie und quer zu den unterschiedlichen Disziplinen entwickeln (Alasuutari 2004).

Die auf den angloamerikanischen Raum bezogene Dominanz erhielt durch das Englische als Diskurssprache eine weitere Unterstützung, die als impliziter Regulationsmechanismus erst dann sichtbar wurde, als Forscher*innen aus der Peripherie Zutritt in die Arena der internationalen qualitativen Forschung suchten. Bezug nehmend auf seine eigene Erfahrung, von einem Herausgeber gebeten worden zu sein, die finnischen Beispiele durch amerikanische zu ersetzen, so dass „the English language reader feel at easewith the presentation", argumentiert Alasuutari (2004: 595), dass Forschende aus der Peripherie aus dem Wissenspool ihrer angloamerikanischen Leser*innenschaft schöpfen müssten, wenn sie ihre Werke veröffentlichen wollten. Sie mussten, in anderen Worten, auf einen gesammelten Wissensvorrat verweisen, der durch den vorherrschenden Ansatz bereits akzeptiert und/oder anerkannt war. In qualitativer Forschung wurden Referenzen auf und Beispiele von wissenschaftlichen Arbeiten aus der oder über die Peripherie als ‚zu exotisch' angesehen, um von einer Leser*innenschaft im Zentrum gewürdigt zu werden. Folglich hätten qualitativ Forschende aus der Peripherie „to adopt the gaze of the people in the center, looking at [themselves] from afar or above" (599). Solange sie nicht zeigen konnten, dass ein empirischer Fall relevant gewesen sei für aktuelle Forschung im Zentrum, seien sie systematisch davon ausgeschlossen worden, ihre Arbeiten und Ansichten auf einer englischsprachigen Bühne einer internationalen – doch amerika-zentrierten – wissenschaftlichen Community zu Gehör zu bringen.

Qualitative Forschung in der Peripherie betreiben zu können setzt voraus, die Trennung zwischen Zentrum und Peripherie zu managen und zu transzendieren. Qualitativ Forschende, insbesondere die angloamerikanisch geschulten Rückkehrenden, müssen intellektuelle Zusammenarbeiten über die Zentrums-Peripherie-Trennung über Konferenzen, Projekte und Gastaufenthalte aufrechterhalten und kultivieren (Mercado-Martínez 2002). Eine solche Zusammenarbeit erleichtert die lokale Entwicklung, weil der Bezug zum Zentrum ihnen die notwendige intellektuelle Legitimität für die Finanzierung gibt, die sonst positivistischer quantitativer Forschung zufließen würde. Solch eine Zusammenarbeit hat jedoch ihre Probleme (Kim & Cho 2005). Standardisierte angloamerikanische Messinstrumente und Fragebögen werden beispielsweise selbst in qualitativen Projekten genutzt, die durch internationale Mittelgeber wie die Ford Foundation, die Rockefeller Foundation, die Weltbank, die United States Agency for International Development (USAID) und die Canadian International Development Agency (CIDA) gefördert werden (Cohen 1988; Dzvimbo 1994). Zusammen mit der fortgesetzten Verbreitung von übersetztem Material in peripheren Ländern macht dies die Grenzen der Übertragbarkeit von QF deutlich - und wie wichtig es ist, diese zu überwinden.

Im Bemühen, „laminating Korean schooling with foreign research concepts or topics" (Kim & Cho 2005: 371) zu vermeiden, sind qualitativ Forschende in Südkorea beispielsweise gefordert, ihr intellektuelles Bewusstsein zu „dezentrieren" und ihren „decolonizing mind" (ebd.) zu stärken. Um einen lokal verorteten Gegendiskurs zu produzieren, dürfen Forscher*innen aus der Peripherie nicht vor Belangen zurückschrecken, die im angloamerikanischen Zentrum bislang nicht als bedeutsam angesehen oder zum Gegenstand von Theoriebildung gemacht wurden. Ein wesentlicher Aspekt der Aushandlung der Beziehungen zwischen dem Zentrum und der Peripherie ist demnach, Belange und Themen anzugehen, die relevant und bedeutsam für die Mitglieder indigener Communities sind. Während etwa der Neoliberalismus und dessen Folgen für qualitative Forscher*innen in den USA relevante Themenbereiche sind, sind dies für ihre Kolleg*innen in Chile die Militärdiktatur und die daraus resultierenden gesellschaftlichen Wunden (De La Cuesta Benjumea 2006). Qualitativ Forschende müssen sich auch dann auf lokale Realitäten und ethnografische Befunde fokussieren, wenn es dafür keine Äquivalente im angloamerikanischen Zentrum gibt.

Arbeiten über qualitative Forschung in der Peripherie legen in dreierlei Hinsicht nahe, dass diese dort als Alternative zu quantitativen, statistik-basierten Wegen der Wissensproduktion eingeführt, aufgenommen und praktiziert worden ist. Erstens beschreiben Wissenschaftler*innen aus Ländern, die drastischen sozialen Wandel erfahren haben oder repressiven politischen Regimen ausgesetzt sind, qualitative Forschung als ein Set technischer Mittel, die es lokalen Akteuren erlaubt, textbasierte, empirisch begründete Daten zu sammeln, um die Realitäten vor Ort, die sozialen Beziehungen und die individuellen Lebensverhältnisse zu dokumentieren. In Japan zum Beispiel wird qualitative Forschung als eine Fortsetzung der Tradition der Minzukugaku-Schule begriffen, wobei Wissenschaftler*innen Texte und visuelle Darstellungen von Riten, Volksglauben und der Alltagswirklichkeit von dörflichen Gemeinschaften oder Fischergemeinden inmitten einer schnellen Urbanisierung zusammentragen (Kato 1988). Qualitative Forschung gleicht biografischen Geschichten, die während der polnischen Arbeiterbewegung, während der umkämpften Staatengründung Israels und nach den Aufständen gegen die Diktaturen in Lateinamerika in den 1980er Jahren gesammelt wurden (Bolívar & Domingo 2006; Konecki et al. 2005; Weil 2005). In Indien machen qualitative Forscher*innen mit Hilfe von Interviews Aufzeichnungen bei unterschiedlichen ethnischen Communities und religiösen Gruppen (Oommen 1988). In Nordirland wird qualitative Forschung verwendet, um den Stimmen von sozial und politisch marginalisierten Katholiken Gehör zu verschaffen (Schubotz 2005). Südkoreanische Forscher*innen nehmen auf qualitative Forschung im Bereich der Erziehung als technisches Hilfsmittel Bezug, um bislang vernachlässigte Lebenserfahrungen im Klassenzimmer ansprechbar zu machen (Kim & Cho 2005). Diese Arbeiten fokussieren Geschichten und Begebenheiten, die durch nicht-numerische Daten erhalten werden. Dadurch entsteht implizit eine Art Gleichsetzung von biografischen Stories oder audiovisuellen Aufnahmen mit qualitativen Forschungspraktiken, die die Sammlung von „dichten Beschreibungen" und visuellen Darstellungen über Tiefeninterviews, ethnografischer Feldforschung und kunstbasierter Forschung beinhalten. Es wird unterstrichen, wie Forscher*innen qualitative Methoden in dieser besonderen Weise nutzen, um subalterne Stimmen zu bewahren und den Dissens zwischen unterschiedlichen Positionen lokaler Gemeinschaften zu pflegen. Die Anwendung qualitativer Forschung aus diesem Blickwinkel birgt indes die Gefahr eines Missverständnisses von QF als einem reinen Set von *Techniken;* denn tendenziell werden dabei wesentliche Aspekte methodologischer Prinzipien und epistemologischer Positionen qualitativer Forschung vernachlässigt (Cohen 1988).

Eine zweite Gruppe von Forschenden konzentriert sich auf den historischen Entwicklungsprozess qualitativer Forschung in spezifischen Ländern der Peripherie. So wurde im Falle von Mexiko das Verhältnis von eigenen Erfahrungen und persönlichen Erzählungen einerseits im Kontext kollektiver Erinnerung, andererseits im Kontext ethischer und ästhetischer Motive und des Sozialisationsprozesses analysiert (Cisneros Puebla 2000). Im Falle von Polen wurde die Autobiografie zuerst als Mittel der Wiederentdeckung von Geschichte und zur Aufdeckung nicht offiziell anerkannter Realitäten genutzt; dies war einige Jahre, bevor Autobiografien explizit Gegenstand wissenschaftlicher Beschäftigung wurden, wobei Forschende beispielsweise untersuchten, wie die Polen Erinnerungen verstanden und konzeptionierten, wie ein Individuum sich wiedererinnerte und wie kollektive Erinnerungen konstruiert wurden. Diese Fragen führten Forscher*innen dazu, spezifische kulturelle Werte zu identifizierten und für Polen typische Einstellungen gegenüber persönlichen Dokumenten zu analysieren. Von dieser Perspektive aus sind Biografien, Tagebücher und Briefe nicht länger bloße Quellen unschätzbarer, nicht-numerischer Daten, die Realitäten bewahrten; Forschende betrachten vielmehr, wie die individuelle Artikulation und Interpretation von Realität durch die situierten Standpunkte, durch kulturelle Werte und historische Umstände geprägt werden (Konecki et al. 2005).

Diese Art von Untersuchung ermutigt Forscher*innen, Aspekte qualitativer Forschung jenseits ihrer Verwendung als Werkzeuge und Techniken umzusetzen, wie dies gerade in der Entwicklung qualitativer Forschung in Lateinamerika deutlich wurde. Bolívar und Domingo (2006) zeigten, dass Forschende in Lateinamerika von ihrer frühen Nutzung qualitativer Forschung als bloßes Mittel, um vergessenen Gruppen eine Stimme zu geben, zu einer nuancierteren Verwendung als epistemologische Strategien übergegangen sind, um „plural and multiethnic histories" (54) zu präsentieren. In diesem Fall wird qualitative Forschung nicht länger nur als technisches Mittel einer Untersuchung verwendet; sie wird genutzt, um eine epistemologische Transformation in Szene zu setzen, die multiple Stimmen und diverse Realitäten in der Wissensproduktion legitimiert.

Die dritte Gruppe von Arbeiten illustriert, wie qualitative Forschung als methodologisches Mittel der Wissensproduktion verwendet wird, das zugleich lokale hegemoniale Regime herausfordert und alternative, emanzipatorische Paradigmen entwickelt. In methodologischer Hinsicht ermöglicht die induktive Logik qualitativer Forschung eine Forschung, die „von unten" und lokal begründet neue Fragestellungen entwickeln, sich auf unterschiedliche Datentypen beziehen und alternative Perspektiven in der Datenanalyse aufzeigen kann. In epistemologischer Hinsicht können die so Forschenden Machtpolitiken und Herrschaftsansprüche in der Produktion und Reproduktion wissenschaftlichen Wissens fokussieren. Qualitative Forschung in der Peripherie in diesem Sinn zu betreiben, verspricht die Möglichkeit einer neuen Denkschule, die den Status Quo in Frage stellt, und fordert dazu auf, Normen und Praktiken, die bislang als gegeben hingenommen wurden, zu problematisieren, die vorliegenden Arbeiten und Machtpolitiken zu enthüllen und die Gelegenheiten und Möglichkeiten von Veränderung zu untersuchen.

Droguette (2006) fand zum Beispiel heraus, dass qualitative Forschung es chilenischen Forscher*innen erlaubte, konventionelle Psychologie, deren hauptsächliches Anliegen die Vorhersage und Kontrolle menschlichen Verhaltens ist, herauszufordern. Statt die existierende gesellschaftliche Ordnung zu rechtfertigen, können kritische Psycholog*innen die Möglichkeit sozialer und individueller Freiheit untersuchen. Indem sie den forschenden Blick von den individuellen auf die soziale Eben lenken, können sie die epistemologischen Grundlagen der konventionellen Psychologie in Frage stellen, die auf einer objektiven wissenschaftlichen Interpretation sozialer Realität beruht. Als ein alternatives Paradigma, das auf einer interpretativen Epistemologie aufbaut, erlaubt ihnen qualitative Forschung eine Konzeptualisierung sozialer Realität als situiertes Wissen, das durch Individuen an bestimmten Orten und innerhalb bestimmter soziohistorischer Kontexte konstruiert und definiert wird (Droguette 2006).

In Mexiko haben Wissenschaftler*innen qualitative Forschung genutzt, um subjektives Wissen und persönliche Erfahrungen zu untersuchen. Von der Produktion von Theorien über Armut sind sie zur Präsentation von Theorien von Armen über sich selbst übergegangen (Cisneros Puebla 2000). Durch die Einnahme einer kritischen Perspektive können diese qualitativ Forschenden in der Peripherie eine lokale Hegemonie herausfordern, die theoretisch, politisch oder kulturell begründet ist. So konnten qualitativ forschende mexikanische Soziolog*innen nach einem empirisch basierten theoretischen Pluralismus suchen, der über die Marxistische Orthodoxie der 1970er Jahre sowie die Entwicklungs- und Dependenztheorie der 1980er Jahre hinausging. Die Praktiken und Politiken der Wissensproduktion, die den politischen revolutionären Bewegungen in Mittel- und Südamerika folgen, trugen beispielsweise die Eindrücke dieser Bewegungen in sich. Die Artikulation subjektiver, symbolischer Mikroprozesse innerhalb eines materialistischen Erkenntnisrahmens, der in erster Linie makrostrukturelle Kräfte fokussiert, brachte methodologische und epistemologische Herausforderungen für qualitative Forschung in diesen Regionen mit sich (Bolívar & Domingo 2006).

In Südkorea haben Wissenschaftler*innen an der Problematisierung der konventionellen Beziehung zwischen Forschenden und Beforschten gearbeitet: Sie nutzten qualitative Forschung dazu, eine gesellschaftlich begründete Veränderung zu untersuchen. Qualitativ Forschende im Feld der Pädagogik haben den einzigartigen Blick zu würdigen begonnen, den qualitative Forschung anbietet, wenn sie eng mit den Praktiker*innen und Beforschten im Feld zusammenarbeitet (Kim & Cho 2005). Feministische Forscher*innen in Neuseeland sind einem ähnlichen Weg gefolgt, indem sie qualitative Forschung zur Infragestellung von bis dato als gegeben angenommenen Normen und Praktiken des patriarchalischen Establishments genutzt haben (Mast 1988). Diese Art der Untersuchung wird oft als Bedrohung des lokalen Establishments wahrgenommen. In den autoritären Sahara-Staaten Afrikas gilt qualitative Forschung aufgrund ihres emanzipatorischen Potenzials als oppositionell; qualitative Forschung kann eine intellektuelle Suche inspirieren, die letztendlich zu einer Offenbarung und Entblößung der sozialen, kulturellen und/oder politischen Hegemonien führen kann (Dzvimbo 1994).

3   Schlüsselherausforderungen für das weitere Fortschreiten einer globalisierten qualitativen Forschung

Die Stärkung und Weiterentwicklung einer globalisierten qualitativen Forschung steht vor mehreren Schlüsselherausforderungen. Die erste besteht darin, die systemischen Widerstände zu überwinden, die in der Trennung zwischen dem Zentrum und der Peripherie eingelassen sind und die das lokale Voranschreiten der qualitativen Forschung behindert hat. In dieser Hinsicht ist die massive Übersetzung englischsprachiger Lehr- und Handbücher zu qualitativer Forschung als höchst problematisch zu sehen. Wie bereits angemerkt beinhaltet ein Großteil dieser Arbeiten wörtliche Übersetzungen, die die Zentrum-Peripherie-Trennung eher fortsetzen als überschreiten. Es sollte daher an dieser Stelle vermerkt werden, dass selbst eine akkurate wörtliche Übersetzung nur unzureichend in der Lage ist, die kulturellen Bedeutungen, das implizite Wissen und die unausgesprochenen, als gegeben vorausgesetzten Kontexte zu vermitteln, die die ursprüngliche Autorin bzw. der ursprüngliche Autor im Zentrum annehmen konnte. Daher verlieren empirische Beispiele, die in englischsprachigen Lehrbüchern Verwendung finden, ihre pädagogische Funktion, wenn Unterrichtende und Studierende in der Peripherie keinen Zugang zu diesem impliziten und erfahrungsbasierten Wissen besitzen.

Die methodologische und epistemologische Bedeutung von „Klassikern", wie etwa Elliot Liebows *Tally's Corner* (1967) und Carole B. Stacks *All Our Kin* (1974), ist nur schwer durch chinesische Student*innen zu begreifen, weil erstens die meisten von ihnen kein genaueres Verständnis der Rassenpolitik der 1960er und 1970er Jahre in den USA haben, und sich zweitens die ethnischen Politiken und die ethnischen Beziehungen in China sehr von jenen der USA unterscheiden und unterschieden. In pädagogischer Hinsicht müssen der Inhalt und der Kontext von übersetzten „Klassikern" aus dem Zentrum den Lesenden in der Peripherie näher gebracht und begreifbar gemacht werden, die in der Regel das als gegeben vorausgesetzte Wissen der ursprünglich intendierten Leser*innenschaft nicht besitzen. Studierenden außerhalb der USA sollten beispielsweise bei der Lektüre von *Tally's Corner* Erklärungen über die Geschichte der Diskriminierung, der Rassensegregation und des institutionalisierten Rassismus zur Verfügung gestellt werden, da sie zumeist kein voriges Wissen oder eine eigene Erfahrung mit der Rassenpolitik der USA mitbringen. Zugleich sollten sie dazu ermutigt werden, Machtbeziehungen zu identifizieren und über diese zu reflektieren, die sie in ihrem eigenen lokalen Setting beobachten oder erfahren. Diese Schritte sind notwendig, um lokale Studierende darauf vorzubereiten, qualitative Forschung als ein alternatives Untersuchungsmittel zu nutzen, um die Distinktion zwischen den Machthabenden und den Machtlosen zu erkennen, Machtquellen zu identifizieren, die Konsequenzen der Ausübung solch einer Macht zu verstehen und Möglichkeiten der Herausforderung der Herrschaft zu untersuchen. Eine vergleichende Analyse, die in einer globalisierten qualitativen Forschung angelegt ist, erlaubt es Forschenden, die Arbeiten von Wissenschaftler*innen aus der Peripherie als kollektive Gesamtheit zu lesen, die beispielsweise Auskunft darüber gibt, wie die Veröffentlichung von übersetztem Material in der Peripherie die Entwicklung qualitativer Forschung beeinflusst.

Um die angloamerikanische Dominanz lokal zu durchbrechen, sind lokale und internationale Foren nötig, die die Entwicklung entsprechender Curricula in den Blick nehmen. Diese könnte auf forschungs- und projektbasierter internationaler Zusammenarbeit aufbauen, die es zwischen dem Zentrum und der Peripherie in der Vergangenheit gegeben hat. Die Art des Forums würde einen Raum

schaffen, in dem es möglich ist, Lehrressourcen zu teilen, pädagogische Strategien zu entwickeln und, was am wichtigsten scheint, kritische Perspektiven zu
erkunden. Es ist zum Beispiel wesentlich zu untersuchen, wie qualitative Forschung gleichzeitig über die Zentrum-Peripherie-Trennung hinweg vermittelt
und überschritten werden kann. Leser*innen in der Peripherie sollten mit dem
Wissen versorgt werden, das nötig ist, um einen übersetzten Text zu interpretieren. Die ursprünglichen Autor*innen und Verlagshäuser profitieren von intellektuellen und finanziellen Dividenden durch eine wirklich angemessene Übersetzung; Forscher*innen aus dem Establishment des Zentrums sind daher intellek-
tuell und politisch verpflichtet, den einseitigen Fluss von Wissen und Kapital
von dem Zentrum in die Peripherie in einen intellektuellen Dialog umzuwandeln,
der die hierarchische Trennung zwischen Zentrum und Peripherie durchbricht. Es
wird Zeit und Anstrengungen brauchen, um spezifische Strategien zu finden, die
die Lücke in der Übersetzung und das Ungleichgewicht im Wissensaustausch
zwischen dem Zentrum und der Peripherie korrigieren; achtsame Bemühung und
intellektuelle Verbindlichkeit werden in diesem Prozess unabdingbar sein.

Ein großer Teil kollektiver Forschung aus der Peripherie hat sich auf eine
Kritik der angloamerikanischen Dominanz auf der internationalen Ebene fokussiert. Unzureichende Aufmerksamkeit wurde auf die einheimischen Hemmnisse
gelegt sowie auf das transformative Potenzial, das viele qualitativ Forschende
dokumentiert haben, als sie qualitative Forschung in ihren lokalen jeweiligen
intellektuellen Communities eingeführt haben.

Darüber hinaus sollten qualitative Forscher*innen in der Peripherie untersuchen, wie sie selbst den bestehenden „Werkzeugkasten" der qualitativen Forschung bereichern können, und wie ihre Indigenisierung der qualitativen Forschung deren Horizont methodologisch und epistemologisch erweitern kann.
Untersucht man beispielsweise die Bedeutung von Erinnerungen in einem bestimmten kulturellen Kontext, so kann dies zu methodologischen Fragen darüber
führen, wie die Bedeutung von Erinnerung gefasst werden kann, wenn diese
kontinuierlich eingeschrieben und überschrieben wird, da sich das Subjekt in
einer stets sich verändernden kulturellen und/oder politischen Umwelt bewegt. In
post-marxistischen Staaten, in denen die Selbstbefragung und/oder das reflexive
Schreiben lange Zeit als disziplinierende Maßnahme und/oder zur politischen
Verfolgung Anwendung fand, müssen qualitativ Forschende untersuchen, wie
Reflexivität in qualitativer Forschung überhaupt gelehrt und praktiziert werden
kann. Einsichten, die durch solche Diskussionen gewonnen werden, könnten uns
dazu bringen, methodologische Praktiken und epistemologisches Verstehen von
Reflexivität neu zu begreifen.

Solche Einübungen ermutigen qualitative Wissenschaftler*innen in der Peripherie nicht nur zu überlegen, welche einzigartigen Beiträge sie zu einer quali-

tativen Forschung in einer globalisierten Welt machen könnten; sie laden alle qualitativ Arbeitenden ein nachzudenken, was eine globalisierte qualitative Forschung ausmachen könnte. Es ist noch nicht sicher, ob es in einer globalisierten Welt der qualitativen Forschung nur eine einzige, vom Zentrum entwickelte „Werkzeugkiste" geben kann, aus der qualitativ Forschende in der Peripherie einzelne „Werkzeuge" als Konsumierende entnehmen und zurückgeben, oder ob es multiple Werkzeugkisten geben wird, die es ermöglichen, dass Wissenschaftler*innen aus dem Zentrum wie aus der Peripherie sowohl Produzent*innen als auch Konsument*innen sein können. Wir sind darüber hinaus herausgefordert zu überlegen, inwieweit ein Set aus generischen Attributen in der qualitativen Forschung existiert, die über kulturelle, historische und politische Differenzen hinweg anwendbar sind, und – sollte dies so sein – woraus dieses besteht. Als Wissensproduzent*innen müssen qualitativ Forschende im Zentrum nicht nur kontinuierlich lokale hegemoniale Strömungen problematisieren, kritische Perspektiven kultivieren und über Forschungspraktiken reflektieren; im Zeichen der Entstehung einer globalisierten Welt der qualitativen Forschung müssen sie zudem beginnen, eine neue Vision anzunehmen und neue Praktiken zu entwickeln. Wie Gonzalez und Lincoln (2006) argumentieren, können „westliche" und andere internationale Wissenschaftler*innen, die die Peripherie untersuchen, nicht länger ihre Befunde einfach an eine „westliche" Leser*innenschaft adressieren; sie haben ihre Arbeit den örtlichen und nativen Akteuren gegenüber relevant und zugänglich zu machen. Eine jüngere Publikation, die den Titel *Qualitative Inquiry and Global Crisis* trägt, zeigt, dass es qualitativ Forschender sowohl aus dem Zentrum als auch aus der Peripherie bedarf, um globale Communities in der Krise anzusprechen (Denzin & Giardina 2011). Es ist wesentlich zu untersuchen, wie ein produktiver, internationaler und interkultureller Dialog mit Respekt und ohne Verschweigen stattfinden kann, und wie qualitative Forschung ein emanzipatorisches Mittel für Gerechtigkeit, Nachhaltigkeit und soziopolitische Veränderung sein kann.

Notwendige weiterführende Diskussionen über eine globalisierte qualitative Forschung umfassen auch die Fragen, wie kontextuelle Nuancen über disziplinäre und/oder geopolitische Grenzen hinweg bewahrt werden können und wie Wissen geteilt und intellektueller Austausch über Sprachen, Fächer und Regionen hinweg vorangetrieben werden kann. Es gibt keine einfachen und schnellen Antworten auf diese Fragen. Über das letzte Jahrzehnt hinweg ist die Trennung zwischen dem Zentrum und der Peripherie jedoch zumindest teilweise durch die „Open Access"-Bewegung, die freien Zugang avisiert und die Dissemination von Wissen befördert, aufgebrochen worden. Das Potenzial dieses offenen Zugangs, den Fluss des Wissens dramatisch zu verbessern, wird zunehmend offensichtlich. In diesem Sinne ist es wichtig, die weitreichenden Beiträge von akademischen

Journalen wie dem *Forum qualitative Sozialforschung* anzuerkennen, die globalisierte „Werkzeugkisten" allen Interessierten zugänglich gemacht haben, während sie zugleich die Frage aufgeworfen haben, wie diese Entwicklungen weiter unterstützt werden können.

Literatur:

Alasuutari, Pertti (2004). The globalization of qualitative research. In Giampietro Gobo, Clive Seale, Jaber F. Gubrium & David Silverman (Hrsg.), *Qualitative research practice*. Thousand Oaks, CA: Sage, 595-608.

Atkinson, Paul (2005). Qualitative research – Unity and diversity. *Forum Qualitative Sozialforschung / Forum: Qualitative Social Research, 6(3)*, Art. 26. Abgerufen am 5.11.2011 von http://nbn-resolving.de/urn:nbn:de:0114-fqs0503261.

Bolívar, Antonio & Domingo, Jesús (2006). Biographical and narrative research in Iberoamerica: Areas of development and the current situation. *Forum Qualitative Sozialforschung / Forum: Qualitative Social Research, 7(4)*, Art. 12. Abgerufen am 5.11.2011 von http://nbn-resolving.de/urn:nbn:de:0114-fqs0604125.

Bruni, Attila & Gobo, Giampietro (2005). Qualitative research in Italy. *Forum Qualitative Sozialforschung / Forum: Qualitative Social Research, 6(3)*, Art. 41. Abgerufen am 5.11.2011 von http://nbn-resolving.de/urn:nbn:de:0114-fqs0503410.

Cisneros Puebla, Cesar A. (2000). Qualitative social research in Mexico. *Forum Qualitative Sozialforschung / Forum: Qualitative Social Research, 1(1)*, Art. 28. Abgerufen am 5.11.2011 von http://nbn-resolving.de/urn:nbn:de:0114-fqs000128.

Cisneros Puebla, César A., Domínguez Figaredo, Daniel, Faux, Robert, Kölbl, Carlos & Packer, Martin (2006). Editorial: About qualitative research epistemologies and peripheries. *Forum Qualitative Sozialforschung / Forum: Qualitative Social Research, 7(4)*, Art. 44. Abgerufen am 5.11.2011 von http://nbn-resolving.de/urn:nbn:de:0114-fqs060444.

Cohen, Erik (1988). Qualitative sociology in Israel – A brief survey. *Qualitative Sociology, 11(1/2)*, 88-98.

Corradi, Consuelo (1988). Notes on qualitative sociology in Italy. *Qualitative Sociology, 11(1/2)*, 77-87.

De La Cuesta Benjumea, Carmen (2006). "Here we all are caregivers": Issues of collectivity versus individuality in a study of home care-giving of patients with advanced dementia. *Forum Qualitative Sozialforschung / Forum: Qualitative Social Research, 7(4)*, Art. 5. Abgerufen am 16.1.2012 von http://nbn-resolving.de/urn:nbn:de:0114-fqs060458.

Denzin, Norman K. & Giardina, Michael D. (Hrsg.) (2011). *Qualitative inquiry and global crises*. Walnut Creek, CA: Left Coast Press.

Denzin, Norman K. & Lincoln, Yvonna S. (2000). Introduction: The discipline and practice of qualitative research. In dies. (Hrsg.), *The Sage handbook of qualitative research* (2. Auflage). Thousand Oaks, CA: Sage, 1-28.

Denzin, Norman K. & Lincoln, Yvonna S. (2005). Introduction: The discipline and practice of qualitative research. In dies. (Hrsg.), *The Sage handbook of qualitative research* (3. Auflage). Thousand Oaks, CA: Sage, 1-32.

Droguett, Roberto Fernández (2006). Qualitative research and critical socialpsychology in Chile today: Situated knowledge and political action. *Forum Qualitative Sozialforschung / Forum: Qualitative Social Research, 7(4)*, Art. 38. Abgerufen am 5.11.2011 von http://nbn-resolving.de/urn:nbn:de:0114-fqs0604380.

Dzvimbo, Kuzvinetsa P. (1994). Qualitative research in African education: Notes and comments from Southern and Eastern Africa. *International Journal of Qualitative Studies in Education, 7(3)*, 197-205.

Fielding, Nigel (2005). The resurgence, legitimation and institutionalization of qualitative methods. *Forum Qualitative Sozialforschung / Forum: Qualitative Social Research, 6(2)*, Art. 32. Abgerufen am 5.11.2011 von http://nbn-resolving.de/urn:nbn:de:0114-fqs0502324.

González y González, Elsa M. & Lincoln, Yvonna S. (2006). Decolonizing qualitative research: Non- traditional reporting forms in the academy. *Forum Qualitative Sozialforschung / Forum: Qualitative Social Research, 7(4)*, Art. 1. Abgerufen am 16.1.2012 von http://nbn-resolving.de/urn:nbn:de:0114-fqs060418.

Hsiung, Ping-Chun & Qi, Xuehong (2009, Mai). The qualitative approach as a means of emancipatory research in contemporary China's education reform. Vortrag auf dem *The Fifth International Congress of Qualitative Inquiry*, University of Illinois, Urbana-Champaign.

Kato, Hidetoshi (1988). Qualitative sociology in Japan. *Qualitative Sociology, 11(1/2)*, 55-62. Kim, Young Chun & Cho, Jesik (2005). Now and for ever portraits of qualitative research in Korea. *International Journal of Qualitative Studies in Education, 18(3)*, 355-377.

Konecki, Krzysztof T., Kacperczyk, Anna M. & Marciniak, Lukasz T. (2005). Polish qualitative sociology: The general features and development. *Forum Qualitative Sozialforschung / Forum: Qualitative Social Research, 6(3)*, Art. 27. Abgerufen am 5.11.2011 von http://nbn-resolving.de/urn:nbn:de:0114-fqs0503270.

Liebow, Elliot (1967). *Tally's corner: A study of negro street-corner men*. Boston: Little Brown.

Mast, Sharon (1988). Qualitative sociology in New Zealand. *Qualitative Sociology, 11(1/2)*, 99-112.

Mercado-Martínez, Francisco J. (2002). Qualitative research in Latin America: Critical perspectives on health. *International Journal of Qualitative Methods, 1(1)*, 61-73.

Mruck, Katja, Cisneros Puebla, César A. & Faux, Robert (2005). Editorial: About qualitative research centers and peripheries. *Forum Qualitative Sozialforschung / Forum: Qualitative Social Research, 6(3)*, Art. 49. Abgerufen am 5.11.2011 von http://nbn-resolving.de/urn:nbn:de:0114-fqs0503491.

Oommen, T.K. (1988). In search of qualitative sociology in India. *Qualitative Sociology, 11(1/2)*, 44-54. Reinharz, Shulamit & Conrad, Peter (1988). Qualitative sociology in international perspective: Editors' introductory essay. *Qualitative Sociology, 11(1/2)*, 8-12.

Schubotz, Dirk (2005). Beyond the Orange and the Green. The diversification of the qualitative social research landscape in Northern Ireland. *Forum Qualitative Sozialforschung / Forum: Qualitative Social Research, 6(3),* Art. 29. Abgerufen am 5.11.2011 von http://nbn-resolving.de/urn:nbn:de:0114-fqs0503293.

Stack, Carol B. (1974). *All our kin: Strategies for survival in a black community.* New York: Harper & Row.

Strong, Phil M (1988). Qualitative sociology in the UK. *Qualitative Sociology, 11(1/2),* 13-28.

Suzuki, Kazujo (2000). Qualitative social research in Japan. *Forum Qualitative Sozialforschung / Forum: Qualitative Social Research, 1(1),* Art. 53. Abgerufen am 5.11.2011 von http://nbn-resolving.de/urn:nbn:de:0114-fqs000153.

Valles, Miguel S. & Baer, Alejandro (2005). Qualitative social research in Spain: Past, present, and future. A portrait. *Forum Qualitative Sozialforschung / Forum: Qualitative Social Research, 6(3),* Art. 18. Abgerufen am 5.11.2011 von http://nbn-resolving.de/urn:nbn:de:0114-fqs0503183.

Weil, Shalva (2005). Qualitative methods in Israel. *Forum Qualitative Sozialforschung / Forum: Qualitative Social Research, 6(3),* Art. 46. Abgerufen am 5.11.2011 von http://nbn-resolving.de/urn:nbn:de:0114-fqs0503462.

Wyka, Anna (1988). Qualitative sociology in Poland. *Qualitative Sociology, 11(1/2),* 63-76.

Kollektives Gedächtnis und selbstreflexive Wissenschaft. Wissenschaftliche Selbstreflexivität vor dem Hintergrund kollektiver Tradierungsprozesse

Karolina Rakoczy

Zusammenfassung: Die Diskussion um eine transparente Wissensgenerierung und -vermittlung zielt darauf ab, die wissenschaftlichen (Vor-)Annahmen und Prozesse in ihrem Konstruktcharakter sichtbar zu machen und ggf. kritisch zu kommentieren. Sie setzt sich so auch zum Ziel, narrative Muster, die Sachverhalte als vermeintlich ‚normale‘ kennzeichnen, zu entlarven als eben: narrative Muster, die auf bestimmten Wertvorstellungen gegründet sind. In gedächtnistheoretischen Konzepten fällt der Konstruktcharakter von kollektiven Erinnerungen auf, die nach bestimmten Prinzipien weitergegeben werden und dadurch überhaupt zu Wissen werden, das als wichtig aufgefasst wird und durch das Gemeinschaften wie Individuen sich definieren (können). Die Diskussion einer selbstreflexiven wissenschaftlichen Methodik scheint dem Interesse für kollektive Gedächtnisprozesse verwandt: Sie kann als Ausdruck dafür verstanden werden, dass ein tief greifender Wandel unseres Verständnisses von ‚kulturellem Gedächtnis‘ stattfindet, der vor allem im Zusammenhang mit den Zäsuren im 20. Jahrhundert steht. Am Beispiel der gewachsenen Bedeutung des Holocaust als historischem Ereignis stellt der Beitrag die These vor, wie u.a. die Entwicklung des kulturellen Deutungsmusters ‚Trauma‘ einen vielschichtigeren Zugang zu wissenschaftlichen Fakten und deren Darstellung provoziert. Gerade der Holocaust, in hoch rationalisierter Form geplant und durchgeführt, steht für ‚Gegenrationalität‘: Dass wir der rationalen Grundlagen, auf denen wir Erkenntnisse zu gewinnen, Vergangenheit bzw. ‚die Welt‘ zu ordnen und Sinn zu generieren suchen, nicht sicher sein können, dass diese Grundlagen sich mithin als Abgrund erweisen können, diese Erkenntnis dringt immer stärker in die Fundierung von wissenschaftlicher Methodik.

1 Der Wandel kollektiver Tradierung und Selbstreflexivität

Die Suche nach einer Fundierung selbstreflexiver Standards im wissenschaftlichen Austausch steht in enger Beziehung zu einer neuen Perspektive auf Wissensgenerierung und Wissensvermittlung, angeregt u.a. von den *Gender* und *Postcolonial Studies*. Die in diesen Forschungsbereichen aufgeworfenen Fragen reichen bis zu einer Hinterfragung bisheriger wissenschaftlicher Grundannahmen (bzw. Vereinbarungen), was bspw. eine objektive Schilderung kennzeichne. Diese Hinterfragung bzw. der darin enthaltene Anspruch auf Transparenz erfasst in gewisser Weise das Fundament wissenschaftlich generierten Wissens insofern, als dass er den Konstruktcharakter dieses Wissens nicht nur sichtbar machen, sondern diesen zudem, eben selbstreflexiv, (kritisch) beleuchten möchte. Darin ist dieser Anspruch dem Interesse für kollektive Gedächtnisprozesse verwandt. Ich möchte die These wagen, dass die wissenschaftliche Diskussion zur Selbstreflexivität Ausdruck dafür ist, dass ein tief greifender Wandel unseres Verständnisses von ‚kulturellem Gedächtnis' stattfindet, der vor allem im Zusammenhang mit den Zäsuren im 20. Jahrhundert steht. Dieser Wandel wird getragen durch neue gesellschaftliche Entwicklungen, aber auch neue Erkenntnisse in der Forschung; v.a. sechs Faktoren möchte ich in diesem Zusammenhang herausstellen: 1. Besondere Bedeutung gewinnt der soziale Aspekt bzw. die soziale Bedingtheit jeder individuellen Erinnerung oder Aussage; dies erfasst ebenfalls, dass Gedächtnis durch Kommunikation entsteht und laufend geprägt ist, so dass Erinnerung in der Kommunikation zu jedem Zeitpunkt im Wandel begriffen ist (auf das kulturelle und kommunikative Gedächtnis nach Jan Assmann komme ich später noch zu sprechen). 2. Seit dem Zweiten Weltkrieg stehen immer weniger die ‚Sieger' internationaler Kriege und Konflikte im Mittelpunkt und in weit stärkerem Maße deren Opfer; als Entwicklung im 20. Jahrhundert kann dies mit einiger Berechtigung als Novum in der Geschichtsschreibung bezeichnet werden (hierfür spielt auch eine besondere Sensibilisierung für Machtverhältnisse eine Rolle). 3. Seit dem Vietnamkrieg gewinnt der Begriff des ‚Traumas' und der ‚Traumatisierung' größere Bedeutung; 1980 wird der Begriff der ‚posttraumatischen Belastungsstörung' ins WHO-Diagnosehandbuch aufgenommen, was z.T. einer Anerkennung von Leidtragenden entspricht. 4. In Folge der neuen Aufmerksamkeit für Opfer entsteht ein neuer gesellschaftlicher und wissenschaftlicher Blickwinkel auf Täter und Täterschaft, v.a. im Zusammenhang in der Auseinandersetzung mit dem Holocaust, aber auch im Rahmen z. B. von Postcolonial Studies. 5. In der neurowissenschaftlichen Forschung gerät die hochgradige Kreativität des Gehirns immer stärker in den Fokus: Während noch Anfang der 1990er Jahre die Gedächtnisleistung des menschlichen Gehirns mit der Datenspeicherung auf Computern verglichen wurde, weisen die Erkenntnisse der Gehirnforschung in den letzten Jahren darauf, dass Erinnern eine kreative Leistung darstellt, durch die Erinnerung in jedem Augenblick neu erschaffen wird – ein Umstand, der angesichts der relativen Stabilität kultureller Tradierung viele neue Fragen provoziert. 6. Ein Faktor, der bisher noch kaum eine angemessene wissenschaftliche Würdigung erfahren hat, ist die Demokratisierung dessen, was man nach Jan Assmann als ‚kulturelles Gedächtnis' bezeichnen kann. Diese Demokratisierung hat bereits im 18. Jahrhundert eingesetzt, doch besondere

Bedeutung erlangt sie v.a. seit Beginn des 20. Jahrhunderts; einer der Katalysatoren dafür ist gewiss der Erste Weltkrieg und seine Folgen.[1]

Die Auseinandersetzung mit dem Holocaust, an deren Anfang international ein gesellschaftliches Beschweigen stand, spielt für einen Teil der genannten Faktoren eine Schlüsselrolle; zugleich wird gerade anhand dieser Auseinandersetzung anschaulich, inwiefern der neue Gedächtnisbegriff, an dessen Entstehung wir teilhaben, stärker demokratisiert ist bzw. demokratischen Anforderungen genügen soll. Während bis in die 1980er Jahre die Wissensvermittlung über den Holocaust von einer Verdrängung bzw. einem Widerstand gegen dieses Wissen ausging, stellen sich die Probleme seit den 1990er zunehmend anders dar: Zum einen wird ab der dritten Generation nach 1945 nicht das geschichtliche Ereignis allein, sondern auch dessen Geschichtlichkeit zum Thema ebenso wie die Art der Vermittlung problematisiert wird.[2] Zum anderen führen postkoloniale Diskussionen zu einer Infragestellung der Singularität des Holocaust bzw. dessen Deutung als ‚Zivilisationsbruch' (Dan Diner, vgl. weiter unten), und dies nicht nur im internationalen Dialog, sondern auch innerhalb der Migrationsgesellschaften Europas und über Europa hinaus. Im Folgenden gebe ich eine knappe Skizzierung der Auseinandersetzung mit dem Holocaust in der Bundesrepublik Deutschland aus gedächtnistheoretischer Sicht und orientiere mich dabei an den genannten ersten vier Faktoren. Auf diese Weise möchte ich Bezüge zu dem Desiderat, selbstreflexive wissenschaftliche Standards zu entwickeln, herstellen und einige der Herausforderungen dabei hervorheben.

---

1   Wie groß die Rolle der Massenideologien des 20. Jahrhunderts ist, ist noch gar nicht abzusehen. Forschungen dazu, zumindest aus gedächtnistheoretischer Sicht, sind m. W. bisher kaum vorhanden.

2   Da das Wissen um den Holocaust mittlerweile zum Wissenskanon der europäischen Gesellschaften gehört, stehen v.a. Nachgeborene vor der Herausforderung, nicht nur die historischen Fakten über den Holocaust zu lernen und zu verstehen, sondern auch die Art und Weise, wie diese Fakten vermittelt werden, kritisch zu reflektieren: Handelt es sich um ein historisches Dokument, einen Zeugenbericht oder um eine literarische Darstellung? Welche Worte werden verwendet, welche Bilder? Diese Fragen sind umso dringlicher, da die mediale Präsenz des Holocaust groß ist. Am Beispiel der Bildungsarbeit in Gedenkstätten verdeutlicht Astrid Messerschmidt diese Herausforderung: „So steht der Name Auschwitz, der zum Synonym für den ganzen Komplex der Vernichtungspolitik in den Todeslagern wurde, heute für drei ‚Ortschaften' (Peter Weiss): Er bezeichnet die deutsche Übersetzung des polnischen Ortsnamens Oświęcim, er bezeichnet den historischen Ort des Vernichtungslagers und den heutigen Ort der Gedenkstätte Auschwitz. Eine Erinnerungsbildung ‚nach Auschwitz' bezieht sich auf den dritten Ort des Gedenkens, der nicht identisch ist mit dem historischen Ort des Verbrechens." Messerschmidt, Astrid: Erinnerung jenseits nationaler Identitätsstiftung. Perspektiven für den Umgang mit dem Holocaust-Gedächtnis in der Bildungsarbeit. In: Lenz, Claudia, Schmidt, Jens u. Wrochem, Oliver (Hrsg.): Erinnerungskulturen im Dialog. Europäische Perspektiven auf die NS-Vergangenheit. Münster 2002, S. 103-114, hier S. 111. [Hervorh. i. O.]

2   Konzepte eines kollektiven Gedächtnisses

Maurice Halbwachs, einer der Vordenker für die aktuellen Gedächtniskonzepte, betonte, wie sehr unsere persönlichen Erinnerungen sozial eingebunden, im Grunde sozial begründet sind:

> Jede noch so persönliche Erinnerung, selbst von Ereignissen, deren Zeuge wir alleine waren, selbst von unausgesprochenen Gedanken und Gefühlen, steht zu einem Gesamt von Begriffen in Beziehung, das noch viele andere außer uns besitzen, mit Personen, Gruppen, Orten, Daten, Wörtern und Sprachformen, auch mit Überlegungen und Ideen, d. h. mit dem ganzen materiellen und geistigen Leben der Gruppen, zu denen wir gehören oder gehört haben.[3]

Die Muster, in denen wir aufwachsen, bilden in der Tat ein ganzes Netzwerk, so dass es fast seltsam scheint, vor diesem Hintergrund Ansprüche auf Individualität erheben zu wollen. Denn was sind Erinnerungen? Wie entstehen sie? Doch eigentlich dadurch, dass wir, je nach kultureller und sozialer Prägung, gelernt haben, bestimmte Ereignisse als wichtig einzustufen und andere als weniger wichtige zu vergessen. So fährt Halbwachs fort:

> Wenn wir eine Erinnerung heraufrufen und sie durch Lokalisierung präzisieren, d. h. kurz gesagt, wenn wir sie vervollständigen, dann sagt man zuweilen, daß wir sie mit denen, die sie umgeben, verbinden: in Wirklichkeit tun wir es aber, weil andere mit ihr in Beziehung stehende Erinnerungen um uns herum in den Gegenständen, in den Wesen, unter denen wir leben, oder in uns selber bestehen bleiben: Anhaltspunkte im Raum und in der Zeit, historische, geographische, biographische, politische Vorstellungen, geläufige Erfahrungsgegebenheiten und vertraute Sehweisen, so daß wir in der Lage sind, mit wachsender Genauigkeit zu bestimmen, was anfangs nur das leere Schema eines einstmaligen Ereignisses gewesen ist.[4]

Wissen ist immer situiert[5]: Wie wir etwas verstehen, ist durch Sachverhalte und Annahmen bedingt, die wir meist für so selbstverständlich halten, dass wir diese Annahmen nicht (mehr) wahrnehmen. Die Diskussion um eine transparente Wissensgenerierung und -vermittlung zielt folglich darauf ab, diese Annahmen

---

3   Halbwachs, Maurice: Das Gedächtnis und seine sozialen Bedingungen. Hg. von Heinz Maus u. Friedrich Fürstenberg. Aus dem Franz. von Lutz Geldsetzer. Berlin u. Neuwied 1966, S. 71. Eine Kontrastierung mit einer psychoanalytischen Sicht auf Gedächtnis wäre gewiss ein interessanter und fruchtbarer Anknüpfungspunkt für weitere Forschung.

4   Ebd.

5   Vgl. den Vortrag von Ann Phoenix auf der Tagung „Methodenkritik. (Be-)Deutungsansprüche in qualitativer Forschung" in Frankfurt a.M. Mai 2012 unter dem Titel „Making meaning and negotiating authority in everyday narratives of transnational family lives", vgl. http://methodenkritik.de/programm/keynote-phoenix/ [zuletzt eingesehen: 29.3.2013]

aus ihrer Selbstverständlichkeit herauszuheben und in ihrem Konstruktcharakter sichtbar zu machen. Sie setzt sich so auch zum Ziel, narrative Muster, die Sachverhalte als vermeintlich ‚normale' kennzeichnen, zu entlarven als eben: narrative Muster, die auf bestimmten Wertvorstellungen gegründet sind und diesen folgend etwas als ‚Norm' definieren. In gedächtnistheoretischen Konzepten fällt der Konstruktcharakter von kollektiven Erinnerungen auf, die nach bestimmten Prinzipien weitergegeben werden und dadurch überhaupt zu (gemeinschaftsrelevanten) Erinnerungen werden, zu Wissen, das als wichtig aufgefasst wird und durch das Gemeinschaften wie Individuen sich definieren (können). Der von Jan Assmann geprägte Begriff ‚kulturelles Gedächtnis' baut auf Halbwachs' Überlegungen auf: Jede individuelle Erfahrung wird nicht nur durch soziale Interaktion und Wirklichkeit bedingt, sondern durch sie auch vorgeprägt.[6] Was und wie tradiert wird, liegt im Falle des kulturellen Gedächtnisses in der Verantwortung von Spezialisten:

> Das kulturelle Gedächtnis hat immer seine speziellen Träger. Dazu gehören die Schamanen, Barden, Griots ebenso wie die Priester, Lehrer, Künstler, Schreiber, Gelehrten, Mandarine [...].

Diese „speziellen Träger" pflegen ein Wissen, das als besonders gilt, als erinnerungswürdig, es kann mithin nicht durch alltägliche Handlungen oder Worte tradiert werden. So fährt Assmann fort:

> Der Außeralltäglichkeit des Sinns, der im kulturellen Gedächtnis bewahrt wird, korrespondiert eine gewisse Alltagsenthobenheit und Alltagsentpflichtung seiner spezialisierten Träger.[7]

Demgegenüber weist das kommunikative Gedächtnis auf einen anderen Modus des kollektiven Gedächtnisses und entspricht eher dem ‚Alltagswissen':

> Das kommunikative Gedächtnis umfaßt Erinnerungen, die sich auf die rezente Vergangenheit beziehen. Es sind dies Erinnerungen, die der Mensch mit seinen Zeitgenossen teilt. Der typische Fall ist das Generationen-Gedächtnis. Dieses Gedächtnis wächst der Gruppe historisch zu; es entsteht in der Zeit und vergeht mit ihr, genauer: mit ihren Trägern. [...] Dieser allein durch persönlich verbürgte und kommunizierte

---

6 Vgl. Assmann, Jan: Das kulturelle Gedächtnis. Schrift, Erinnerung und politische Identität in frühen Hochkulturen. 5. Aufl. München 2005, S. 34-48.
7 Ebd., S. 54.

Erfahrung gebildete Erinnerungsraum entspricht biblisch den 3-4 Generationen, die etwa für eine Schuld einstehen müssen.[8]

Nun entwickelte Assmann seine Theorie des kulturellen Gedächtnisses anhand früher Hochkulturen; im Zuge der Literarisierung und Demokratisierung europäischer Gesellschaften v.a. seit dem 18. Jahrhundert ist die Bedeutung des kommunikativen Gedächtnisses höher einzuschätzen: Die Entwicklung moderner Massenmedien erlaubt(e) nicht nur eine wachsende internationale Vernetzung, sondern auch eine wachsende Bedeutung einzelner Gruppen innerhalb einer Gesellschaft. Seit den 1960er Jahren und im Besonderen seit den 1990er Jahren gehört es zu den Ansprüchen in der sozialwissenschaftlichen Forschung, nicht nur die Narrative des sog. ‚Mainstream' (im wissenschaftlichen Bereich), sondern auch der sog. Popkultur oder von Subkulturen zu untersuchen – fast scheint es, als sei die Auseinandersetzung mit diesen Teilsystemen der Gesellschaft eine Art Spiegel für die (vermeintlich homogenen) gesellschaftlichen und wissenschaftlichen Narrative und Anreiz zu deren (kritischer) Betrachtung. In anderen Worten: Es erscheint als ein wissenschaftliches Desiderat, die Pluralität heutiger Gesellschaften wiederzugeben – und jene zu Wort kommen zu lassen, die unter Umständen oder meist nicht zu den ‚spezialisierten Trägern' des kollektiven Gedächtnisses gezählt werden.[9] Dies kann in der Tat als eine ‚Demokratisierung des Wissenschaftsbegriffs' aufgefasst werden.[10]

---

8   Ebd., S. 50. In Assmanns Terminologie ist das kollektive Gedächtnis der Oberbegriff für die beiden Modi ‚kulturelles Gedächtnis' und ‚kommunikatives Gedächtnis'.

9   Dies gilt z. B. für den ehemaligen Ostblock nach 1989 in besonderer Weise, als ein Beispiel diene Polen: „Die Demokratisierung hat auch eine Pluralisierung der Bilder von der Vergangenheit herbeigeführt. Nicht nur die Nationen, auch die verschiedenen Gruppen von Kriegsveteranen, institutionalisierte Erinnerungszentren und Einzelpersonen verlangen, dass an ihr Schicksal erinnert wird, konkurrieren um die Vorherrschaft bei der Darstellung der Geschichte." Wolff-Powęska, Anna: Polen, Deutsche und Juden. Gemeinsame Geschichte, geteilte Erinnerung. In: dies. u. Forecki, Piotr (Hrsg.): Der Holocaust in der polnischen Erinnerungskultur. Frankfurt a.M. u.a. 2012, S. 9-23, hier S. 9.

10 Als ein Beispiel unter vielen möchte ich den Ersten Weltkrieg als Untersuchungsgegenstand nennen: Während zur Zeit des Krieges Kriegsdichtung und persönliche Berichte als europäisches Massenphänomen ein literarisches Novum darstellten, ist seit den 1990er Jahren die Historiographie immer stärker an diesen Dokumenten und der Frage interessiert, wie das Alltags(er)leben der Soldaten, aber auch der Zivilbevölkerung aussah, vgl. z. B. Korte, Barbara, Paletschek, Sylvia, Hochbruck, Wolfgang (Hrsg.): Der Erste Weltkrieg in der populären Erinnerungskultur. Essen 2008.

3   Die Bedeutung des Holocaust im 20. Jahrhundert

Wie sehr sich das Verständnis eines kulturell geprägten Gedächtnisses im Laufe des 20. Jahrhunderts gewandelt hat, wird insbesondere am Umgang mit dem Holocaust deutlich. Das historische Ereignis der Vernichtung der jüdischen EuropäerInnen begann erst nach zwanzigjähriger Latenz, die Konturen einer ungeheuren, alle Maßstäbe sprengenden Erfahrung in der kulturellen Erinnerung anzunehmen; und es brauchte weitere zwanzig Jahre, bis diese Erinnerung als das maßgebliche Ereignis des 20. Jahrhunderts auch in den symbolischen Formen des kulturellen Gedächtnisses und der offiziellen Gedenkkultur Ausdruck zu finden begann,11 die Dan Diner 1988 als Zivilisationsbruch[12] bezeichnete. Diese Entwicklung ist parallel zu sehen zu dem wachsenden Interesse an kollektiven Gedächtnisprozessen, und es scheint mehr als Zufall zu sein, dass Halbwachs' Konzept etwa 40 Jahre nach seinem Tod im KZ Buchenwald eine solche Konjunktur auslöste: „Ist es nicht symbolisch, dass Halbwachs, den dieses Paradigma als einen Gründungsvater reklamiert, ein Opfer des Holocaust wurde, dessen unabschließbare Erinnerungsarbeit die gegenwärtige Gedächtnisforschung entscheidend motiviert?"13 Die Auseinandersetzung mit dem Holocaust führte einerseits zu detailliertem Wissen, andererseits führte dieses Wissen zu narrativen Selbstverständlichkeiten.[14] So geht die Differenzierung des Wissens um den Holocaust mit ‚Schablonen' einher, Mustern, mit denen über die damit bezeichneten Ereignisse kommuniziert wird; am bekanntesten dürfte in diesem Zusammenhang die Zahl ‚6 Millionen' sein. Dass wichtige Bezeichnungen wie ‚Auschwitz' mittlerweile als unzureichende Metapher kritisiert werden, liegt an diesem Gebrauch.[15] Allerdings reicht die Problematik der Darstellbarkeit (wie z. B. Saul Friedländer in *Probing the Limits of Representation: Nazism and the ‚Final Solution'* diskutiert) tiefer und berührt auch die Frage nach der Angemes-

11 Assmann, Jan: Zum Geleit. In: Echterhoff, Gerhard u. Saar, Martin (Hrsg.): Kontexte und Kulturen des Erinnerns: Maurice Halbwachs und das Paradigma des kollektiven Gedächtnisses. Konstanz 2002, S. 7-11; hier S. 9; vgl. auch ders.: Das kulturelle Gedächtnis, S. 50f.

12 „Und indem Menschen der bloßen Vernichtung wegen vernichtet werden konnten, wurden auch im Bewußtsein verankerte Grundfesten unserer Zivilisation tiefgreifend erschüttert – ja gleichsam dementiert." Diner, Dan: Vorwort des Herausgebers. In: ders. (Hrsg.): Zivilisationsbruch. Denken nach Auschwitz. Frankfurt a. M. 1988, S. 7-13; hier S. 8.

13 Assmann: Zum Geleit, S. 9.f.

14 So z. B. die Annahme und Tradierung der letzten Jahre, Halbwachs sei als Jude deportiert worden: Maurice Halbwachs war wegen der Widerstandstätigkeit seiner Söhne Ende Juli 1944 verhaftet und nach Buchenwald deportiert worden, wo er am 15.3.1945 starb. Assmann stellt in seinem Beitrag etwas richtig, verwendet aber dennoch das narrative Muster ‚Holocaust'.

15 Vgl. z. B. Lentin, Ronit: Postmemory, Unsayability and the Return of the Auschwitz Code. In: ders. (Hrsg.): Re-Presenting the Shoah for the 21st Century. Oxford 2004, S. 1-24, hier S. 5.

senheit objektivierter wissenschaftlicher Beschreibung, auf die ich im Zusammenhang mit dem Begriff Trauma noch eingehen werde.

Dabei begann die kulturell geprägte Erinnerung an den Holocaust in der Bundesrepublik als ‚Gegen-Erinnerung‘: Impulse dazu setzten teilweise die Nürnberger Prozesse und später, 1965, die sogenannten Auschwitzprozesse, eine offizielle Bemühung um Aufklärung der NS-Verbrechen und die Verurteilung von Tätern – gegen die nicht nur in der Bevölkerung verbreitete Ansicht, die Vergangenheit vergangen sein zu lassen.[16] Diese Gegen-Erinnerung entwickelten spezialisierte Träger des kulturellen Gedächtnisses, indem sie sich um eine Erweiterung bzw. Korrektur des bestehenden Geschichtsbildes bemühten, und zwar gegen die Argumentation anderer spezialisierter Träger, so dass Frei im Zusammenhang mit den Frankfurter Auschwitzprozessen von einer „entscheidende[n] gesellschaftliche[n] Wende" spricht: „Von nun an existierte ein zwar noch minoritäres, aber höchst aktives Netzwerk von Politikern und Juristen, Künstlern und Intellektuellen, das sich den nach wie vor vernehmbaren Forderungen nach einem ‚Schlußstrich‘ wirkungsvoll entgegenstellte."[17]

Parallel dazu kam eine Gegen-Erinnerung im Modus des kommunikativen Gedächtnisses zu tragen: Die Erkenntnisse von PsychotherapeutInnen und SozialwissenschaftlerInnen aus Gesprächen mit Holocaust-Überlebenden veranlassten sie, an die Öffentlichkeit zu gehen, auch, um die Anerkennung der Leiden der Überlebenden und ihrer Nachkommen zu erwirken. Dass der Holocaust als zentraler Bruch im 20. Jahrhundert wahrgenommen wird, liegt in den Umwälzungen der 1960er begründet und in der Sensibilisierung für Aus- und Nachwirkungen von Krieg und Verfolgung auf die Gegenwart. So weist 1968 als Zäsur eine deutliche Rekursivität auf: ‚Trauma‘ beginnt zu einem wichtigen Stichwort zu werden, obwohl es als psychisches Phänomen bereits seit Mitte des 19. Jahrhunderts erforscht wird.[18] Der Begriff des Traumas gewinnt als shell shock weitere Verbreitung im Kontext des Ersten Weltkrieges, doch fällt auf, dass erst mit der Zäsur 1968 – und das insbesondere im Zusammenhang mit dem Vietnam-

---

16 Vgl. Frei, Norbert: Deutsche Lernprozesse. NS-Vergangenheit und Generationenfolge seit 1945. In: Uhl, Heidemarie (Hrsg.): Zivilisationsbruch und Gedächtniskultur. Das 20. Jahrhundert in der Erinnerung des beginnenden 21. Jahrhunderts. Innsbruck u.a. 2003, S. 87-102, hier S. 93f. Für die Nachkriegsjahre und die 1950er kommt zu tragen, dass in der ersten Phase der Auseinandersetzung mit der NS-Vergangenheit die alliierte Politik maßgeblich war, ein Umstand, der z.T. heftige Ressentiments gegen die Entnazifizierungsbemühungen unter dem Stichwort der ‚Kollektivschuldthese‘ in der deutschen Bevölkerung hervorrief.

17 Frei: Deutsche Lernprozesse, S. 97.

18 Wolfgang Schäffner datiert den Beginn der ersten begrifflichen Annäherungen an das psychische Trauma auf 1866, in Zusammenhang mit Zugunfällen in England, vgl. Schäffner, Wolfgang: Das Trauma der Versicherung. Das Ereignis im Zeitalter der Wahrscheinlichkeit. In: Mülder-Bach, Inka (Hrsg.): Modernität und Trauma. Beiträge zum Zeitenbruch des Ersten Weltkrieges. Wien 2000, S. 104-120, hier S. 106.

krieg – ein gesellschaftlich breiteres Verständnis für die mit diesem Begriff bezeichneten Phänomene einsetzt. Obwohl Verfolgung, Folter und Krieg seit Jahrhunderten in menschlichen Gesellschaften vorkommen, scheinen sich doch erst
im Zuge des 20. Jahrhunderts die Deutungen und der Umgang mit diesen Erfahrungen auf weit reichende Weise zu verändern.

Dass der Holocaust Eingang ins geschichtliche Bewusstsein einer breiteren
Öffentlichkeit trat, wurde v.a. durch die US-Fernsehserie ‚Holocaust' initiiert,
die 1979 in den USA und bald danach in Westdeutschland ausgestrahlt wurde.[19]
Man könnte diesen Teil der Entwicklung als einen Wissenstransfer ‚von unten'
oder als Phänomen des kommunikativen Gedächtnisses unter modernen Bedingungen bezeichnen.[20] Gerade am Beispiel der genannten Serie lassen sich zwei
Phänomene gut beobachten: das Gewicht der Massenmedien für die Vermittlung
des Holocaust und die Art der Vermittlung, die einerseits als breitenwirksam
gelobt, andererseits in ihrer sentimentalisierend vereinfachenden Machart kritisiert wurde.[21] Dennoch, so muss man wohl auch schlussfolgern, ist die Bereitschaft, sich mit den Verbrechen gegen die jüdischen MitbürgerInnen auseinanderzusetzen, offenbar daran gebunden gewesen, dass dies in einer ‚annehmbaren'
Form geschah: Die Identifikation fiel relativ leicht.

4   Das Deutungsmuster ‚Trauma' als Herausforderung

Doch es ist unmöglich, sich mit einem Trauma zu identifizieren. Dieser Schritt
im Verstehen, welche Erfahrungen das 20. Jahrhundert in Europa prägten (und in
den Jahrhunderten davor sowie heute weltweit) – dieses Verstehen steht uns
eigentlich erst bevor. Mit dem psychologischen Begriff des Traumas wird der

---

19 Zwar gab es auch berechtigte Zweifel an der eher kitschigen Vermittlung des Themas, aber
    gerade dies mag für viele überhaupt erst der Beginn gewesen sein, sich mit dem ‚Holocaust' aus-
    einanderzusetzen. Vergleichbar argumentiert auch Marcel Ophüls, vgl.: Ophüls, Marcel: Closely
    Watched Trains. In: Stuart Liebman: Claude Lanzmann's Shoah. Key Essays. New York u.a.
    2007, S. 77-93, hier S. 84.
20 Ein Phänomen, das insbesondere im 20. Jahrhundert m.E. tragend wird und gedächtnistheore-
    tisch bisher noch wenig Aufmerksamkeit erfahren hat. Dass dies so ist, hängt vermutlich mit ge-
    nau den Schwierigkeiten zusammen, mit denen sich die Sozialwissenschaften konfrontiert sehen,
    wenn   sie   Kommunikationsbedingungen   zwischen   ForscherIn   /   Forschungsgemein-
    schaft/Erforschten sichtbar machen wollen.
21 Vgl. auch Ruth Klüger zur genannten Serie: Klüger, Ruth: Dichten über die Shoah. Zum Prob-
    lem des literarischen Umgangs mit dem Massenmord. In: Hardtmann, Gertrud (Hrsg.): Spuren
    der Verfolgung. Seelische Auswirkungen des Holocaust auf die Opfer und ihre Kinder. Gerlin-
    gen 1992, S. 203-221, hier S. 205; vgl. auch S. 213: „Alles Schwierige, Problematische wird auf
    den einfachsten Nenner gebracht." Am Ende erlaubt der Unterhaltungswert: „[...] dem Beschau-
    er, seinen Gefühlen freien Lauf zu lassen und sich in seiner eigenen Sensibilität und Gutherzig-
    keit wiederzuerkennen."

Umstand beschrieben, dass eine Person Erfahrungen, zumeist Gewalterfahrungen, ausgesetzt war, denen sie ausgeliefert war und/oder die sie überforderten.[22] Traumatisierung äußert sich mitunter in dem Unvermögen sich zu erinnern oder aber in einem unwillkürlichen Erinnern (sog. Flashbacks), das so intensiv und überwältigend sein kann, dass das Handeln in der Gegenwart und eine Trennung zwischen Vergangenheit und Gegenwart unmöglich werden: „The trauma is thus an event that has no beginning, no ending, no before, no during and no after. This absence of categories that define it lends it a quality of ‚otherness‘, a salience, a timelessness and a ubiquity that puts it outside the range of associatively linked experiences, outside the range of comprehension, of recounting and of mastery.“[23] Das Trauma findet jenseits aller Deutungsmuster statt, jenseits von Zeit und Raum. Ein Überlebender ist in der traumatischen Realität in gewisser Weise ‚gefangen‘; die Möglichkeit, darüber zu sprechen, ist bereits ein hilfreicher Schritt zur Distanzierung vom Erlebten. Aus Sicht kollektiver Gedächtnisprozesse ist die gesellschaftliche Akzeptanz von Phänomenen wie Trauma und Traumatisierung ein Novum, v.a. wenn die Symptomatik verspätet eintritt. Für Betroffene ist diese Akzeptanz zentral, denn sie bedeutet eine Anerkennung dieser Erfahrungen als traumatische.[24] In anderen Worten: Die radikal einsame Erfahrung eines Traumas als nachwirkende Belastung kann u.U. Auflösung finden, wenn sozial anerkannte Deutungsmuster existieren, mit denen diese Erfahrungen erfasst werden können (natürlich ersetzen diese Deutungsmuster nicht die Fähigkeit zur Anteilnahme, wiewohl sie als kulturell geprägte Sensibilisierungen die Voraussetzung für diese Anteilnahme überhaupt erst schaffen).

So ist dem Begriff Trauma eine große Diskrepanz eigen, denn er ist ebenso radikal subjektiv wie auf kulturelle Deutungsmuster angewiesen. Die unsichere Kausalität im Sinne des rational-empirischen Weltbildes, die v.a. durch die zeitliche Verzögerung auftretender Symptome hervorgerufen wird, hat Folgen für vermeintliche kulturelle Gewissheiten:

> Als überwältigender Einbruch, auf den die Psyche erst nachträglich, nach einer Latenzphase, reagiert und der ihr in der Folgezeit unverfügbar bleibt – der willentlichen Erinnerung und Symbolisierung entzogen, aber in der Buchstäblichkeit von

---

22 Vgl. Kühner, Angela: Kollektive Traumata. Annahmen, Argumente und Konzepte. Eine Bestandsaufnahme nach dem 11. September. Berghof Report Nr. 9: Berlin 2002, S. 10 u. 20ff. Kühner betont zu Recht, dass es sich um ein westliches Konzept handelt, das nur mit Vorsicht auf andere Kulturen übertragbar ist, vgl. ebd. S. 22.

23 Felman, Shoshana u. Laub, Dori: Testimony. Crisis of Witnessing in Literature, Psychoanalysis and History. New York 1992, S. 69.

24 Vgl. Vyssoki, David, Tauber, Traude, Strusievici, Stefan u. Schürmann-Emanuely, Alexander: Trauma bei den Opfern der NS-Verfolgung. In: Friedmann, Alexander et al. (Hrsg.): Psychotrauma. Die Posttraumatische Belastungsstörung. Wien 2004, S. 197-211.

flashbacks und Wiederholungsträumen terroristisch präsent –, eignet dem Trauma eine Struktur, an die sich die poststrukturalistische und dekonstruktive Kritik der Referenz, Repräsentation und Geschichte anbinden läßt. Diese Anbindung aber hat gravierende Konsequenzen, denn sie ermöglicht die Entgrenzung des Traumas – und das heißt am Ende unseres Jahrhunderts, die Entgrenzung des Holocaust – zum Paradigma der Geschichte schlechthin.[25]

Anhand des Umgangs mit dem Trauma – und der Kritik an dessen DeutungsPotenzial – wird, so scheint mir, ein Wandel unseres bisherigen kulturellen Gedächtnisbegriffs greifbar. Dieser Wandel ist zudem sichtbar an den Problemen, die er aufwirft. Antworten auf Fragen, wie sie z. B. Paul Ricœur pointiert formuliert, stehen nach wie vor aus:

Man kann sich fragen, inwieweit eine Pathologie des Gedächtnisses, also die Behandlung des Gedächtnisses als pathos, in den Rahmen einer Untersuchung über die Praxis des Gedächtnisses, über die technê des Erinnerns gehört. Diese Schwierigkeit ist neu: es geht um individuelle und kollektive Veränderungen, die dem Gebrauch, der Praxis des Gedächtnisses geschuldet sind.[26]

Die bisherige kulturelle Dominante, gerade auch die literarische Tradition, basiert auf dem Vermögen zur Erinnerung. Die Kunst der Rhetorik ist nicht nur eine Kunst der Rede, sondern auch eine Gedächtniskunst. Doch wenn das Gedächtnis durch traumatische Erfahrungen zur Disposition steht, dann stehen auch diese kulturell verankerten Vorstellungen von Gedächtnis zur Disposition.

Im Gespräch mit Überlebenden wird dies, wenn auch notwendig nur teilweise, erfahrbar. Während es selbstverständlich erscheint, über Vergangenes zu sprechen und narrative Formen für Erlebtes zu entwickeln, ist dies im Zusammenhang mit Traumatisierung so gut wie unmöglich. Und selbst wenn es gelingt, z. B. als Zeugenschaft oder als (therapeutischer) Versuch, mit dem Erlebten zurechtzukommen, haftet der Erzählung immer eine Ambivalenz an:

Der Prozeß der Versprachlichung bedeutet auch eine Distanzierung, da die Erlebnisse nicht sprachlich zum Ausdruck gebracht werden können, sondern dadurch gleichsam „verdrängt" werden, indem die Versprachlichung die Realität des Erlebens durch die Realität des Textes ersetzt.[27]

---

25 Mülder-Bach, Inka: Einleitung. In: dies. (Hrsg.): Modernität und Trauma. Beiträge zum Zeitenbruch des Ersten Weltkrieges. Wien 2000, S. 7-18, hier S. 10.
26 Ricœur, Paul: Gedächtnis, Geschichte, Vergessen. Aus dem Französischen von Hans-Dieter Gondek, Heinz Jatho u. Markus Sedlaczek. München 2004, S. 115.
27 Quindeau, Ilka: Trauma und Geschichte. Interpretationen autobiographischer Erzählungen von Überlebenden des Holocaust. Frankfurt a.M. 1995, S. 267.

Das Verstehen, auch das wissenschaftliche Verstehen, bleibt stets Annäherung; die Verdinglichung durch Sprache verstellt leicht diesen Sachverhalt. Genau dies liegt dem Holocaust zugrunde: „de[r] Bruch[s] sämtlicher zivilisatorischer Gewißheiten und der sie konstituierenden Rationalität"[28]. Der bürokratischen, ökonomischen und technischen Rationalität, einen industriellen Massenmord an Menschen bisher ungekannten Ausmaßes zu planen und durchzuführen, steht die ‚Gegenrationalität' der Ghettos und der Lagerrealität gegenüber, wie es Dan Diner bezeichnet hat, denn:

Angesichts von Auschwitz war Auschwitz nicht vorstellbar. [...] Gegenüber einer grundlosen Vernichtung brechen das Handeln regulierende semantische Welten in sich zusammen. Das die Vorstellungskraft übersteigende Ereignis kontaminiert den Sinngehalt von Sprache und Begriff. Mit dem Zusammenbruch aller Fundamente ontologischer Sicherheit büßen die geläufigen Mittel des Erkennens und Verstehens ihren die Wirklichkeit spiegelnden Sinn ein.[29]

5 Rationalität allein reicht nicht (mehr)

Wissenschaftliche Standards und Beschreibungen sind auf Rationalität und intersubjektive Nachvollziehbarkeit ausgerichtet – und indem sie versuchen, das Gegenteil zu beschreiben, beschreiben sie es nicht mehr. Sie verfehlen ihren Gegenstand. Quindeau spricht deshalb von einem „Verstehen als Selbstreflexion": Damit gemeint ist „der Versuch", „die Bedeutung dieses historischen Ereignisses, des ‚Zivilisationsbruchs' für das eigene Bewußtsein [...] zu eruieren. In der (selbst)kritischen Auseinandersetzung mit Darstellungen dieses Ereignisses sollen die eigenen Deutungsmuster reflektiert werden".[30] Dass wir der rationalen Grundlagen, auf denen wir Erkenntnisse zu gewinnen, Vergangenheit bzw. ‚die Welt' zu ordnen und Sinn zu generieren suchen, nicht sicher sein können, dass diese Grundlagen sich mithin als Abgrund erweisen können - diese Erkenntnis dringt immer stärker in die Fundierung von Wissenschaft durch, und eine selbst-

---

28 Quindeau: Trauma, S. 273.
29 Diner, Dan: Epistemik des Holocaust. In: ders.: Gegenläufige Gedächtnisse. Über Geltung und Wirkung des Holocaust. Göttingen 2007, S. 13-41, hier S. 25; vgl. auch S. 31. Diner weist darauf hin, dass das gegenrationale Handeln seitens der Deutschen (bspw. arbeitsfähige Juden zu vergasen) ebenfalls dazu geführt hat, die Zusammenhänge für das bewusste Verstehen zu verstellen. Bereits 1988 schrieb Diner: „Die bürokratisch organisierte und industriell durchgeführte Massenvernichtung bedeutet so etwas wie die Widerlegung einer Zivilisation, deren Denken und Handeln einer Rationalität folgt [...]." Vgl. Diner: Vorwort des Herausgebers, S. 7.
30 Quindeau: Trauma, S. 269.

reflexive wissenschaftliche Haltung und Forschung erscheint als Antwort auf diese grundlegende Verunsicherung.

Quindeaus Vorgehen, im Interview und später in der Niederschrift, schließt die eigenen emotionalen Reaktionen ein.[31] In der, so weit möglichen, Beschreibung auch dieser Reaktionen wird der Erkenntnisprozess für LeserInnen transparent, kann womöglich sogar katalytisch wirken. Die Schwierigkeiten, die Quindeau mit ihren InterviewpartnerInnen begegneten, treffen als grundsätzliche Herausforderungen auch auf andere Studien zu, so dass ich als Beispiel einen Aspekt herausgreifen möchte: Voraussetzung für die Interviews und deren Fortsetzung ist eine Einfühlung seitens der Interviewerin, die Bereitschaft zu erzählen seitens der Überlebenden wiederum ist nicht selbstverständlich. Eher suchen „sich Überlebende zumeist Menschen mit ähnlichem Erfahrungshintergrund als Vertraute", doch „auch die Beziehung zu entfernteren Anderen [sei] nötig, um zum einen Distanz zu den eigenen Erfahrungen zu gewinnen, zum anderen aber auch um sich einer vorhersehbaren, sicheren äußeren Welt zu versichern."[32] Der Dialog und die besondere Rolle der Forscherin stellen so gewissermaßen eine Brücke her. Durch die Studie entsteht mithin etwas Drittes, ein Narrativ jenseits der Erfahrungen von Überlebenden und auch jenseits der Vorannahmen, mit denen die Studie für die Forscherin begonnen hat. Sich darüber vollständig Rechenschaft ablegen zu wollen, ist ebenso unmöglich, wie den Prozess selbstkritischen Verstehens gänzlich abzuschließen. Was Quindeau mithin demonstriert, ist eine wissenschaftliche Haltung der Offenheit und Potenzialität. Denn die emotionale Teilhabe, als ein Beispiel, kann schwerlich festgeschrieben werden, umso weniger als ein wissenschaftliches Desiderat, obwohl die persönliche und emotionale Stellungnahme die Erkenntnisse eines Forschers oder einer Forscherin prägnanter bündeln kann als die in derselben Studie präsentierte Datenerhebung. Empathie und Emotionalität erscheinen als mögliche Ergänzung und wichtige Komponente einer selbstreflexiven wissenschaftlichen Beschreibung.

Während emotionale Aussagen noch bis vor wenigen Jahrzehnten grundsätzlich als unwissenschaftlich galten, lässt sich mittlerweile eine Entwicklung

---

31 „Neben den Motiven meiner GesprächspartnerInnen beeinflussen auch meine Vorstellungen und Erwartungen die Interviews, so daß eine selbstreflexive Auseinandersetzung mit den eigenen Motiven zu diesen Gesprächen unabdingbar erscheint. Diese erfolgte im Rahmen psychoanalytischer Supervision, um subjektive Verzerrungen der Wahrnehmung und der Interaktion bewußt werden zu lassen." Und weiter: „Dieser Reflexionsprozeß mit den Geschichten der Überlebenden der Massenvernichtung bedeutet nicht nur für die Erzählenden, sondern auch für die Zuhörenden bzw. Lesenden eine hohe emotionale Belastung [...]. Diese Belastung soll jedoch angesprochen werden, da sie eine Reihe an Abwehrbemühungen nach sich zieht, die notwendig mit der Beschäftigung mit diesem Gegenstand verbunden zu sein scheinen." Quindeau: Trauma, S. 268f. u. S. 269.

32 Quindeau: Trauma, S. 268.

ablesen, in der ein Mangel an emotionaler Positionierung, je nach Forschungsgegenstand, als Mangel an Sensibilität und Verständnis aufgefasst werden kann.
Die eigentliche Schwierigkeit liegt darin, dass ein Zuviel an Emotionen, ohne
entsprechenden Rückhalt durch objektivierte, d. h. intersubjektiv nachvollziehba-
re Aussagen, nur bedingt aussagekräftig ist. Eine Forderung nach mehr Emotionalität in der deutschen Historiographie mag ebenso als Desiderat erscheinen wie
die Forderung nach weniger Emotionalität in polnischen Debatten um historische
Ereignisse und deren Darstellung. Konrad Brendler konstatierte eine Kluft zwischen kognitivem und emotionalem Zugang zur deutschen NS-Vergangenheit,
letztlich einen Mangel an emotionalem Verstehen: „Nicht Erschütterungen durch
das Grauen der NS-Verbrechen und das explizite Leiden unter ihrem historischen Ballast, sondern die durch Versachlichung, Gefühlspanzerung und Abwehr
hergestellte scheinbare Unübertroffenheit verhindert die Integration der Schatten
der Identität und seelische Erleichterung von der unumgänglichen Last der Vergangenheit."[33] Für den polnischen Umgang mit Vergangenheit könnte eher das
Gegenteil zutreffen, auch wenn der Wandel wünschenswert – und unvermeidlich
ist: Angesichts oftmals hitzig geführter historischer Debatten in der polnischen
Öffentlichkeit (die nicht nur ‚den Spezialisten' überlassen werden) erfüllt offenbar gerade die Historiographie die Rolle, eine unemotionale Darstellung der
Vergangenheit zu leisten.[34] Hier kommt für die Anforderung an wissenschaftliche Standards die Position und Rolle zu tragen, die eine Gesellschaft ihren
‚spezialisierten Trägern' zuweist, aber auch das Selbstverständnis dieser Träger
und unter Umständen ihr Ziel, Positionen im Sinne einer Gegen-Erinnerung zu
erarbeiten. Denn je präsenter im kommunikativen Gedächtnis Ressentiments

---

33 Brendler, Konrad: Die NS-Geschichte als Sozialisationsfaktor und Identitätsballast der Enkelge-
    neration. In: Bar-On, Dan, Brendler, Konrad u. Hare, A. Paul (Hrsg.): „Da ist etwas kaputtge-
    gangen an den Wurzeln..." Identitätsformation deutscher und israelischer Jugendlicher im Schat-
    ten des Holocaust. Frankfurt a.M. u. New York 1997, S. 53-104, hier S. 101.
34 Vgl. z. B. die Reaktionen auf Jedwabne, zu denen Paweł Machcewicz feststellt: „Es ist kaum zu
    übersehen, dass die Forderung, in der polnischen Geschichtsschreibung auch schwierige und
    schmerzhafte Themen aufzugreifen, bis zu einem gewissen Grad bedeutet, offene Türen einzu-
    rennen. [...] Das Problem besteht also offenbar [...] darin, dass die Öffentlichkeit, die sich bisher
    wenig für die Erörterung heikler Aspekte der Nationalgeschichte interessierte, ihre Arbeit nicht
    wahrnimmt. Daher konnte das Buch von Gross [gemeint ist Jan Tomasz Gross' Nachbarn von
    2001, Anm. K.R.] so großes Aufsehen erregen und bei einem Teil der Gesellschaft auch Miss-
    trauen gegenüber der Forderung wecken, kritisch über die eigene Geschichte nachzudenken."
    Machcewicz, Paweł: Rund um Jedwabne. Neue Forschungsergebnisse polnischer Historiker. In:
    ders., Dmitrów, Edmund u. Szarota, Tomasz (Hrsg.): Der Beginn der Vernichtung. Zum Mord an
    den Juden in Jedwabne und Umgebung im Sommer 1941. Neue Forschungsergebnisse polni-
    scher Historiker. Aus dem Poln. v. Beate Kosmala, Osnabrück 2004, S. 19-94, hier S. 23. Zu ei-
    ner, durchaus berechtigten, Kritik am Mangel an Empathie vgl. Tokarska-Bakir, Joanna:
    Jedwabne: History as a Fetish. In: Wolff-Powęska, Anna u. Forecki, Piotr (Hrsg.): Der Holocaust
    in der polnischen Erinnerungskultur. Frankfurt a.M. u.a. 2012, S. 50-69, hier v.a. S. 63ff.

oder Ängste sind, umso notwendiger erscheint die Alternative, über Geschehen distanziert und unemotional kommunizieren zu können (ohne freilich Ressentiments und Ängste auszublenden!). Fehlt dagegen die Kommunikation über Gefühle in Bezug auf Vergangenheit in einer Erinnerungskultur (und das betrifft gewiss alle Erinnerungskulturen in Bezug auf unterschiedliche Themen), können wissenschaftliche Diskussionen Zugänge eröffnen, gerade indem sie emotionale Aussagen wagen und provozieren.

Diese Beobachtung wird im internationalen Vergleich umso komplexer, wenn westliche wissenschaftliche Standards als Ignoranz bzw. Mangel an Verständnis erscheinen. Während einerseits die Wissensvermittlung über den Holocaust zum Kanon der europäischen Gesellschaften gehört, entstehen dabei Konflikte in Kontakt mit anderen (Gedächtnis-)Kulturen: Die Vermittlung dieses Zivilisationsbruchs an Menschen anderer Kulturkreise ist schon allein deshalb schwierig, weil manche dieser Kulturkreise sich zu gut an die kolonialen Zeiten europäischer Unterdrückung erinnern oder aber an politische Ereignisse, die nach dem Holocaust stattfanden und stattfinden. Plumelle-Uribe, die die Grundlegung für den NS-Massenmord in der Jahrhunderte währenden kolonialen Unterdrückung sieht, beschreibt einen solchen Konflikt als einen Fall der ,Bevormundung'. Das Beispiel illustriert, wie beide Positionen, obwohl in Opposition zueinander, gleichermaßen verständlich sind, weil sie aus unterschiedlichen Prägungen entstanden. Nach einer Round Table-Diskussion in Paris 1980, bei der sie von „Massendeportationen von Afrikanern" gesprochen hatte, wird sie von einem Historiker angesprochen:

> In freundschaftlichem Ton riet er mir, „nicht das Wort Deportation zu verwenden, wenn vom Sklavenhandel die Rede ist, um Missverständnisse zu vermeiden". Da ich ihn verständnislos anschaute [...], begründete er seine Meinung mit dem Argument: „Im Zeitalter des Sklavenhandels war das Wort Deportation noch nicht in Gebrauch. Dieser Begriff wird in keinem Geschichtsbuch, von keinem Historiker verwendet, wenn es um den Sklavenhandel geht. [...] Das Wort Deportation erinnert dagegen an die Deportationen, die es in Europa unter der Naziherrschaft gegeben hat.[35]

1980, gerade als die Erinnerung an den Holocaust erst zu gesellschaftlich anerkanntem Wissen zu werden begann, ist der gegenüber Plumelle-Uribe eingebrachte Einwand vielleicht nachvollziehbar, aber auch das Wort ,Genozid' entstand erst nach 1945[36] und wird mittlerweile für zeitlich davor liegende Völker-

---

35 Plumelle-Uribe, Rosa Amelia: Weiße Barbarei. Vom Kolonialrassismus zur Rassenpolitik der Nazis. Aus dem Franz. von Birgit Althaler. Zürich 2004, S. 24f.
36 Vgl. Zimmerer, Jürgen: Kolonialer Genozid? Vom Nutzen und Nachteil einer historischen Kategorie für eine Globalgeschichte des Völkermordes. In: Schaller, Dominik J. et al. (Hrsg.):

morde verwendet. Dies ist eines der vielen Beispiele dafür, dass das intensive Interesse für kollektive Gedächtnisprozesse offenbar parallel dazu verläuft, dass unterschiedliche Narrative über Vergangenheit immer stärker in Dialog zueinander treten, was v.a. an (neu) entstehenden Konfliktlinien und Irritationen sichtbar wird. Die Beispiele illustrieren, vor welche Herausforderungen der Wandel in der (selbst)kritischen Wahrnehmung von (wissenschaftlichen) Narrativen uns eigentlich stellt, und sie demonstrieren die Dringlichkeit, sich über diese Narrative wie deren Wahrnehmung auszutauschen. In Bezug auf den Holocaust und dessen Wahrnehmung in der polnischen Erinnerungskultur formuliert Joanna Tokarska-Bakir als Desiderat, Fragen über nicht verheilte Wunden der Vergangenheit zu beantworten: „No one will answer these questions on his or her own. [...] The sociologist must observe the psychologist, the anthropologist the philosopher, the literary critic the historian. And vice-versa."[37] Genau solchen Netzwerken ist es schließlich zu verdanken, dass es heute eine mehr oder weniger gesellschaftlich akzeptierte Maxime ist, der ermordeten jüdischen MitbürgerInnen zu erinnern – doch es gilt zugleich daran zu erinnern, dass diese damals offensichtlich nicht als MitbürgerInnen angesehen wurden. Kollektive Erinnerung ist nach wie vor im Entstehen begriffen, sie ist stets im Entstehen, und der Wandel hin zu einem neuen Gedächtnisbegriff erfasst hoffentlich auch dies: Dass Erinnern die Fähigkeit einschließt, andere als Teil der eigenen Gemeinschaft zu erkennen, auch und gerade dann, wenn man ihre Erfahrungen nicht teilt und manchmal nur schwer nachvollziehen kann.

Literatur:

Assmann, Jan: Zum Geleit. In: Echterhoff, Gerhard u. Saar, Martin (Hg.): Kontexte und Kulturen des Erinnerns: Maurice Halbwachs und das Paradigma des kollektiven Gedächtnisses. Konstanz 2002, S. 7-11.
Assmann, Jan: Das kulturelle Gedächtnis. Schrift, Erinnerung und politische Identität in frühen Hochkulturen. 5. Aufl. München 2005.
Brendler, Konrad: Die NS-Geschichte als Sozialisationsfaktor und Identitätsballast der Enkelgeneration. In: Bar-On, Dan, Brendler, Konrad u. Hare, A. Paul (Hrsg.): „Da ist etwas kaputtgegangen an den Wurzeln..." Identitätsformation deutscher und israelischer Jugendlicher im Schatten des Holocaust. Frankfurt a.M. u. New York 1997, S. 53-104.
Diner, Dan: Vorwort des Herausgebers. In: ders. (Hrsg.): Zivilisationsbruch. Denken nach Auschwitz. Frankfurt a. M. 1988, S. 7-13.

Enteignet – Vertrieben – Ermordet. Beiträge zur Genozidforschung. Zürich 2004, S. 109-128, v.a. S. 109f.
37 Tokarska-Bakir: Jedwabne, S. 52.

Diner, Dan: Epistemik des Holocaust. In: ders.: Gegenläufige Gedächtnisse. Über Geltung und Wirkung des Holocaust. Göttingen 2007, S. 13-41.

Felman, Shoshana u. Laub, Dori: Testimony. Crisis of Witnessing in Literature, Psychoanalysis and History. New York 1992.

Frei, Norbert: Deutsche Lernprozesse. NS-Vergangenheit und Generationenfolge seit 1945. In: Uhl, Heidemarie (Hrsg.): Zivilisationsbruch und Gedächtniskultur. Das 20. Jahrhundert in der Erinnerung des beginnenden 21. Jahrhunderts. Innsbruck u.a. 2003, S. 87-102.

Halbwachs, Maurice: Das Gedächtnis und seine sozialen Bedingungen. Hrsg. von Heinz Maus u. Friedrich Fürstenberg. Aus dem Franz. von Lutz Geldsetzer. Berlin u. Neuwied 1966.

Korte, Barbara, Paletschek, Sylvia, Hochbruck, Wolfgang (Hrsg.): Der Erste Weltkrieg in der populären Erinnerungskultur. Essen 2008.

Klüger, Ruth: Dichten über die Shoah. Zum Problem des literarischen Umgangs mit dem Massenmord. In: Hardtmann, Gertrud (Hrsg.): Spuren der Verfolgung. Seelische Auswirkungen des Holocaust auf die Opfer und ihre Kinder. Gerlingen 1992, S. 203-221.

Kühner, Angela: Kollektive Traumata. Annahmen, Argumente und Konzepte. Eine Bestandsaufnahme nach dem 11. September. Berghof Report Nr. 9: Berlin 2002.

Lentin, Ronit: Postmemory, Unsayability and the Return of the Auschwitz Code. In: ders. (Hrsg.): Re-Presenting the Shoah for the 21st Century. Oxford 2004, S. 1-24.

Machcewicz, Paweł: Rund um Jedwabne. Neue Forschungsergebnisse polnischer Historiker. In: ders., Dmitrów, Edmund u. Szarota, Tomasz (Hrsg.): Der Beginn der Vernichtung. Zum Mord an den Juden in Jedwabne und Umgebung im Sommer 1941. Neue Forschungsergebnisse polnischer Historiker. Aus dem Poln. v. Beate Kosmala, Osnabrück 2004, S. 19-94.

Mülder-Bach, Inka: Einleitung. In: dies. (Hrsg.): Modernität und Trauma. Beiträge zum Zeitenbruch des Ersten Weltkrieges. Wien 2000, S. 7-18.

Ophüls, Marcel: Closely Watched Trains. In: Stuart Liebman: Claude Lanzmann's Shoah. Key Essays. New York u.a. 2007, S. 77-93.

Plumelle-Uribe, Rosa Amelia: Weiße Barbarei. Vom Kolonialrassismus zur Rassenpolitik der Nazis. Aus dem Franz. von Birgit Althaler. Zürich 2004.

Phoenix, Ann: Making meaning and negotiating authority in everyday narratives of transnational family lives, Vortrag auf der Tagung (Be)-Deutungsansprüche in qualitativer Forschung. Frankfurt am Main. 4.5.2012. Abrufbar unter URL http://methodenkritik.de/programm/keynote-phoenix/.

Quindeau, Ilka: Trauma und Geschichte. Interpretationen autobiographischer Erzählungen von Überlebenden des Holocaust. Frankfurt a.M. 1995.

Ricœur, Paul: Gedächtnis, Geschichte, Vergessen. Aus dem Französischen von Hans-Dieter Gondek, Heinz Jatho u. Markus Sedlaczek. München 2004.

Wolfgang Schäffner: Das Trauma der Versicherung. Das Ereignis im Zeitalter der Wahrscheinlichkeit. In: Mülder-Bach, Inka (Hrsg.): Modernität und Trauma. Beiträge zum Zeitenbruch des Ersten Weltkrieges. Wien 2000, S. 104-120.

Tokarska-Bakir, Joanna: Jedwabne: History as a Fetish. In: Wolff-Powęska, Anna u. Forecki, Piotr (Hrsg.): Der Holocaust in der polnischen Erinnerungskultur. Frankfurt a.M. u.a. 2012, S. 50-69.

Vyssoki, David, Tauber, Traude, Strusievici, Stefan u. Schürmann-Emanuely, Alexander: Trauma bei den Opfern der NS-Verfolgung. In: Friedmann, Alexander et al. (Hrsg.): Psychotrauma. Die Posttraumatische Belastungsstörung. Wien 2004, S. 197-211.

Wolff-Powęska, Anna: Polen, Deutsche und Juden. Gemeinsame Geschichte, geteilte Erinnerung. In: dies. u. Forecki, Piotr (Hrsg.): Der Holocaust in der polnischen Erinnerungskultur. Frankfurt a.M. u.a. 2012, S. 9-23.

Zimmerer, Jürgen: Kolonialer Genozid? Vom Nutzen und Nachteil einer historischen Kategorie für eine Globalgeschichte des Völkermordes. In: Schaller, Dominik J. et al. (Hrsg.): Enteignet – Vertrieben – Ermordet. Beiträge zur Genozidforschung. Zürich 2004, S. 109-128.

Widerstände im Kontext psychoanalytischer Positionen und ihre Bedeutung für eine kritische Sozialforschung

Vesna Glavaški & Constanze Oth

Zusammenfassung: Ausgehend von der Erfahrung im Rahmen der diesem Band zugrunde liegenden Tagungen ließ sich ein Zusammenhang zum Verhältnis von Kritik und strukturell bedingter Position auf der einen, erkenntnistheoretischer Positionierung auf der anderen Seite identifizieren. Das gemeinsame Moment hegemoniekritischer Ansprüche innerhalb einer nach wie vor hierarchisch organisierten Universitätsstruktur und der historischen sowie der gegenwärtigen Lage der Psychoanalyse im wissenschaftlichen als auch im öffentlichen Raum ist in der Dezentrierung bestehender ‚Wahrheiten', auszumachen. Die damit einhergehenden ubiquitären Widerstände entäußern sich in einer Marginalisierung der oben genannten Position(-ierungen), die hegemoniale, institutionelle Strukturen entlastet und zugleich stabilisiert. Eine Tagungspraxis als Forum kritischer Wissensproduktion sollte sich damit konfrontiert sehen, sich nicht nur den intersubjektiven Widersprüchen anzunehmen, sondern auch die in letzter Konsequenz unauflösbaren, persistenten innerpsychischen Widerstände anzuerkennen. Nur durch die Berücksichtigung dieser beiden Aspekte lassen sich Marginalisierungsmechanismen aufdecken und zumindest dem Anspruch nach auflösen.

Die Begriffe Methode, Kritik und Position scheinen zunächst kategorial verschieden zu sein. Sie sind allerdings allesamt im Kontext der im Mai 2012 am Frankfurter Fachbereich Gesellschaftswissenschaften stattgefundenen Tagung, die den vorliegenden Sammelband anregte[1], zu entnehmen und haben die Autorinnen dieses Beitrages veranlasst, darüber nachzudenken, was diese Begriffe nun eigentlich für eine sozialwissenschaftliche Wissensproduktion bedeuten und in welches Verhältnis sie sich setzen lassen.[2]

---

1   Die Tagung firmierte unter dem Titel „(Be-)Deutungsansprüche in qualitativer Forschung. Positionen, Strategien und Perspektiven (selbst-)kritischer Wissensproduktion" und fand unter dem Webdomain-Namen www.methodenkritik.de ihre Kurzbezeichnung.

2   Dies bedeutet, es handelt sich bei dem folgenden Artikel nicht um eine analytische, begriffstheoretische Klärung der eingangs angeführten Termini. Es geht eher um die Ausführung unserer Standpunktgebundenheit in Bezug auf kritische Sozialforschung, die dementsprechend nicht normativ unbestimmt sein kann.

Bemerkenswert erscheint uns diese erst in der Nachbereitung der Tagung erfolgte Auseinandersetzung mit Termini, mit denen zumindest unter den Ta-gungsteilnehmer_innen scheinbar konsensuell operiert wurde, die allerdings kaum Raum zur theoretischen Klärung finden konnten. Denn was so selbstver-ständlich anmutet, jedoch kaum weitere Erwähnung findet[3], bedarf unseres Er-achtens einer (auf-)klärenden Aufmerksamkeit, ist also gerade deswegen weite-rer Rede wert.

Es macht Sinn, mit der eigenen Positionsbestimmung zu beginnen, da sich über diese ein Kritik- sowie das Methodenverständnis zwar nicht einfach logisch ableiten lassen, jedoch eine Annäherung an diese erfolgen kann. Hinsichtlich der Frage nach der eigenen (erkenntnis-)theoretischen Position, nach der Verortung in wissenschaftliche Episteme sowie die entsprechenden Diskursstränge teilen die Autorinnen explizit ein Interesse. Es ist das nach radikal subjektzentrierten Fragestellungen, die sich unserer Einschätzung nach primär über einen herme-neutisch-psychoanalytischen Zugang angemessen formulieren und bearbeiten lassen.

Nun wird innerhalb der psychoanalytischen Sozialpsychologie mitunter die Position vertreten, Sozialwissenschaft und Psychoanalyse seien zwei differente Episteme, deren Konvergenz sich jedoch aus ihrem kritischen (zunächst radikal (selbst-)reflexiven) Anspruch sowie aus dem Gegenstand ergibt, den sie beide gemeinsam haben: das Subjekt (vgl. Gast 2011: 321). Auch wenn diese Diszipli-nen aus verschieden Diskursfeldern Bezüge für sich herstellen und mittels unter-schiedlicher Methoden das Subjekt in seinen es objektiv umgebenden und diese subjektiv verarbeitenden Lebensstrukturen zu erfassen suchen, so besteht gerade in der psychoanalytischen Arbeitsweise und Denkbewegung – nämlich einer „konsequent konstitutionslogischen" (ebd.) – das Potenzial, kritische Sozialfor-schung zu betreiben. Die Psychoanalyse, sowohl als Behandlungstheorie als auch als Kulturtheorie, ist eine – wenn nicht die einzige – Theorie, die „den subjektiven Bedingungen der objektiven Irrationalität nachforscht" (Adorno 1955/1981: 42) und sich dabei, zumindest dem Anspruch nach, nie selbst ver-gisst. Die psychoanalytisch orientierte Forscherin objektiviert stets Eigenes (vgl. Bourdieu & Wacquant 1996)[4], was immer im wechselseitigen Interaktionsver-hältnis mit dem Gegenüber zu denken ist.

Ein zentrales Interesse psychoanalytischer Sozialforschung besteht darin, nachzuvollziehen, wie soziales Geschehen subjektiv erlebt wird, wie gesell-schaftliche Strukturen in dem Subjekt psychisch vermittelt werden. Fokussiert werden dabei insbesondere die latenten Bedeutungsdimensionen. Diese zunächst

---

3   Dies nehmen wir insgesamt in der methodologischen Diskussion wahr.
4   Selbstredend ist damit nicht gemeint, dass das Eigene in seiner vollen Gänze vergegenständlicht werden kann und soll.

auf individuelles Erleben ausgerichtete Forschungsperspektive fragt in letzter Konsequenz nach gesellschaftlich produzierter Unbewusstheit. Der Forschungsprozess erfolgt dabei nicht unabhängig von bereits Gewusstem und Erkanntem. Der Ausgang einer dahingehend orientierten Forschung ist somit bis zu einem gewissen Grad kontingent und lässt sich nicht mittels nomothetischer, reduktionistischer Methoden herleiten bzw. berechnen. In dieser Denklogik verbleibend, erachten wir es als evident, dass eine wissenschaftliche Auseinandersetzung, die den subjektiven und subjektivierenden Prozess zum Gegenstand hat, nicht linear verlaufen kann. Psychoanalytische Forschung ist genuin prozesshaft. Sie liegt damit, begleitet von der eigenen sowie fremden Subjektivität, dem Aushandlungsprinzip zugrunde, nach dem (Be-)Deutungen generiert und reformuliert werden.

Was ist nun eigentlich das kritische Moment der psychoanalytischen Perspektive und Methode, das wir in unserer bisherigen empirischen Arbeit erfassen konnten? Und was bedeuten diese Prämissen für die sozialwissenschaftliche Praxis?

Die Position, dass psychoanalytisch inspirierte Forschung eine engagierte, empathische Sozialforschung ist, impliziert unseres Erachtens die Notwendigkeit eines Bewusstseins für gesellschaftlich relevante Themenbereiche. Dieser Umstand scheint in der Scientific Community wenig streitbar zu sein. So zeugt die Spannweite an Themengebieten der psychoanalytischen Sozialpsychologie vom Bedürfnis, sich Nichtanerkennung, diskriminierenden und damit exkludierenden gesellschaftlichen Strukturen sowie (strukturellen) Gewaltverhältnissen auf wissenschaftlichem Wege zuzuwenden (u.a. Rothe 2008; siehe auch Krovoza 2012). Prekär steht es um die Psychoanalyse nichtsdestotrotz. Denn – und dies sehen die Autorinnen als einen Fallstrick und zugleich als die eigentliche Pointe psychoanalytischer Forschung – gesellschaftlich relevant ist nicht selten synonym mit gesellschaftlich unbewusst Gehaltenem. Institutionell gestützte Abwehrmechanismen, die die psychoanalytische Sozialforschung u.a. untersucht, sind als psychosoziale Phänomene „aufs Engste mit dem Problem der Macht und Gewalt verbunden", wie Erdheim und Nadig (1991: 193) anmerken: „Machtstrukturen sind eine bestimmte Art von Beziehungsstrukturen, und wo diese nicht auf Einsicht und Konsens beruhen, muß auch Unbewußtheit produziert werden." Da die psychoanalytische Perspektive die Funktion dieser blinden Flecken als solche entlarvt, verwundert es kaum, dass sie der akademischen Psychologie weichen muss und psychoanalytische Sozialforschung in ihrer institutionellen Form marginalisiert wird.

Die Entscheidungen über die Themenwahl erfolgt selbstredend nicht ausschließlich bewusst. Der Umstand, dass Forschung immer auch (unbewusst) subjektiv motiviert ist und idiosynkratische Anteile vergegenwärtigt, erscheint uns als kein unbedeutender, aber großzügig ignorierter Aspekt, der oftmals unbemerkt den eigenen Gegenstand verdunkelt. Orientiert an psychoanalytischen Konzepten besteht jedoch die Notwendigkeit, die eigene Forscherinnen-Subjektivität zu objektivieren und damit die individuelle Motivation in Verbindung mit dem Gegenstand zu denken.[5] Indem sich die psychoanalytisch interessierte Sozialwissenschaftlerin latenten – auch gestisch und szenisch vermittelten – Bedeutungsstrukturen widmet, die sich z.T. erst während der Datenerhebung ergeben, und die Forscherin selbst stets Teil dieser Interaktionssituation ist, ist sie damit konfrontiert, sich im Laufe des Prozesses den Spiegel vorhalten lassen zu müssen. Die professionelle Kompetenz besteht unseres Erachtens dann darin, sich im Spiegel zu erkennen, ohne nur sich zu sehen, sondern die Umgebung, die mitgespiegelt wird, wahrzunehmen und die einzelnen Teile, die sich abbilden, in eine sinnvolle, überindividuell ausgerichtete Beziehung zueinander setzen zu können.

Das impliziert folglich, sich selbst als Resonanzkörper zur Verfügung zu stellen (vgl. Frommer 2008: 29), um psychodynamische und psychosoziale Konflikte sowie Mechanismen zu erfassen. Diese Prämisse ist der psychoanalytischen Denkbewegung immanent und birgt ihr kritisches Potenzial. Die wechselseitige Reflexion des Beziehungsgefüges von dem Analysegegenstand, dem Forschenden und dem Beforschten (vgl. Gast 2011: 322) – also das Oszillieren zwischen dem Eigenen und dem Fremden (vgl. Fuchs & Berg 1995), das zwangsläufig diese Art des wissenschaftlichen Arbeitens nach sich zieht – verlangt allerdings nach Sensibilität, Geduld und der Bereitschaft zur Einsicht in Widersprüche sowie spezifische Abwehrstrukturen.

Da zumeist das emotionale Erleben der Analysegegenstand ist, ist dieser folglich nicht rein kognitiv begreifbar, sondern erfordert in der Regel eine emotionale Einfühlung und (wissenschaftliche) Leidenschaft. Der Forschungsprozess ist somit oftmals auch unbequem, frustrierend und evoziert sowohl bei den Beforschten als auch bei der Forscherin Ängste und Ohnmacht. Voraussetzung für solch einen Arbeitsmodus ist ein vertrauensvolles, kollegiales, stabiles Arbeitsbündnis, welches versucht, die gewonnenen Erkenntnisse dem Gegenstand angemessen zu verarbeiten, ohne dabei die subjektive Bedeutung der Arbeitsergebnisse für die Forschenden zu ignorieren.[6] Unseres Erachtens ist nahezu jeder qualitative Forschungsprozess mit dem Dilemma der wissenschaftlichen Ver-

---

5 Allerdings besteht nicht zwangsläufig die Notwendigkeit, alle biografiegeschichtlichen Bezüge in der Forschungsarbeit zu thematisieren – eben nur, insofern sie gegenstandsbezogen und damit erkenntnisbringend sind.

6 Eine Möglichkeit, solchen Ansprüchen zu begegnen, besteht darin, bspw. Supervision in Anspruch zu nehmen, wobei dies eine Ressourcenfrage ist und vor allem für das studentische Arbeiten keine adäquate Lösung darstellen kann.

sprachlichung dessen konfrontiert, was sich oft der Sprache selbst entzieht –
auch „der Forscher kann nicht verstehen, was er unbewusst nicht verstehen will"
(Bosse 2010: 73). Ein professionelles Arbeitsbündnis sieht sich der Situation
ausgesetzt, die Offenheit des Interpretationsprozesses auszuhalten, Ungewisshei-
ten und theoretische Leerstellen sowie die eigene Involviertheit in die Forschungssituation (als eine soziale Interaktionsform) anerkennen zu müssen. Unserer Erfahrung nach bedarf diese psychoanalytische Perspektive eines For-
schungskollektivs, welches neben wissenschaftlicher Neugier auch die emotionale Bereitschaft aufweisen muss, sich gemeinsam, assoziativ und affektorientiert
dem Gegenstand zu nähern.[7] Es dürfte nicht verwundern, dass ein solches Vor-
haben langwierig und seine Folgen auch für die Forschenden persistent sein
können.[8]

In der Annahme verbleibend, dass das Subjekt samt seiner Konstitutionsge-
schichte und seinen Konstitutionsbedingungen ein „unberechenbares" ist, berei-
tet das Bemühen, dieses zu beforschen, Unbehagen und oft genug auch Unlust.
Denn es ist ein Projekt mit verunsichernden (materiellen wie immateriellen)
Ausgangsbestimmungen und unsicherem Ausgang, das reflexives Arbeiten in
einem Denkkollektiv sowie spezifische Arbeitsstrukturen erfordert. Die gegenwärtigen institutionellen Bedingungen und die damit verbundenen hochschulpo-
litischen Entscheidungen an hiesigen Universitäten bieten in keinerlei Hinsicht
eine gelungene Basis für einen solchen potenziell komplexen, konflikthaften und
kritisch in Bezug auf den sozio-politischen Normalvollzug ausgerichteten Forschungsprozess.

Das, was im vorangegangenen Teil im Allgemeinen herausgearbeitet wurde, wird im folgenden Abschnitt anhand unserer Erfahrung im Rahmen des Ta-
gungsberichts im Besonderen diskutiert.

Grundsätzlich lässt sich nicht leugnen, dass die Psychoanalyse, sowohl als
eine therapeutische Praxis[9] als auch als kritische Sozialwissenschaft[10] im deutschen Sprachraum institutionell geschwächt wird. Uns stellte sich die Frage,
wieso dies kaum eine Empörung in den entsprechenden, institutionell geführten
sowie öffentlichen Diskussionen hervorruft (zumindest keine hörbare). Denn es

---

7 Obgleich dies ein Beitrag zur psychoanalytischen Sozialforschung ist, möchten wir auf das
   grundsätzliche Potential solcher Arbeitsbündnisse, unabhängig vom methodischen Vorgehen,
   verweisen.
8 Nicht zuletzt stellt der Kampf um die Vergabe von Professuren sowie Forschungsgeldern an
   psychoanalytische Sozialpsychologen das Interesse der Universitäten an einer kritischen Wissensproduktion grundsätzlich in Frage.
9 Im staatlichen Versorgungssystem wird die analytische Therapie von der Kurzzeit- bzw. Ver-
   haltenstherapie sukzessiv abgelöst.
10 Der letzte Lehrstuhl für psychoanalytische Sozialpsychologie in der Bundesrepublik besteht
   noch an der Universität Frankfurt.

ist doch bemerkenswert: ausgerechnet die Wissenschaft, die dem Subjekt gewissermaßen „an den Leib" rückt, erfährt eine Marginalisierung, die im universitären Raum seinesgleichen sucht. Der Widersinn dieses Umstandes ermöglichte es
uns, eine im Rahmen der o.g. Tagung gemachte Erfahrung besser verstehen zu
können und zwischen der Position der Psychoanalyse im sozialwissenschaftlichen Kontext und der Position der Studierenden im universitären Kontext eine
Parallele zu ziehen.[11] Die Frage, warum ausgerechnet die radikal subjektzentrier-
te psychoanalytische Position marginalisiert wird, möchten wir mit einer scheinbar banalen Annahme beantworten: nicht ausgerechnet, sondern gerade weil sie
dem Subjekt „zu Leibe" rückt.

Das hierarchisch strukturierte Verhältnis zwischen Lehrenden und Studierenden[12] bietet vor allem Letzteren einen spezifisch begrenzten, formalen und
zugleich immer auch funktionalen Rahmen, in dem sie sich verhalten können.
Eine Tagungspraxis hingegen, die explizit eine „Nachwuchsförderung" als Anspruch formuliert – so auch im Falle der Tagung „(Be-)Deutungsansprüche in
qualitativer Forschung"[13] – ermöglicht zumindest potenziell eine Verschiebung
bzw. Aufhebung der strukturellen Differenz. Nichtsdestotrotz beobachten wir
einen geringen partizipativen Einbezug von Studierenden auf Tagungen in den
Gesellschaftswissenschaften sowie auch eine meist äußerst geringe studentische
Teilnahme an solchen Veranstaltungen. Dieser augenscheinliche Widerspruch
erklärt sich uns durch die damit verbundene, Unbehagen verursachende Aufwei-
chung von strukturellen Grenzen. Diese Beobachtung möchten wir konkretisie-
ren, indem wir unsere Erfahrungen im Rahmen der Methodentagung kurz skiz-
zieren und diese analytisch in ein Verhältnis zu der obigen These setzen.

In Bezug auf die Tagung wurde uns neben der organisatorischen Arbeit in-
haltlich zu füllender Raum gewährt. Gemeinsam mit zwei weiteren Kommilito-
ninnen[14] organisierten wir zwei Workshops, wobei einer sich in der Ausschrei-
bung explizit (von Studierenden) an Studierende[15] richtete. Der Workshop „Forschungswerkstatt – Einblicke in aktuelle qualitative Arbeiten" hatte zum Ziel,
den Teilnehmer_innen die Möglichkeit zu geben, eigene Projekte auf einer internationalen Tagung vorzustellen und diese mit anderen Forscher_innen zu diskutieren.

---

11 Hierzu wäre anzumerken, dass erst unsere erkenntnistheoretische Ausrichtung uns zu den
    folgenden Überlegungen hinführte.
12 Dieses Verhältnis lässt sich auch zwischen den etablierten W-Professuren und Promovierten
    sowie Juniorprofessor_innen beobachten.
13 Die Einbindung von Studierenden wird in diesen Fällen von den Veranstalter_innen zumeist als
    eine Besonderheit ausgewiesen.
14 Alexandra Ivanova und Katharina Koppe
15 Gemeint sind damit die Referent_innen des Workshops.

Es sollte sich als bezeichnend herausstellen, dass gerade an dem Studierendenpanel verhältnismäßig wenige Besucher teilnahmen und diese fast ausschließlich ebenfalls Studierende waren. Diese formale, räumliche Dimension geht mit einer inhaltlichen Differenz gegenüber den anderen Workshops einher. Die Inhalte des Workshops – method(olog)ische Termini wie beispielsweise „Subjektivität" oder „Reflexivität" sowie Normativität in der Forschung –, der von allen Beteiligten als durchaus positiv erlebt wurde, bieten unserer Ansicht nach Aufschluss über die Abwesenheit Nicht-Studierender bzw. der etablierten Mitglieder des akademischen Betriebes.

Welcher reflexive Umgang kann mit normativen Implikationen des Forschungsvorhabens gefunden werden? Wie kann der (selbst-)reflexive Anspruch in der Forschungspraxis konkret umgesetzt werden? Und inwieweit werden die eigenen Präkonzepte systematisch einbezogen bzw. ausgeblendet? Diese Fragen, die zwar jede qualitative Sozialforscherin auf eine bestimmte Art und Weise betreffen, aber im Laufe des wissenschaftlichen Sozialisationsprozesses häufig als mehr oder weniger beantwortet erachtet werden, erwiesen sich in diesem Workshop als virulent. Eben jene Konzepte – wie etwa (Forscherin-)Subjektivität oder (Selbst-)Reflexivität – werden unseres Erachtens in der akademischen Methodendiskussion nur ungenügend expliziert; stattdessen wird ein erfahrungsgebundenes implizites Wissen unterstellt. Die Schwierigkeit, sich method(olog)ische Begrifflichkeiten sowohl auf theoretischer wie auf praktischer Ebene anzueignen, ist u.a. darauf zurückzuführen, dass sie sich ihrer Konzeption nach einer konsequenten Selbstanalyse entziehen.[16] Eben durch dieses strukturelle Merkmal und aufgrund des potenziell uneinheitlichen Begriffsverständnisses, welches stets nach neuer situationsspezifischer (Be-)Deutungsaushandlung verlangt, werden die (Re-)Formulierungen bestehender Konzepte größtenteils vermieden.

Im Anschluss daran ließe sich die Situation und Position der Studierenden als ein eröffneter Möglichkeitsraum interpretieren, in dem sie sich kritisch Konzepte aneignen, (gegebenenfalls) Widerspruch einlegen und damit die bestehenden etablierten Strukturen potenziell dezentrieren. Die Gefahr, dass die hegemonialen Strukturen, die auf das hierarchische Gefüge stabilisierend wirken, durch jene aufgebrochen werden können, die diesen funktionalen Raum irritieren, erscheint groß. Insofern erfährt der Möglichkeitsraum seine Grenzen und stößt auf den Latenzschutz (vgl. Luhmann 1984) der Institution Universität. Bestehendes in Frage zu stellen und Wissenskonstruktion zu de-konstruieren, kann konflikt-

---

16 An dieser Stelle soll keinesfalls für lehrbuchartige methodologische Begriffsexplikationen plädiert werden, die in der universitären Methodenausbildung bloßer Adaption bedürfen und als Operationswerkzeuge verstanden werden.

haft und die Marginalisierung derjenigen, die das evozieren, für die Institution entlastend sein.

Dem Potenzial, personifiziert in der Studierendenschaft, eine kritisch-reflexive Auseinandersetzung mit dem Establishment voranzutreiben und damit neue Perspektiven und Diskursstränge aufzuzeigen, wird mit Widerständen begegnet. Aus der von uns eingenommenen, psychoanalytischen Perspektive lässt sich die Wahrnehmung des Geschehens auf der Tagung sinnhaft interpretieren: Dass die Studierendenposition auf einer wissenschaftlichen Tagung – trotz des Einbezugs dieser seitens der Veranstalter_innen – wenig Beachtung erfährt, bringen wir mit institutionellen Abwehrbewegungen zusammen. Auf dieser Mikroebene zeigt sich, dass die Institution Universität „die Latenz sichernde Kommunikation selbst davor zu schützen sucht, aufgedeckt, zur Sprache gebracht und zur Disposition gestellt zu werden" (Haubl 2011: 202).

Gerade die dezentrierende Eigenschaft, kommunikativ latent gehaltene Strukturebenen aufzuzeigen und kritisch zu hinterfragen, lässt das gemeinsame Moment der psychoanalytischen Sozialpsychologie und der marginalen Position der Studierenden sichtbar werden. Die Widerstände, mit denen sie konfrontiert werden, rühren daher, dass sie sich unbewussten Dimensionen nähern und diese versuchen bewusst zu machen. Wie weiter oben angedeutet, besteht die Funktion des unbewusst Gehaltenen darin, strukturelle Macht- und Gewaltverhältnisse aufrechtzuerhalten und damit den Zugang zu hegemonialem Wissen zu schützen.

Trotz der antihegemonialen Ansprüche, sind die aufgezeigten Abwehrmechanismen und Widerstände einerseits konstitutiver Bestandteil von Hegemoniestrukturen. Zugleich besteht die Notwendigkeit, jene überhaupt wahrzunehmen und anzuerkennen. Letzten Endes gilt es, die Hegemoniestrukturen – und darin sehen wir die Schwierigkeit – nicht zu reproduzieren, in dem Bewusstsein, dass sie stets strukturimmanent sind.

Obgleich an dieser Stelle keine Diskussion Platz findet, soll eine Anmerkung zu den handlungspolitischen Konsequenzen einer solchen Forschungsperspektive erlaubt sein. Letztlich sind die bislang beschriebenen Strukturen wissenschaftlicher Erkenntnisgewinnung in ihrer Intention darauf zu beziehen, was sie als wissensproduzierende und damit neue Handlungsräume eröffnende, potenziell verändernde Praktiken bewirken können (sollten). Denn die Frage nach dem subjektiven Erleben der Menschen ist in einem nächsten Schritt zu erweitern um die Frage, welchen Umgang er mit diesem findet und wie er sich zu den lebensweltlichen Erfahrungen (bewusst) verhalten kann. Denn das Subjekt ist nicht einfach nur das identische Abbild gesellschaftlicher (Produktions-)Verhältnisse – es konstituiert sich innerhalb dieser, immer auch mit der Perspektive auf ihre Veränderbarkeit.

Literatur

Adorno, Theodor W. (1955/1981). Zum Verhältnis von Soziologie und Psychologie. In ders., *Gesammelte Schriften (Band 8)*. Herausgegeben von Rolf Tiedemann. Frankfurt/M.: Suhrkamp, 42-85.

Bosse, Hans (2010). *Der fremde Mann. Angst und Verlangen-gruppenanalytische Untersuchungen in Papua-Neuginea*. Gießen: Psychosozial.

Bourdieu, Pierre & Wacquant, Loïc (1996): Die Objektivierung des objektivierenden Subjekts. In Bourdieu, Pierre & Wacquant, Loïc (Hrsg.), *Reflexive Anthropologie*. Frankfurt/M.: Suhrkamp, 238-250.

Erdheim, Mario & Nadig, Maya (1991). Ethnopsychoanalyse. In Apsel, Roland (Hrsg.), *Ethnopsychoanalyse 2. Herrschaft, Anpassung, Widerstand*. Frankfurt/M.: Brandes & Apsel, 187-201.

Frommer, Jörg (2008). Psychoanalyse und qualitative Sozialforschung: Zur Zukunft des Verhältnisses beider Disziplinen. In Dörr, Margareta et al. (Hrsg.), *Erinnerung – Reflexion – Geschichte. Erinnerung aus psychoanalytischer und biographietheoretischer Perspektive*. Wiesbaden: VS Verlag für Sozialwissenschaften, 21-34.

Fuchs, Martin & Berg, Eberhard (1993). Phänomenologie der Differenz. Reflexionsstufen ethnographischer Repräsentation. In Berg, Eberhard & Fuchs, Martin (Hrsg.), *Kultur, soziale Praxis, Text. Die Krise der ethnographischen Repräsentation*. Frankfurt/M.: Suhrkamp, 11-108.

Gast, Lilli (2011). Vorbei! Ein dummes Wort: Ist die Psychoanalyse als kritische Sozialwissenschaft am Ende? In Leuzinger-Bohleber, Marianne & Haubl Rolf (Hrsg.), *Psychoanalyse: interdisziplinär - international - intergenerationell: Zum 50-jährigen Bestehen des Sigmund-Freud-Institutes. Reihe 2 Psychoanalyse im interdisziplinären Dialog (Band 16)*. Göttingen: Vandenhoeck & Ruprecht, 319-335.

Haubl, Rolf (2011). Latenzschutz und Veränderungswiderstand: Grundfragen psychodynamisch-systemischer Organisationsberatung. In Schnoor, Heike (Hrsg.), *Psychodynamische Beratung*. Göttingen: Vandenhoeck & Ruprecht, 197-212.

Krovoza, Alfred (2012). Ein Krisenpanorama – das Subjekt der Psychoanalyse und die „Neuschöpfung" von Welt. *Psychosozial 35*, Heft 129, 9-20).

Luhmann, Niklas (1984). Struktur und Zeit. In Luhmann, Niklas (Hrsg.), *Soziale Systeme*. Frankfurt/M.: Suhrkamp, 377-487.

Rothe, Katharina (2008). *Das (Nicht-)Sprechen über die Judenvernichtung. Psychische Weiterwirkung des Holocaust in mehreren Generationen nicht-jüdischer Deutscher*. Gießen: Psychosozial.

TEIL 2
METHODOLOGISCHE ANSÄTZE

Objektive Hermeneutik als Methodologie der Erfahrungswissenschaften von der sinnstrukturierten Welt

Ulrich Oevermann

1 Gegen den Begriff der qualitativen Sozialforschung

Aus der Sicht der objektiven Hermeneutik habe ich mich gegen den Begriff der qualitativen Sozialforschung oder der qualitativen Methoden schon immer – allerdings vergeblich – gewehrt, und zwar aus drei Gründen:

a. Es handelt sich um eine irreführende Gegensatzbildung von „quantitativ" und „qualitativ", denn jede quantifizierende Datenerhebung und -auswertung kommt ohne die in sich qualitative Bestimmung von Merkmalsdimensionen, innerhalb deren messend erhoben wird, nicht aus.

b. Man kann zwar den Begriff der quantifizierenden Methoden als Bezeichnung für eine stark eingeschränkte Gruppe von Methoden in den Sozialwissenschaften benutzen, aber die dann übrig bleibende Gruppierung pauschal und unspezifisch als „qualitativ" zu bezeichnen, läuft auf den Misch-Masch einer Residualbestimmung hinaus, unter der, wie ich zu zeigen versuchen werde, sich auf irreführende Weise wissenschaftstheoretisch höchst heterogene Methoden versammeln.

c. Es empfiehlt sich, was selten präzise eingehalten wird, zwischen *Methoden der Datenerhebung* und der *Datenauswertung* scharf zu unterscheiden. Nur wenn das der Fall ist, wird man dem gerecht, dass die beiden Klassen von Methoden unabhängig voneinander variieren können. Bei allen beschreibenden Verfahren der Datenerhebung, z. B. den ethnographischen (wie der Name schon sagt), lassen sich, weil die Beschreibungen von intelligenten Subjekten durchgeführt werden und immer schon eine gegenstandsspezifische Interpretation enthalten, die im Grunde eine Dateninterpretation ist, Datenerhebung und Dateninterpretation bzw. -auswertung nicht mehr auseinanderhalten. Daraus resultiert eine vermeidbare, die methodische Geltungsüberprüfung einschränkende Zirkelhaftigkeit.

- Bei den Methoden der *Datenerhebung* sollte man solche, die das soziale Arrangement, d. h. auch die in den zu erhebenden Gegenstand eingreifenden Operationen, betreffen, von den Methoden der Protokollierung unterscheiden. Die mit jeder Datenerhebung verbundene Intervention in die zu untersuchende Wirklichkeit selbst, etwa in Gestalt einer Kommunikation mit einer Versuchsperson oder einer experimentellen Anordnung, muss in der quantifizierenden Sozialforschung möglichst gut standardisiert sein, damit nicht kontrollierbare Ausprägungen des konkreten Datenmaterials unterbunden werden. Die Methoden der Protokollierung müssen bei den quantifizierenden Verfahren gleichermaßen standardisiert sein. Bei den qualitativen Verfahren können die Protokollierungsmethoden stark variieren, z. B. von einer Dokumentenrecherche über eine subjektgebundene *paper and pencil*-Notierung bis zur Aufzeichnung mit Hilfe sehr verschiedener Geräte. Die große Spannweite von Protokollierungsverfahren ist ein entscheidender, bisher viel zu wenig systematisch untersuchter und beachteter Parameter. Wenn bezüglich dieser beiden Untergruppen von Methoden von „qualitativen" die Rede ist, dann ist meistens gemeint, dass es sich um nicht-standardisierte, z. B. klinische Verfahren handelt. Jede Methode der Quantifizierung erfordert demgegenüber zwingend eine standardisierte Datenerhebung sowohl hinsichtlich des prozeduralen Arrangements (Operationalisierung) als auch der Protokollierungstechnik.

■   Ganz andere Probleme stellen sich in der *Datenauswertung*. Hier vor allem erweist sich die Bezeichnung „qualitativ" als höchst unscharf: Zum Beispiel beachtet sie überhaupt nicht die kategoriale Differenz, auf die es in unseren Wissenschaften vor allem ankommt: jene zwischen einem *subsumtionslogischen* und einem *rekonstruktionslogischen* Vorgehen. So setzen alle mir bekannten Auswertungsprogramme der sogenannten qualitativen Sozialforschung Kodierungen des nicht-standardisierten Datenmaterials voraus, und damit subsumtionslogische Auswertungsverfahren. Das gilt letztlich auch für die *Grounded Theory*, wenn in ihr zwar aus dem konkreten Datenmaterial typologisierende oder klassifizierende Begriffe herausgefiltert werden, unter die dann aber doch das übrige Material subsumiert wird – besonders auffällig an der „Residual"-Kategorie „no-name", in der dann nur noch statt eines Begriffes die Fundstelle in wörtlicher Formulierung stehen bleibt, ohne dass diese als solche in ihrer objektiven Bedeutung rekonstruiert worden wäre. Entsprechend operieren – wie sollte es auch anders gehen – die Datenanalyse-Programme. Dabei ist besonders ärgerlich die Irreführung ihrer Bezeichnung, denn in Wirklichkeit werden mit ihnen nicht Daten analysiert, sondern nur verwaltet. Das ist alles verständlich, wenn es einem darum geht, den einzigen Vorteil aufzuholen, den quantifizierende Verfahren haben: möglichst große Fallzahlen summarisch und ökonomisch zu verarbeiten. Nur sollte man dann auch im Auge behalten, dass jeder Vorteil dieser Ökonomisierung mit dem Nachteil von Prägnanz- und Präzisionsverlusten bezahlt werden muss.[1]

---

1   Zur systematischen Begründung dieses Argumentes vgl. Oevermann (2004).

2 Zur konstitutionstheoretischen Begründung der objektiven Hermeneutik

Die kritisierte Begrifflichkeit opazisiert aber vor allem das Grundproblem, wie die in der Sozialforschung verwendeten Methoden jeweils vom Gegenstand her begründet werden können. Das erfordert deren systematische Ableitung aus dem, was man als Konstitutionstheorie der Sozialwissenschaften bzw. allgemeiner der Erfahrungswissenschaften von der sinnstrukturierten Welt bezeichnen kann. Gerade in den Sozialwissenschaften, deren Gegenstand umgangssprachlich vermittelt der Praxis des Handelns vollständig gegeben ist und im Unterschied zu dem der Naturwissenschaften durch mikro- bzw. makroskopische Mess- oder Beobachtungsgeräte nicht wesentlich über den Bereich der sinnlichen Wahrnehmbarkeit hinaus erweitert werden kann, ist eine theoriesprachliche Konstitution des Gegenstandsbereichs unabdingbar, wenn eine methodenkritische, von der umgangssprachlichen Einrichtung und Betrachtungsweise unabhängige Gegenstandserfassung ermöglicht werden soll.

Dazu wäre allerdings viel mehr auszuführen, als hier möglich ist. Deshalb nur das m.E. Wichtigste. Entscheidend für den sozialwissenschaftlichen Gegenstandsbereich – und das teilt er zugleich mit dem der Geistes- und Kulturwissenschaften – ist seine Sinnstrukturiertheit. Demgegenüber ist der Gegenstandsbereich der Naturwissenschaften stochastisch. Das wesentlich Gemeinsame aller historisch entstandenen Disziplinen des Ensembles der Geistes-, Kultur- und Sozialwissenschaften ist diese Sinnstrukturiertheit. Das zieht sogleich die entscheidende Weise ihrer Interdisziplinarität nach sich. Konstitutionstheoretisch sind dann in den nächsten Schritten die folgenden Fragen zu klären.

a. Welche der beiden wesentlichen verschiedenen Grundbedeutungen der Kategorie von „Sinn" soll hier zugrunde gelegt werden? Die normative, wie in „Sinn des Lebens" oder im Stellen von „Sinnfragen", oder die deskriptive, wenn z. B. nach dem Sinn gefragt wird, mit dem ein Wort oder ein Ausdruck verwendet wird oder der einer Ausdrucksgestalt zukommt. In der theoriesprachlichen Konstitution eines Erfahrungsgegenstandes geht es nicht um normative oder um praktische Fragen (die setzen die Konstitution des Gegenstandes schon voraus), sondern um deskriptiv-analytische.

b. Danach ist zu klären, ob unter dieser deskriptiv-analytischen Kategorie von Sinn einer zu verstehen ist, der *objektiv* gilt, d. h. durch angebbare Regel erzeugt worden ist, die entsprechend der Sprechakttheorie von Searle als konstitutive Regeln zu verstehen sind - also als solche, die einen regelinternen offenen Sachverhalt regeln, der zugleich durch sie selbst erst erzeugt worden ist, im Unterschied zu regulativen Regeln, die lediglich eine Strukturlosigkeit regeln, die als solche unabhängig von ihnen extern besteht bzw. in die Welt gekommen ist.

Konstitutive Regeln erzeugen aufgrund dieser Eigenschaft zugleich permanent Neues. Da Regeln nicht privat sind, sondern per se sozial, oder, wie Wittgenstein es ausdrückte, man einer Regel nicht privat folgen kann, gelten solche Regeln objektiv und stellen eine objektive Gültigkeit her.

Oder ob man unter Sinn etwas versteht, das – wie häufig als selbstverständlich geltend unterstellt – von vornherein nur als subjektives bzw. mentales Phänomen aufzufassen ist, analog zur Unterscheidung des subjektiven Geistes vom objektiven Geist beim alten Hegel, so wie im Begriff des subjektiv gemeinten Sinns in den methodologischen Grundbegriffen von Max Webers Handlungstheorie.

Warum für eine Konstitutionstheorie der Erfahrungswissenschaften von der sinnstrukturierten Welt einzig die deskriptiv-analytische Kategorie von *objektivem* Sinn tauglich sein kann, möchte ich stark vereinfacht am altbekannten Unterschied von Sagen und Meinen klar machen. Denn „meinen" kann man etwas nur subjektiv, nicht objektiv. Letzteres wäre ein Widerspruch in sich. Wiederum vom alten Hegel nämlich kann man, z. B. im berühmten Abschnitt über die sinnliche Gewissheit in der „Phänomenologie des Geistes", lernen, dass das Wort „meinen" im Deutschen die Wortwurzel mit dem Possessivpronomen „mein" teilt, es also ein „deinen" oder „seinen" analog nicht gibt. Darin drückt sich aus, dass das Meinen ein Modus der subjektiven Aneignung von erfahrbarer Welt und insofern der Objektivität entzogen ist. Umgekehrt kann man etwas „sagen" nur objektiv und nicht subjektiv. Subjektiv ist am Sagen allenfalls der jeweilige Tonfall, die Prosodik, etc.

Aus dieser kategorialen Differenz zwischen Meinen und Sagen ergibt sich die folgende Asymmetrie. Wenn man erfahrungswissenschaftlich das Meinen bzw. die Phänomene der Subjektivität überhaupt methodenkritisch untersuchen will, und eben auf entscheidende Weise über die Praxis des bloßen Meinens hinausgelangen will, dann muss man sich an die Objektivität des Sagens oder Sich-Ausdrückens halten, worin das Meinen sich zur Geltung gebracht hat oder bringen kann. Alles andere bleibt uns methodisch von vornherein verschlossen. Das heißt aber auch, dass wir methodologisch immer mit der Entzifferung und d. h. der Rekonstruktion des objektiven Sinns beginnen müssen. Erst wenn wir ihn entschlüsselt haben, um welchen Gegenstand es im Einzelnen auch immer geht, können wir geregelt damit beginnen, aus ihm die darin repräsentierte, u.a. auch mentale Seite der Praxis des Handelns zu erschließen.

Sobald wir konstitutionstheoretisch diese Klärungen eingeführt haben, ergeben sich weitere Bestimmungen der objektiven Hermeneutik wie von selbst, u.a. als zentrale Frage die nach der Eignung verschiedener Protokolltypen für die je gegenstandsspezifischen Forschungsfragen.

3 Objektive Hermeneutik als methodologischer Realismus mit seinem Gegenstandsbereich von Ausdrucksgestalten als Texten und als Protokollen

Mit welchen Daten auch immer wir es für welche Fragestellungen auch immer in unseren Wissenschaften zu tun haben, immer handelt es sich um Ausdrucksgestalten, denen eine objektive Sinn- oder Bedeutungsstruktur zukommt, die sich methodisch überprüfbar rekonstruieren lässt. Ausdrucksgestalten, ein zentraler Begriff der objektiven Hermeneutik, konstituieren – methodologisch gesehen – latente Sinnstrukturen, ebenfalls ein Grundbegriff der objektiven Hermeneutik, der sich rein methodologisch auf jene Realitätsebene eigener Art bezieht, die der methodischen Operation der Rekonstruktion als abstrakter, bloß lesbarer Gegenstandsbereich vorliegt. Die methodologische Funktion dieses Begriffs ist häufig, vor allem veranlasst durch Jo Reichertz, systematisch missverstanden worden, indem darunter lebenswirkliche bzw. lebenspraktische Fallstrukturen oder Bewusstseinsstrukturen anstatt eines rein methodologischen Gegenstandsbereichs verstanden wurden.

Ausdrucksgestalten werden in der objektiven Hermeneutik zum einen unter dem Gesichtspunkt von Texten als Trägern latenter Sinnstrukturen verstanden, wobei der Textbegriff im Unterschied etwa zu den Literaturwissenschaften maximal weit gefasst ist und sich auf alle Ausdrucksgestalten, auch die von einer sprachlichen Realisierung weit entfernten, bezieht. Dem liegt die Auffassung zugrunde, dass die Bedeutungsfunktion überhaupt durch Sprache konstituiert wird. In dieser Auffassung erscheint die Sprache als das für jegliche Kultur fundamentale Ausdrucksmedium. Im Hinblick auf die konkrete Realisierung von Bedeutungs- oder Sinnstrukturen dagegen ist die Sprache eine Ausdrucksmaterialität unter vielen anderen und häufig nicht einmal die wirksamste.

Zum anderen werden Ausdrucksgestalten bezüglich ihrer jeweiligen ausdrucksmaterialen Gegebenheit als Protokolle aufgefasst. Jedes Datum der Erfahrungswissenschaften der sinnstrukturierten Welt ist unter diesem Gesichtspunkt, d. h. methodologisch gesehen, ein Protokoll.

Der Begriff des Protokolls präsupponiert den der protokollierten Wirklichkeit. Zwischen diesen beiden Realitäten besteht eine kategoriale Differenz, gewissermaßen ein unüberbrückbarer Hiatus. Denn die je protokollierte Wirklichkeit ist sozialzeitlich an die jeweilige Gegenwärtigkeit des Vollzugs von Praxis unauflöslich gebunden. Dies ist zugleich die Sphäre der Praxis. Jenseits dieser Gegenwärtigkeit liegt sozialzeitlich die Polarität von Vergangenheit (= der je vollzogenen Wirklichkeit) und Zukunft (= der noch nicht vollzogenen, aber möglichen Wirklichkeit) und sozialräumlich das Außen, im Gegensatz zum Innen einer je konkreten Lebenspraxis.

Methodologisch können wir die Grenze des Protokolls zu dessen Jenseits der Gegenwärtigkeit, d. h. zum Hier und Jetzt einer sich vollziehenden Lebenspraxis, die protokolliert wird, nicht überschreiten, methodologisch sind wir auf Protokolle verwiesen, wozu schon das Gedächtnis gehört, auf das sich die Erinnerung als Vergegenwärtigung dieser vergangenen je protokollierten Wirklichkeit bezieht. Aber auch Entwürfe als Vergegenwärtigung einer Zukunft gehören dazu. Aus dieser für die objektive Hermeneutik zentralen Grenzziehung zwischen Protokoll und protokollierter Wirklichkeit ergeben sich methodologisch erhebliche Konsequenzen.

a. Das Protokoll repräsentiert zeitlich eine eigene, von der Zeitlichkeit der sich vollziehenden Lebenspraxis losgelöste bzw. entbundene Realität, gebunden an die latente Sinnstruktur von Ausdrucksgestalten bzw. Verkörperungen von Lebenspraxis. Intersubjektivität stellt sich nämlich nicht primär, wie häufig angenommen, durch eine kollektiv verbindliche Typisierung von Wahrnehmungen bzw. Wahrnehmungsurteilen ein, sondern allein dadurch, dass unsere Beobachtungen in Protokollen festgehalten sind, die grundsätzlich archivierbar sind und deshalb jederzeit zum Gegenstand wiederholter Auswertungen und Analysen gemacht werden können, wie das für Daten immer schon gegolten hat. Diese Konstitution von Intersubjektivität durch das Protokoll gilt für die Naturwissenschaften ganz analog. Damit verbindet sich eine Entmystifizierung des Begriffs der Beobachtung. Die Beobachtung ist eine der Praxis selbst zugehörige epistemisch bedeutsame Handlung, die aber methodologisch als solche uninteressant ist, solange sie kein Protokoll hinterlassen hat.

b. Für Protokolle ist ihre ausdrucksmateriale Gegebenheit von zentraler Bedeutung. Gerätevermittelte Aufzeichnungen ergeben die besten Daten, weil sie am ehesten als natürliche, d. h. durch Interpretation am wenigsten transformierte Protokolle gelten können. Aber gerätevermittelte Aufzeichnungen werden zu auswertbaren Protokollen erst durch eine geeignete Notation, die mit Beschreibung nicht zu verwechseln ist. Denn erst unter der Bedingung ihrer Notation werden gerätevermittelte Aufzeichnungen von der Realzeit der von ihnen protokollierten wirklichen Praxis abgelöst, so dass man sie kontrolliert ohne Handlungsdruck analysieren kann. Ein außerordentlich wirksames, quasi naturwüchsiges Notationssystem ist die Schriftsprache, durch die Sprache selbst erst zu sich kommt in ihrem Potenzial der kontextunabhängigen Konstitution einer hypothetischen Welt. Aber Video-Aufzeichnungen werfen z. B. ein kaum lösbares Problem einer geeigneten Notation auf, im Unterschied etwa zu Musik-Aufzeichnungen. Standbilder dagegen oder nicht bewegte Protokolle machen eine Notation überflüssig.

c. Die beiden kategorial verschiedenen Ebenen von Protokoll und protokollierter Wirklichkeit werden in der objektiven Hermeneutik verklammert durch den Begriff der Sequenz bzw. der Sequentialität, unter der nicht trivial ein bloß temporales Nacheinander verstanden wird, sondern eine durch bedeutungserzeugende Regeln konstituierte sinnlogische Folge. Diese kennzeichnet sowohl den Ablauf von wirklichen Vollzügen als auch deren Protokoll. Deshalb muss der erkennende Verstand, der sowohl die Vollzüge in der Praxis selbst als auch deren Protokolle versteht, im Unterschied zur sinnlichen Wahrnehmung, durch diese bedeutungserzeugenden Regeln epistemisch konstituiert sein. Seine Wahrnehmung von solchen sinnlogischen Folgen ist also bedingt durch eine Kompetenz, konstituiert durch ein Bewusstsein von diesen Regeln, wohingegen man, damit man einen Stein als Stein wahrnehmen kann, nicht in seinem Wahrnehmungsapparat wie dieser verfasst sein muss.

d. Wenn man die in Sequentialität verfasste lebenspraktische Wirklichkeit in ihrem Ablauf erklären will, benötigt man grundsätzlich zwei verschiedene Parameter: Einen Parameter I von bedeutungserzeugenden Regeln, die an jeder Sequenzstelle Anschlussmöglichkeiten für die Zukunft eröffnen oder noch aus der Vergangenheit herrührende und eröffnete schließen. Und einen Parameter II, der alle Dispositionen umfasst, die die beteiligten Akteure oder Lebenspraxen motivieren, unter den eröffneten Möglichkeiten in der Logik von „points of no return" bestimmte auszuschließen und andere als Wirklichkeit zu vollziehen. Sequenzanalyse bedeutet also wesentlich zweierlei zugleich:

An jeder Sequenzstelle beide Ebenen gleichzeitig abzudecken: die der eröffneten Möglichkeiten und auf dieser Folie die Abbildung der tatsächlich vollzogenen, eben nicht vom Kontext her paraphrastisch zu bestimmenden Wirklichkeit. Erst dadurch wird aus der Auswertung von Protokollen eine Erschließung jenseits bloßer Beschreibung.

Die lückenlose Rekonstruktion einer hinreichend langen Folge von so analysierten Sequenzstellen führt zur Feststellung einer wiedererkennbaren Fallstruktur, d. h. einer Art Identitätsformel der jeweiligen Lebenspraxis als Ergebnis ihres bisherigen Bildungsprozesses. Ob sich diese Fallstruktur gerade reproduziert oder durch eine Krisenbewältigung transformiert hat, muss dann weiteren Sequenzanalysen anderer Protokollsegmente derselben Fallstruktur überlassen bleiben.

e. Zentral und eigentlicher Gegenstand der objektiv hermeneutischen Sequenzanalyse ist also im Sinne einer Fallrekonstruktion die Fallstruktur einer Lebenspraxis. Dieser Begriff der Fallstruktur ist scharf von dem der latenten Sinnstruktur zu scheiden. In der Rezeption der objektiven Hermeneutik ist das aus mir unverständlichen Gründen und gegen eine immer wieder vorgebrachte Argumentation ständig verwechselt worden,[2] wodurch dann solche Vorurteile

---

2 Vgl. vor allem die diesbezüglich irreführenden Darstellungen der objektiven Hermeneutik von Reichertz (2002; 1994; 1988;1986).

gestützt und beibehalten wurden, sie sei subjektlos oder affirmiere unkritisch das empirisch jeweils Vorfindbare.

  f.   Die Methode der Sequenzanalyse führt zwingend zur basalen Unterscheidung von Krise und Routine. Denn an jeder Sequenzstelle ist grundsätzlich eine Transformation, d. h. eine folgenreiche Veränderung eingeschliffener Fallstrukturen möglich. Solche Transformationen schöpfen dann manifest das an jeder Sequenzstelle vorliegende KrisenPotenzial aus. In dieser Sicht ist das Gegenteil von Krisenbewältigung: die Routine, der – in der Regel – erstrebenswerte Normalfall für die Praxis selbst, aber der Grenzfall für den methodologisch analysierenden Dritten. Hier liegt die Wurzel für die kategoriale Differenz von Praxis und Theorie bzw. Wissenschaft. Mit dieser Begrifflichkeit ist es z. B. unerlässlich, zwischen Bildung und Lernen zu unterscheiden, denn Bildung ist ein Prozess der Krisenbewältigung und Lernen im Gegensatz dazu eine Routine.

  g.   Die Sequenzanalyse impliziert ein eigenlogisches Modell der Struktur von sozialer Zeit und sozialem Raum. Analog zur kategorialen Differenz von vollzogener Wirklichkeit und eröffneter Möglichkeit an jeder Sequenzstelle verhält sich die kategoriale Differenz von Gegenwärtigkeit und Nicht-Gegenwärtigkeit. Der Gegenwärtigkeit entsprechen das Hier und Jetzt einer Praxis und erkenntnistheoretisch im Peirce'schen Modell der Prädikation die Sphäre der X.e, die als unbestimmte Gegenstände krisenhaft in unser Aufmerksamkeitsbewusstsein treten, so dass der Satz gilt, man kann auf X.e nicht nicht reagieren. Der Sphäre der Nicht-Gegenwärtigkeit entspricht die Welt der Prädikate, also der hypothetischen Konstruktionen, die als mögliche Bestimmungen den X.en zugeordnet werden. Dass diese beiden kategorial verschiedenen und nicht aufeinander rückführbaren Realitäten nicht unterschieden werden, ist der Fehler des Konstruktivismus. Dass die Prädikate das Ergebnis von sprachlich ermöglichten Konstruktionen sind, ist trivial und bedarf keiner eigenen Lagerbestimmung, weil niemand je etwas anderes angenommen hat. Aber darüber die X.e als X.e zu vergessen bzw. zu unterschlagen ist ein schwerer Fehler, der z. B. zur Vernachlässigung der Krisenhaftigkeit von Lebenspraxis und der Überbetonung von Wissen als Ausdrucksform von Routine führt (wie etwa im Begriff der Wissensgesellschaft, in dem die kategoriale Differenz von Wissen und Erfahrung unkenntlich wird). Man kann Adorno so verstehen, dass sein erkenntnistheoretisches Grundproblem in der Frage bestand, wie man erfahrungswissenschaftlich über die X.e so reden kann, dass diese Rede nicht schon zu ihrer Zerstörung bzw. ihrer Degeneration in Konstruktionen der begrifflichen Erkenntnis führt.[3] Adornos Antwort bestand darin, dass letztlich nur in der sinnlichen Präsenz gülti-

---

3   Vgl. dazu meinen Aufsatz „Selbsterhaltung oder Sublimierung? Odysseus als künstlerischer
     Protagonist der Kulturentwicklung" (Oevermann 1998).

ger Kunstwerke diese X.e sich gleich bleiben – also der Sphäre des Nicht-
Identischen nicht genommen werden.

Die Differenz zwischen sozialer Zeitlichkeit und sozialer Räumlichkeit ist
erst in der Nicht-Gegenwärtigkeit gegeben, dann nämlich, wenn der Gegensatz
zum Jetzt im Einst sich zeitlich automatisch in die Polarität von Vergangenheit
als der Sphäre des schon Vollzogenen und Zukunft als Sphäre des noch nicht
Vollzogenen, aber potentiell Vollziehbaren aufspaltet. Dann überträgt sich retro-
spektiv diese Spaltung auf die Gegenwärtigkeit, die ihrerseits als ursprüngliche,
äußerst dünne Linie des Vollzugs unstrittig die Trennung zwischen Vergangenheit und Zukunft herbeigeführt hat. Diese Trennungsfunktion fehlt dem sozialen
Raum in seiner Gegensätzlichkeit von gegenwärtigem Hier und nicht-
gegenwärtigem Dort, so dass diese Trennung eigens in einer Ausdifferenzierung
von Innen und Außen herbeigeführt werden muss, eine Trennung, die mit der
leiblichen Positionalität der konkreten Lebenspraxis in der Abgrenzungsfunktion
der Haut beginnt. Hier setzt die der objektiven Hermeneutik zugrunde liegende
Konstitutionstheorie der Sozialität und der ihr immanente Subjektbegriff mit
dem Konzept der leiblichen Positionalität an, die – im Anschluss an G. H. Mead
und S. Freud – als Amalgam bzw. Synthesis von Natur und sinnstrukturierter
Kultur als Ausgangskonstellation für den individuierenden Bildungsprozess
vorgestellt wird. Als Prozess der Subjektkonstitution errichtet er sich über der
das Leben ausmachenden leiblichen Positionalität auf der Grundlage der Differenzierung des sozialräumlichen Innen und Außen.

h. Bezüglich der Kritik an einer angeblichen Vernachlässigung der Wür-
digkeit des Subjekts möchte ich mir erlauben, noch ein Argument einzufügen.
Die vorausgehenden Ausführungen sollten deutlich gemacht haben, dass im
Gegensatz zu dieser Kritik mit diesen Unterscheidungen überhaupt erst eine
erfahrungswissenschaftliche Analyse von Subjektivität kategorial eröffnet wird.
Die Subjektivität ist nämlich ganz wesentlich der Sphäre der Krise und nicht der
Routine zuzurechnen, was schon George Herbert Mead in seinem wichtigen
Aufsatz „The Definition of the Psychical" der Sache nach, wenn auch in anderen
Begriffen, vorgetragen hat. In der objektiven Hermeneutik ist dafür der Begriff
der Lebenspraxis schon immer zentral gewesen. Auf seine drei verschiedenen
Ableitungen kann ich hier nicht eingehen, sondern nur anführen, dass für Lebenspraxis die selbständige Bewältigung von Krisen, nicht von Stress, konstitutiv
ist. In dieser Auffassung sind z. B. Organisationen nicht Formen der Lebenspraxis, sondern Mittel zum Zweck einer Lebenspraxis. Organisationen als solche
gehen nicht Pleite, sondern Unternehmen. Der Begriff der Lebenspraxis bezieht
sich auf alle sozialen Gebilde, die selbst Entscheidungen über ihr Schicksal treffen müssen. Dieser Begriff impliziert, was in den Beiträgen zur „qualitativen
Sozialforschung" m.E. viel zu wenig beachtet wird: die kategoriale Differenz

zwischen einem praktischen und einem methodischen Verstehen. Die philosophische Hermeneutik, so auch Gadamers berühmte Analyse in *Wahrheit und Methode*, befasst sich hauptsächlich mit den Bedingungen der Möglichkeit des praktischen Verstehens in der Lebenswelt. Um aber dieses erfahrungswissenschaftlich analysieren zu können, bedarf es einer ganz anderen Methodik des methodischen Verstehens, um das es hier ging.

i.   Schließlich ein letztes Wort zum häufig erhobenen Einwand, die objektive Hermeneutik betreibe eine willkürliche Verdächtigung von Subjekten in Richtung der Unterstellung von Irrationalitäten und Pathologien. Nichts falscher als das. Faktisch verfährt die objektive Hermeneutik genau umgekehrt, indem sie drei Prinzipien der Sequenzanalyse zugrunde legt:

▪   Sie schreibt als Ideal vor, bei einem gegebenen Datum bzw. einer gegebenen Ausdrucksgestalt lückenlos die Sequentialität zu rekonstruieren, also nichts Erschließbares auszulassen und gerade nicht, wie in der Subsumtionslogik, am Leitfaden vorgegebener Kodierungskriterien oder -begriffe im Datenmaterial hin- und herzuspringen. Auf diese Weise wird nicht nur das FalsifizierungsPotenzial eines Datenmaterials voll ausgeschöpft, sondern auch die Prägnanz der Ausdrucksgestalt maximal erhalten (Totalitätsprinzip).

▪   Komplementär dazu bindet sich der objektive Hermeneut an das Prinzip, nichts zu erschließen, was nicht im Material selbst klar nachweisbar markiert ist, also keine noch so „gebildeten" Zuschreibungen vorzunehmen, von denen gilt, dass sie der Fall sein können, aber nicht müssen. Deshalb unterscheiden wir das in Wirklichkeit entgegen verbreiteten Auffassungen immer ganz einfach zu lösende Problem der objektiven Gültigkeit der Interpretation von Sequenzstellen mit Bezug auf das gegebene Protokoll von dem viel gravierenderen Problem der Vermeidung von Lesarten, die zwar im Prinzip mit einem gegebenen Protokoll kompatibel sind, dabei aber nur das Kriterium erfüllen, dass sie die Fallstruktur treffen *können*, aber nicht *müssen*. Solche Lesarten sind letztlich „Methodenmüll", vergleichbar den degenerativen ad-hoc Zusatzhypothesen der wissenschaftstheoretischen Debatte über die Logik der Falsifikation. Davon sind die Lesarten bzw. Interpretationsketten scharf abzugrenzen, die im zu analysierenden Protokoll nachweisbar markiert sind und sich zwingend daraus ableiten lassen, so dass für sie das Kriterium erfüllt ist, dass sie entweder *nicht* der Fall sein *können* oder – noch viel besser – der Fall sein *müssen* (Wörtlichkeitsprinzip).

▪   Eine Sparsamkeitsregel ist einzuhalten, der zufolge die Grundannahme von Vernünftigkeit, Rationalität und Normalität solange aufrechtzuerhalten ist, bis es nicht mehr möglich ist, die andere, übergeordnete Grundannahme der Sinnstrukturiertheit der Ausdrucksgestalt aufrechtzuerhalten, ohne Zusatzannahmen von Gestörtheit einzuführen. Dieses Prinzip bewirkt das glatte Gegenteil von Verdächtigungen, wie sie

z. B. in den Formen von Ideologiekritik häufig anzutreffen sind (Sparsamkeitsprinzip).[4]

4 Einige wichtige wissenschaftslogische Implikationen dieser konstitutionstheoretischen Begründung der Methodologie der objektiven Hermeneutik

a. Der Begriff des objektiven, durch Regeln erzeugten Sinns konstituiert eine eigenlogische, auf anderes nicht reduzierbare empirische Realität, der in den wenigsten Konzeptionen unserer Erfahrungswissenschaften Rechnung getragen wird. Das lässt sich vor allem und am schnellsten und einfachsten daran ablesen, dass die auf Locke und Hume zurückgehende Definition dessen, was empirisch ist, an ihr versagt und scheitert: „Nihil est in intellectu, quod non fuerit in sensu" – „Nichts ist im erkennenden Verstand, was nicht zuvor in den Sinnen war". Aber nichts vom objektiven Sinn, der rekonstruierbar ist, war im eigentlichen Sinne zuvor in den fünf Sinnen. Wir können den objektiven Sinn weder sehen, hören, schmecken, riechen noch tasten, sondern nur lesen. Was wir am objektiven Sinn sinnlich wahrnehmen ist höchstens das materiale Substrat seiner Ausdrucksgestalt, also z. B. die Farbe des Papiers oder die Lautstärke der Tonbandaufnahme, aber nicht die Sinnstruktur. Diese ist abstrakt genau im Sinne von sinnlich nicht wahrnehmbar, aber gleichwohl empirisch, d. h. primär durch Lesen als verstehbare Realität nachweisbar und sekundär methodisch explizit als durch rekonstruktionslogische Verfahren kritisierbar, zu erschließen.

b. Dadurch erhält diese eigenlogische Ebene von Realität eine eigentümliche Zeitlichkeit. Sie konstituiert sich nämlich, indem sie als bloß lesbare auch unabhängig vom konkreten Akt des Lesens existiert und darin eine eigentümliche Latenz hat, als der Praxiszeit enthoben und aus ihr ausgekoppelt. Es wäre z. B. unhaltbar, die Existenz der latenten Sinnstrukturen von verschollenen Dokumenten vom kontingenten Zeitpunkt des Gelesen-Werdens bei ihrer Entdeckung abhängig zu machen. Mit der Praxiszeit gekoppelt sind die „überzeitlichen" latenten Sinnstrukturen nur in der einen Hinsicht, dass die ihnen zugrunde liegenden Ausdrucksgestalten an irgendeiner konkreten Raum-Zeit-Stelle eines Praxis-Vollzuges erzeugt worden sein müssen.

c. Erst wenn die objektive Bedeutungsstruktur (unser Ausdruck für den objektiven Sinn einzelner Äußerungen oder Sätze) oder die latente Sinnstruktur (unser Ausdruck für den objektiven Sinn ganzer Äußerungsketten) als eigene Realität von der des subjektiv gemeinten Sinns bzw. den mentalen Repräsentanzen und natürlich den materiellen, sinnlich wahrnehmbaren Eigenschaften der

---

4 Vgl. dazu ausführlicher Oevermann (2000).

erfahrbaren Welt analytisch klar abgehoben wird, ist es möglich, praktisch misslungene Handlungen, alle möglichen Formen der Unvernunft und der Pathologie als solche zu bestimmen; denn die Bestimmung lebenspraktischer Abweichung von den Normen und Konstitutionsbedingungen praktischer Vernunft lässt sich überprüfbar und kritisierbar nur vornehmen, wenn die Eigenlogik der Wohlgeformtheit sprachlicher Äußerungen in pragmatischer, syntaktischer und phonologischer Hinsicht davon getrennt als solche analysiert wird.

Daraus folgt auch, dass die viel beschworene Authentizität von Lebenspraxis etwas ganz anderes ist als die regelerzeugte Authentizität (= Gültigkeit) im Sinne von sprachlicher – oder allgemeiner: symbolischer - Wohlgeformtheit. Erstere bezieht sich auf die Gültigkeit eines Lebensentwurfs und einer Lebensführung im Sinne der praktischen Vernunft[5], letztere auf die formale Wohlgeformtheit von Äußerungen bzw. Ausdrucksgestalten im Sinne generativer Regeln der Bedeutungskonstitution. In einer Hinsicht sind Ausdrucksgestalten nämlich immer gültig: Gültiger Ausdruck z. B. selbst für das schlimmste Misslingen, das als solches nur erkennbar wird durch Bezug auf formale Bedingungen der Wohlgeformtheit von Äußerungen. Erst in diesem Bezug wird das Misslingen als Nicht-Passung zwischen den pragmatischen Erfüllungsbedingungen einer Äußerung gemäß geltender Regeln der Wohlgeformtheit einerseits und den tatsächlichen Kontextbedingungen der konkreten Praxis andererseits bestimmt und erkenntlich.

Das hat aber auch enorme praktische Konsequenzen: „In der Sprache des Falles" selbst eines extremen Misslingens ist immer schon aufgrund dieser basalen Gültigkeit die Möglichkeit des Anders-Seins utopisch enthalten: Indem das Misslingen als Misslingen offenkundig wird, wird komplementär dazu gleichzeitig offenbar, wie an seiner Stelle eine gelingende Vernunft hätte ausgeformt sein

---

5   Hier macht der objektive Hermeneut die übliche Erfahrung, dass ihm diese Verwendung des Vernunftbegriffs als empirisch nicht einlös- und validierbar, mithin als eine petitio principii vorgehalten wird. Darin schlägt sich aber nur das typische subsumtionslogische Denken des Empiristen nieder. Rekonstruktionslogisch gesehen muss man nämlich diesen Vernunftbegriff nicht theoretisch valide definiert haben, um daraus operationale Indikatoren für seine gültige Verwendung zu beziehen. Vielmehr genügt es – und ist auch der forschungspraktisch einzig gangbare Weg - , jeweils in der Konkretion der sequenzanalytisch realisierten Fallrekonstruktion, also in der „Sprache des konkreten Falles" zu explizieren, was als vernünftig zu gelten hat und was nicht. Das ist jeweils schlüssig durchführbar, indem man sich auf die Wohlgeformtheitsbedingungen konkreter Äußerungen und Handlungen beruft. Das tun wir im übrigen im praktischen Leben beständig, ja, wir können es nur führen, indem wir uns darauf wie selbstverständlich berufen, in der Immanenz dieser konkreten Praxis urteilsfähig zu sein. Dem widerspricht nicht, dass die Inanspruchnahme dieser Urteilsfähigkeit ständig auch Strittigkeiten ausgesetzt ist. Aber diese Strittigkeit setzt ihrerseits das Prinzip voraus, dass sie „in the long run" sich rational auflösen lässt. Ein so konzipierter Vernunftbegriff entspricht der pragmatistischen Maxime im Sinne von Peirce.

müssen. Anders gesprochen: Mit der Feststellung des lebenspraktischen Misslingens ist am Leitfaden der Wohlgeformtheitsbedingungen der Ausdrucksgestalt die Differenz dieser Realisierung zu seinem möglichen Anderssein, d. h. zum Gelingen in Gestalt der regelgemäßen pragmatischen Erfüllungsbedingungen dieser Äußerung, die im Falle des Misslingens faktisch nicht erfüllt waren, zugleich zur Geltung gebracht und damit der Weg zur Veränderung und zur Selbstheilung vorgezeichnet. Erst wenn der Traumatisierte die Einsicht in die gültige Ausdrucksgestalt seiner Traumatisierung sich eröffnet, weiß er, woran er leidet und wie das Leiden sich auflösen kann.

d. Das führt zu dem wichtigen Punkt, dass in der sinnstrukturierten Welt Ordnungen und Strukturen nicht nur, ja sogar zum Wenigsten, in Funktion von *bewussten* geistigen Leistungen entstehen, verschwinden oder transformiert werden, sondern sich – wahrscheinlich weitgehend – unabhängig davon, d. h. unterhalb dieser Oberfläche der Erscheinungen gewissermaßen naturwüchsig konstituieren. Das öffnet methodologisch den enorm bedeutungsvollen Weg in die Erschließung der vielfältigen Bereiche des Vollzugs von Lebenspraxis im Modus unbewusster Prozesse und Erzeugungen, wobei das, was mit dem psychoanalytischen Begriff des dynamisch Unbewussten gefasst wird, nur einen Teil davon ausmacht. Zugleich wird die objektiv hermeneutisch verfahrende Erschließung dieser unbewussten Prozesse dabei ständig an die sehr engen Grenzen von Rationalitätsmodellen gestoßen, wie sie vor allem aus der wirtschaftswissenschaftlichen Theoriesprache beständig in die Sozial- und Kulturwissenschaften importiert werden.

e. Schaut man genauer hin, dann kennt die sinnstrukturierte Welt keinen Zufall vergleichbar der stochastischen Welt in den Naturwissenschaften. In der sinnstrukturierten Welt ist dagegen selbst die Sphäre, in der die bewusste Kontrolle von Handlungsereignissen außer Kraft gesetzt ist oder von vornherein nicht funktioniert, deshalb nicht vom Zufall regiert, sondern im Sinne des Modells der letztlich durch die Regelhaftigkeit der Sprache konstituierten allgemeinen Bedeutungsfunktion überdeterminiert.[6] Deshalb ist das in den statistischen Hypothesenüberprüfungen (wozu auch die Validierung von standardisierten Tests gehört) übliche Prüfen von Beobachtungswerten gegen die Erwartungswerte der Nullhypothese, also der Hypothese eines reinen Zufallszusammenhangs

---

6   In diesem Zusammenhang erweist sich im Übrigen der in der Systemtheorie beliebte Kontingenzbegriff als sehr problematisch, weil er letztlich eine über den Erwartungsbegriff nicht abzudeckende Zukunftsoffenheit meint, die aber darüber hinwegsieht, dass jenseits der subjektiv zuschreibbaren Erwartungen eine dadurch nicht determinierte Zukunft von Vollzügen dennoch sinnlogisch determiniert ist auf der Ebene von latenten Sinnstrukturen der Ausdrucksgestalten dieser Emergenz, die dann über den scheinbaren „Umweg" ihrer methodischen Erschließung nachträglich als trotz jener Kontingenz auch psychisch motiviert entziffert werden können und müssen.

von Messgrößen, im Grunde genommen schon ein Kategorienfehler, weil es diesen Zufallszusammenhang in unserer Welt der Sinnstrukturiertheit gar nicht geben kann. Ihn zu realisieren, ist viel mehr in dieser Welt das Ergebnis einer äußersten rationalen Anstrengung. Wenn Sie z. B. der Besitzer eines Spielkasinos sind, dann müssen Sie versuchen, einen solchen Zusammenhang zwischen den Resultaten eines Kugelwurfs am Roulettetisch durch ein möglichst perfektes labiles Gleichgewicht der Position des Spieltellers auf einer Metallspitze zu erreichen. Diese Gleichgewichtsbedingungen werden durch Abnutzung der Materialien sehr schnell gestört, so dass sich ein genauer Beobachter der Wurfergebnisse sehr schnell die zunehmende Systematik der Abweichungen vom Zufallsmodell zunutze machen kann. Auf nichts anderes läuft letztlich auch die statistische Hypothesenüberprüfung hinaus: In ihr nähert man sich im Sinne eines „trial and error" Verfahrens tatsächlichen Regularitäten in der empirischen Welt durch die Feststellung von Abweichungen vom Zufallsmodell, statt den hinter den Regularitäten stehenden Gesetzmäßigkeiten bzw. den in den Sinnstrukturen *direkt* feststellbaren Regelhaftigkeiten direkt durch Rekonstruktion bzw. durch Sinnauslegung in der „Sprache des Falles" selbst nachzugehen, also den determinierenden Kausalitäten oder den überdeterminierten Sinnzusammenhängen.

f.   Damit hängt sehr eng etwas zusammen, was schon Freud und Piaget in ihren jeweiligen Erfahrungswissenschaften des psychischen Geschehens und von psychischen Strukturen sich systematisch zunutze gemacht haben, nämlich die Überdetermination der psychischen Operationen auszuschöpfen. Wenn Freud psychopathologische Phänomene analysierte, dann ging er wie selbstverständlich davon aus, dass es sich gleichwohl um Sinngebilde, also um objektiv sinnstrukturierte Phänomene handelte, bis hin zu den somatischen Expressionen psychischer Konflikte. Freud behandelte der Sache nach mit den Prämissen der objektiven Hermeneutik psychopathologische Symptome, z. B. schon ganz am Anfang, als er mit hypnotischen Techniken operierte. Dann diente ihm der scheinbar nur somatische Zustand der Hypnose nicht nur zur Evokation unbewusster Bildungen, sondern vor allem auch der Suggestion von psychischen Zuständen, die der Beseitigung der Symptome entsprachen. Diese Suggestionen mussten sinnlogisch die unterstellte implizite Bedeutung der Symptome selbst aufheben. Das setzte eine Rekonstruktion der objektiven Bedeutung der Symptome voraus, mit Bezug auf die die objektive Bedeutung der Suggestion eine Negation bzw. eine Beseitigung oder Aufhebung bedeutete. Des weiteren: Psychopathologische Phänomene kamen in der Regel einer Störung normaler Abläufe gleich. Diese Störungen, z. B. Fehlleistungen, wurden aber von Freud nicht einfach negativ als Fehler bzw. Ausfälle wie bei einer nicht mehr richtig funktionierenden Maschine gedeutet, sondern als positiv durch unbewusste Motive bestimmte Leistungen.

Deshalb bezeichnete er sie eben auch als Fehl*leistungen* und nicht einfach als Fehler. Analog dazu interessierte sich der junge Piaget, als er in Paris bei Binet die ausgefüllten Intelligenztestbögen nach dem üblichen standardisierten Verfahren mit Hilfe von Schablonen auswerten musste, nicht nur für das eine richtig angestrichene Zeichen in einer Testreihe von – sagen wir – insgesamt 30 Symbolen, also das Zeichen, das aufgrund einer erkannten Regel der Sequenzierung der Symbole als der einzige Fehler in dieser Folge richtig erkannt worden war, sondern vor allem für das jeweils fehlerhaft angestrichene Zeichen unter 29 Möglichkeiten, also das Ergebnis, was als solches gar nicht interessierte und ausgewertet werden sollte; denn Binet ging es ja, wie bei jedem Test, nur um die eindeutige Feststellung von richtiger oder falscher Lösung, nicht darum, welche falsche Lösung unter vielen Möglichkeiten warum gewählt worden war. Für Piaget hingegen war interessant, wodurch die Fehler im Suchen nach dem richtigen Fehler motiviert waren. Er überließ also die Fehlerproduktion nicht residual dem Zufall, sondern führte sie, wiederum als eine Leistung, auf eine motivierende kognitive Struktur zurück. Auf diese Weise gelangte er sehr bald zu einem entwicklungspsychologischen Modell der gestuften Bildung von kognitiven Strukturen.

In beiden Fällen, bei Freud wie bei Piaget, ergab sich aus dieser Unterstellung eines objektiven Sinns von Fehlern bzw. Symptomen die Konstitution eines neuen Paradigmas von Erfahrungswissenschaften der sinnstrukturierten Welt – scharf getrennt von einem sich an den Prämissen über die stochastische Welt und einer darauf bezogenen Methodologie des Zählens von Ereignissen und deren statistischer Auswertung orientierten „Maschine-Kaputt" Modells der Erklärung von Fehlern und Symptomen. Dieses neue Paradigma beruhte wesentlich darauf, allen Produktionen des menschlichen Leibes unabhängig davon, ob sie vom Ergebnis her rational waren, einen objektiven Sinn zuzuschreiben und diesen Sinn zu entziffern, um dadurch ihren Motivierungen durch mentale Strukturen auf die Spur zu kommen.

g. Dieser Denkansatz führte zwingend zur theoretischen Unterstellung von unbewussten Motiven und Strukturen und damit zu etwas, was auf der einen Seite zwischen die Gesetzmäßigkeiten der Natur und der bewussten Geistestätigkeiten, also vor allem der Rationalität, etwas stellte, was keiner der beiden Sphären angehörte und entsprechend einer eigenen Logik folgte, was aber auf der anderen Seite empirisch in dieser Eigenlogik nur nachgewiesen und methodisch fassbar wurde, wenn man es in seiner objektiven Sinnstruktur jenseits des subjektiv gemeinten Sinns gelten ließ. Damit war die In-Rechnung-Stellung des weiten Bereichs des Unbewussten und seine Erforschbarkeit eröffnet. Heute können wir davon ausgehen, dass die reichhaltige Sinnstrukturiertheit des menschlichen Lebens nur an der dünnen Oberfläche auf rationale Planungen,

Berechnungen und andere Operationen zurückgeht, vielmehr unterhalb oder
oberhalb dieser rasant wirkenden und operierenden Oberfläche effizienter Abkürzungen durch äußerst komplexe sowohl individuelle wie kollektive Prozesse
und Strukturen des Unbewussten konstituiert und erzeugt wird. Deshalb kann
ich, wenn es ernsthaft um das Erklären in unseren Wissenschaften geht und nicht
nur um das Beschreiben, mit solchen Ansätzen wie Entscheidungen im Modell
der rationalen Wahl oder auf Wissen zurückgeführter Handlungsbestimmungen,
nicht mehr viel anfangen. Jene Leistungen des Unbewussten werden in Begriffen
wie nicht-intendierten Handlungsfolgen oder latenten Funktionen nur unzureichend an ihrem Rande erfasst und thematisch. Sie erschöpfen sich auch nicht
im psychoanalytischen Begriff des dynamisch Unbewussten, von dem das Vor-
bewusste scharf getrennt ist.

Solange die Psychoanalyse als die für das Unbewusste zuständige Wissenschaft galt, war dessen Thematisierung z. B. in der Soziologie anrüchig. Aber
heute wird in den neurobiologischen Forschungen wie selbstverständlich ein
neuer Begriff des Unbewussten geläufig, der alles umfasst, was an komplexen
Prozessen im Gehirn abläuft, auch und gerade wenn wir bewusst handeln.

h. Der objektiven Hermeneutik ist aufgrund der zentralen Stellung des
Konzepts der latenten Sinnstrukturen häufig eine „Kopf"- bzw. Sprachlastigkeit
vorgehalten worden und korrelativ dazu eine Vernachlässigung affektiver, emotionaler und entsprechender nichtsprachlicher Ausdrucksmittel. Dieser Einwand
beruht auf einem gravierenden Missverständnis und einer in den Sozialwissenschaften verbreiteten Ignoranz der modernen Sprachtheorien. Natürlich ist es
wichtig, die subhumanen Vorläufer der Sprache zu beachten. Aber davon bleibt
die These von der zentralen Scharnierstellung der Sprache im Übergang von
Natur zu Kultur unberührt. Man muss nur, was beispielsweise in der Systemtheorie übergangen wird, zwischen der Sprache als eigenlogischem Regelsystem
(sowohl hinsichtlich Phonologie, Syntax als auch Pragmatik) und Sprache als
situativ realisierter kommunikativer Praxis scharf unterscheiden. Diese Unterscheidung wurde schon vor über hundert Jahren folgenreich von de Saussure
sinngemäß zwischen „langue" und „parole" eingeführt und später in der Choms-
kyschen Differenzierung von Kompetenz und Performanz geschärft. Dieser analytisch präzise Kompetenzbegriff, der bezogen auf eine epistemische Ausstattung des Subjekts z. B. impliziert, dass alles, was wir empirisch direkt fassen
können, immer schon Performanz ist, aus deren Protokollierung die sie generativ
bedingende Kompetenz rekonstruktionslogisch in der mit einer Strukturbe-
schreibung von syntaktisch wohlgeformten Sätzen beginnenden Operation, analog zur objektiv hermeneutischen Fallrekonstruktion, herauspräpariert werden
muss. Dieser außerordentlich fruchtbare Kompetenzbegriff ist in der inflatori-
schen empiristischen Verwendung eines bloß deskriptiv-klassifikatorischen

Kompetenzbegriffs der erziehungs-wissenschaftlichen Gegenwart (als normative Grundlage für das Unwesen von standardisierten Leistungstests, vor allem im Gefolge von PISA) bis zur Unkenntlichkeit verwässert worden – eine Verwässerung, die schon mit der Einführung eines die Unterscheidung zwischen Sprache als Regelsystem und Sprache als kommunikativer Praxis unterlaufenden Begriffs von „kommunikativer Kompetenz" bei Habermas vorgebahnt wurde.

Die strikte Unterscheidung von Kompetenz und Performanz unterstützt zwei für die objektive Hermeneutik wichtige Ausgangsannahmen. *Zum einen* verweist der Chomskysche Kompetenzbegriff auf ein als „tacit knowledge" anzusetzendes, die Intuition des „native speaker" ausmachendes grammatisches Regelbewusstsein, auf das sich auch der Linguist berufen muss, um vorgängig die grammatisch wohlgeformten Sätze bestimmen zu können, die er seiner empirischen Untersuchung zugrunde legen muss, damit er auch zu den Strukturbeschreibungen nur der wohlgeformten Sätze gelangt, die einzig zu einer triftigen Rekonstruktion von Kompetenz führen können, und auf das der objektive Hermeneut in seinen Sequenzanalysen sich berufen kann, wenn er die objektive Bedeutung bzw. den latenten Sinn der konkreten Äußerungen rekonstruiert, ohne jeweils dabei die vorgängige Bestimmung von Wohlgeformtheit durch die linguistische Theorie beglaubigen lassen zu müssen. Hier handelt es sich nicht um den klassischen hermeneutischen Zirkel, sondern um jene Zirkularität, die jeglicher theoretischen Erkenntnis in den Erfahrungswissenschaften konstitutiv zugrunde liegt. Erst unter dieser Voraussetzung, d. h. des vorgängigen, auf die Kompetenz des „native speaker" rückführbaren Wohlgeformtheitsurteils wird es möglich, die geeignete Datenbasis für die theoretisch explizite Rekonstruktion eben dieser Kompetenz zu erzeugen, deren Gültigkeit sich nachträglich daran erweist, dass sie die wohlgeformten Sätze letztlich jeder Einzelsprache algorithmisch generieren und die nicht wohlgeformten Sätze verwerfen lässt.

Zum anderen führt dieser Kompetenzbegriff die objektive Hermeneutik zur These von den zwei kategorial verschiedenen Positionen der Sprache in der Methodologie. Als (1) Regelsystem kommt der Sprache konstitutionstheoretisch die grundlegende Funktion der Konstitution von Sinn und Bedeutung überhaupt zu. Ohne diese Sprache gibt es keine Sinnstrukturiertheit von humaner, d. h. kulturierter Praxis. In dieser Hinsicht ist die Sprache in ihrer universellen Funktion die zentrale Dimension für die Transformation von Natur in Kultur[7]. Was dem in der subhumanen Kommunikation an Zeichenhaftigkeit vorausgeht, fällt letztlich

---

7 Deswegen ist, was Soziologen selten richtig sehen, die entscheidende Opposition nicht die von Natur und Gesellschaft, sondern die von Natur und Kultur. Kommunikation, also Gesellschaftlichkeit, ist im Sinne von innerartlicher Kommunikation für die Natur der subhumanen Gattungen ebenso zentral wie für die Menschheit. Entscheidend ist, von welcher Stufe an diese Kommunikation sprachlich vermittelt wird und damit den Modus von Kultur eröffnet.

unter die Vorläufer-Kategorie der Funktion, die zudem noch nur durch den beobachtenden Dritten, der seinerseits sprachlich konstituiert erkenntnisfähig sein muss, gewissermaßen von außen zugewiesen und nicht vom „Akteur" selbstreflexiv eingeholt wird.[8]

(2) Als Ausdrucksmaterialität zur Realisierung einer gegebenen Sinn- oder Bedeutungsstruktur ist die Sprache in einer zweiten Hinsicht eine unter vielen. In vielen Situationen ist sie tatsächlich hinsichtlich ihrer perlokutiven Wirksamkeit und in ihrer kommunikativen Funktionalität außersprachlichen Ausdrucksmaterialitäten deutlich unterlegen, so typischerweise in Situationen einer affektgeladenen, emotionalisierten Kommunikation, aber auch in der Übermittlung hoch standardisierter Routinen, etwa in Anweisungen zum Zusammenbau vorgefertigter Teile oder zum Gebrauch von Geräten und Maschinen, worin die direkte operative oder piktoriale Demonstration in der Regel weit effizienter sein kann. Die objektive Hermeneutik wäre in der Tat sehr schlecht beraten, wenn sie die Restriktionen sprachlicher Kommunikation in dieser zweiten Perspektive auf Sprache als Ausdrucksmaterialität nicht in Rechnung stellen würde. Inwieweit das Prinzip der Sequenzanalyse sich sinngemäß auf vollkommen außersprachliche Ausdrucksgestalten übertragen lässt, haben von der objektiven Hermeneutik angeleitete Untersuchungen im Bereich der visuell-piktorialen und der musikalischen Gestaltung hinreichend belegt.

Der Einwand der „Kopf"- und Sprachlastigkeit ist also dort, wo er überhaupt greifen könnte – auf dieser zweiten Ebene der Unterschiede in der situativen Angemessenheit einer jeweiligen ausdrucksmaterialen Realisierung von Sinnstrukturen und Ausdrucksintentionen – an den Haaren herbeigezogen. Aber die grundsätzliche Stellung von Sprache als Konstitutivum der Bedeutungsfunktion überhaupt ist auch in dieser zweiten Hinsicht immer zu berücksichtigen.

---

8 Selbstverständlich sind die vielen Versuche in der Forschung, die Vorläufer der sprachlichen Kommunikation zwischen Menschen in der Kommunikation der Primaten gewissermaßen „maximalistisch" zu bestimmen, instruktiv und sinnvoll, aber sie können doch nicht darüber hinwegsehen lassen, dass genau das, was die Sprache als Regelsystem wesentlich ausmacht: die syntaktische Kompetenz, sich eben nicht nachweisen lässt. Sie kommt exemplarisch in der kategorialen Differenz von infiniten und finiten, d. h. flektierten bzw. konjugierten Verben zum Ausdruck. Aus dem elementaren, infiniten Auxiliar „sein" z. B., das substantiviert als Nomen gleichzeitig den zentralen Begriff der philosophischen Ontologie abgibt, ergibt sich durch Konjugation u.a. die finite Form „ist" für die dritte Person Indikativ Präsens, jene elementare Form, die als Kopula für die Bildung der elementaren Satzform „X ist ein P" nötig ist, in der einem noch unbestimmten Gegenstand X ein bestimmtes Prädikat P zugewiesen wird. Es ist die Grundform der Proposition und der Prädikation und damit die Grundform von Erkenntnis, deren Bildung ohne diese Transformation einer infiniten Verbform in eine finite nicht möglich wäre. Aber genau das ist eine Leistung, die in der subhumanen Kommunikation nicht nachzuweisen ist trotz aller außerordentlichen kognitiven Leistungen, die man bei den Primaten inzwischen festgestellt hat.

Denn die Bedeutungen, die durch außersprachliche Ausdrucksmittel realisiert werden, sind immer noch solche, die grundsätzlich sprachlich konstituiert sind und immer auch grundsätzlich versprachlicht werden können. Denn ohne diese Voraussetzung hinge die Unterstellung einer Sinnhaftigkeit von Ereignissen von vornherein in der Luft. Damit wir sie als solche auswerten und empirisch feststellen können, müssen wir sie ja verbalisieren. Alles spricht für ein Prinzip der universellen sprachlichen Ausdrückbarkeit aller denkbaren Ausdrucksintentionen.

Mit dieser doppelten Perspektive der objektiven Hermeneutik auf Sprache verbindet sich das Folgende: Weil in der ersten Perspektive Sprache als Konstitutivum der Bedeutungsfunktion angesehen wird, gilt sie auch als das für das Urteilen und die Funktion der Kritik notwendige Medium. Man kann außersprachlich sehr wirksam und sehr geschickt kommunizieren, aber man kann so nicht kritisieren, sondern nur demonstrieren. Und aus einer nicht-sprachlichen Demonstration wird eine Kritik erst dann, wenn sie mit einer wie implizit auch immer durchgeführten sprachlichen Interpretation verbunden wird. Bei genauer Betrachtung lässt sich z. B. auch nicht ein nicht-sprachliches Kunstwerk durch ein anderes nicht-sprachliches Kunstwerk kritisieren oder kommentieren. Wo das behauptet wird, liegt immer eine beide Kunstwerke verknüpfende gemeinsame sprachliche Interpretation oder Auslegung vor. Damit hängt auch zusammen, dass, was der gegenwärtigen Mode des „visual turn" notorisch entgeht, piktoriale Darstellungen als solche nur wenig Wissen enthalten. Fotos der Erdoberfläche etwa in „Google-Earth" enthalten als solche nur wenige, banale Informationen, indem sie Flüsse, Wälder, Gletscher, Wasser und Land unterscheiden lassen; aber topographisch identifizieren können wir sie nur, wenn wir sie entweder wiedererkennen, d. h. unserem schon vorhandenen Wissen einfügen, oder wenn sie topographisch wie auf einer Landkarte bezeichnet werden.

Die außerordentliche Wirksamkeit außersprachlicher Bedeutungsrealisierungen beruht zum einen auf ihrem hohen Grad sinnlicher, nicht-argumentativer Suggestivität und/oder auf einem hohen Grad an routinisierter Standardisierung. Immer dann, wenn Sachverhalte, die über diese beiden Dimensionen thematisiert werden, einem kritischen Urteilen geöffnet werden sollen, ist eine sprachliche Explikation unverzichtbar. Dafür ist die Wissenschaft ein instruktives System. Sie beruht wesentlich auf der Verpflichtung zu einem möglichst hohen Grad an sprachlicher Explikation. Das unterscheidet sie wesentlich von der Produktion nicht-sprachlicher Kunst, deren Wahrheitskriterium wesentlich im Gelingen der Suggestion durch sinnliche Präsenz des Kunstwerkes selbst liegt, wohingegen das Wahrheitskriterium der wissenschaftlichen, d. h. begrifflichen Erkenntnis in der Geltung der sprachlichen Explikation in der Logik des besseren Argumentes besteht.

Wenn wir die Wirksamkeit nicht-sprachlicher Ausdrucksgestalten in der all-
tagspraktischen oder auch künstlerischen Kommunikation untersuchen, müssen
wir letztlich, um diese Wirksamkeit beurteilen zu können, die Charakterisierung
dieser nicht-sprachlichen Realisierung auf eine virtuelle vollständige Versprachlichung der in Rede stehenden Sinnstruktur der Ausdrucksgestalt beziehen. Wir
stellen dann fest, dass eine funktional vollständige, aber sprachlich stark abge-
kürzte bzw. in gewissen Anteilen nicht-sprachlich realisierte Kommunikation,
also das, was man gewöhnlich eine Ellipse nennt, auf einem gewissermaßen
„zweiten" Satz von pragmatischen Regeln beruht, die über die Situationsange-
messenheit solcher Abkürzungen befinden bzw. diese erst erzeugen. Man sieht
daran aber, dass diese funktionalen und „wohlgeformten", d. h. situationsange-
messene Ellipsen erzeugenden pragmatischen Regeln solche sind, die eine systematische Verknüpfung zwischen einer vollständigen Versprachlichung, die als
grundsätzlich möglich dem kommunizierenden Subjekt unterstellt werden muss,
und der je konkreten Ausdrucksintention in ihrem konkreten Kontext herstellen.
Diese Regeln verknüpfen also systematisch die beiden unterschiedenen Positionen von Sprache: die Sprache als grundlegendes, bedeutungsgenerierendes Regelsystem und die Sprache als Ausdrucksmaterialität.

Für die Erforschung des Spracherwerbs wird diese Unterscheidung in der
folgenden Hinsicht außerordentlich bedeutsam. Denn Kinder in der Phase des
primären Spracherwerbs, also innerhalb der – grob geschätzten – ersten vier
Lebensjahre, sind zur hier unterstellten vollständigen Versprachlichung noch
nicht in der Lage[9]. Entsprechend sind ihre unvollständigen Versprachlichungen,
also z. B. die Beschränkung auf Ein- oder Zwei-Wort-Sätze, von vornherein
nicht „echte", durch spezifische Regeln einer kontextabhängigen Abkürzung
einer vollständigen Versprachlichung erzeugte Ellipsen, weil eine von diesem
Begriff unterstellte vollständige oder zumindest über die funktionale Angemessenheit hinausweisende sprachliche Explikationshöhe von vornherein gar nicht
vorliegt. Es ist nun für die sozialisatorische Funktionalität der frühen Eltern-
Kind Beziehungen hinsichtlich des Spracherwerbs ganz entscheidend, dass die
Eltern wie selbstverständlich, weil sie gar nicht anders können, die „unechten"
Ellipsen der Kinder wie „echte" Ellipsen, gewissermaßen nach einem „principle
of charity" in einer „Methode der reichhaltigen Interpretation", analog zu den
Operationen der objektiven Hermeneutik, behandeln, also gemäß dem der Er-

---

9 Dabei entsteht das erkenntnistheoretisch und methodologisch schwierige Problem, inwieweit
die Kognition dieser Versprachlichung – unabhängig – vorausgeht, so dass man berechtigt wäre
zu behaupten, die, wegen des unabgeschlossenen Spracherwerbs noch eingeschränkte Verbali-
sierungsfähigkeit, die entsprechend dann eine der Kompetenz und nicht nur der Performanz wäre, behindere den Ausdruck jener Kognition. Andererseits fragt man sich, ob eine die sprachliche Realisierung überschießende Kognition anzunehmen wenig plausibel sei, stattdessen durch
Versprachlichung überhaupt erst konstituiert werde.

zeugung von echten Ellipsen zugrunde liegenden „zweiten" Satz von pragmati-
schen Regeln oder Prinzipien ergänzen und damit jene das Interpretations- und
Antizipationsvermögen der Kinder weit überschießenden Situationsstrukturie-
rungen herstellen, die die Kinder aus eigener Kraft nicht herstellen könnten,
deren Herstellung sie aber faktisch gleichwohl bewirken, so dass dadurch eine
Welt entsteht, deren Strukturen sie sukzessive verinnerlichen können. Auf diese
Weise würde die von der Kognition partiell ablösbare Eigenständigkeit eines
Erwerbs sprachlicher Kompetenz mit der Erzeugung „unechter" Ellipsen einen
wesentlichen Beitrag dazu leisten, eine Erfahrungswelt zu erzeugen, an deren
objektiver Bedeutungsstruktur das sich bildende Subjekt die seine spätere Autonomie ausmachende Kognition und Motivation durch nachträgliche Rekonstruktion bzw. das, was bei Piaget „reflektierende Abstraktion" heißt, sukzessive
ablesen kann.

Nicht zufällig ist die objektive Hermeneutik in der Arbeit an einem Datenmaterial entstanden, das aus natürlichen, d. h. mit Tonband aufgezeichneten
Protokollen sozialisatorischer Interaktionen im Familienkontext bestand. Hier
begegneten wir beständig Phänomenen, die bei Befragungen, erst recht bei standardisierten Erhebungsverfahren, nie sichtbar werden. Kinder im Vorschulalter
produzieren nämlich permanent Äußerungen und Handlungen, deren Bedeutung
und Wirkung weit über das hinausgehen, was man ihrem Denken und Empfinden
als bewusste Intentionen zuschreiben kann. Anders gesprochen: Die starke Kluft
zwischen unterstellbarer Ausdrucksintention und der latenten, objektiven Sinnstruktur der Ausdrucksgestalten ist in diesen Interaktionsprotokollen, sobald man
anfängt, sie nicht mehr standardisiert, sondern rekonstruktionslogisch „in der
Sprache des Falles" auszuwerten, unmittelbar evident. Hätten wir uns zu der Zeit
stattdessen mit Protokollen aus hoch formalisierten Interaktionen im Kontext
von Organisationen, d. h. im höchsten Maße auf Routinisierung ausgerichteten
Abläufen, befasst, dann wäre die Wahrscheinlichkeit, auf solche Diskrepanzen
zwischen bewusster Ausdrucksintention und objektivem latenten Sinn gestoßen
zu werden, viel geringer gewesen, obwohl solche Diskrepanzen auch an solchen
Strukturorten vorliegen, aber viel verdeckter.

5 Forschungsstrategische Grundlinien aus der Sicht der objektiven Hermeneutik

Das Herzstück der objektiven Hermeneutik auf der Verfahrensebene ist die Sequenzanalyse[10]. Die Sozialität von sprachbegabten Menschen ist grundsätzlich

---

10 Sequenzanalyse und Fallrekonstruktion sind Begriffe, die ursprünglich im Kontext der objektiven Hermeneutik entwickelt wurden, inzwischen aber im gesamten Spektrum der sogenannten

als dem Modell regelerzeugter Sequentialität folgend vorzustellen. Diese Sequentialität prägt sowohl die protokollierte Wirklichkeit als auch die Protokolle dieser Wirklichkeit, wenn sie ihr halbwegs entsprechen sollen. Diese Sequentialität beschränkt sich also nicht, wie schon ausgeführt, auf die Banalität eines bloßen temporalen Nacheinander, sondern besteht in einer algorithmischen „Zwangsläufigkeit". Jede Sequenzstelle ist gewissermaßen doppelt markiert: Sie beschließt einerseits vorausgehende regelgenerierte Eröffnungen von Möglichkeiten und eröffnet andererseits für die Zukunft neue Anschlussmöglichkeiten. Deshalb handelt es sich hier, bei den sogenannten konstitutiven Regeln im Sinne von Searles Sprechakttheorie, auf eine nur scheinbar paradoxe Weise um Algorithmen, die sowohl restringieren und festlegen, insofern also „etwas erzwingen", als auch ermöglichen und damit Neues schaffen. Aus dieser doppelten Markierung von Beschließung und Eröffnung ergibt sich für die Analyse eine Verdopplung der Ebenen. An jeder Sequenzstelle müssen nämlich zwei rekonstruktionslogische Operationen durchgeführt werden: Zum einen müssen die durch Erzeugungsregeln generierten eröffneten Möglichkeiten des Anschließens an das Vorausgehende expliziert werden, zum anderen bezogen darauf die zu einer Beschließung führenden, Wirklichkeit herstellenden Vollzüge der Praxis, die sich als Auswahlen aus den Möglichkeiten darstellen lassen. Erst auf der Folie dieser Möglichkeiten erhalten die tatsächlichen Vollzüge ihre Bedeutung und Kontrastbestimmung. Würde man diesen Bezug in der Verdopplung der Ebenen der Sequenzanalyse zwischen Möglichkeiten und Wirklichkeit an ein und derselben Sequenzstelle nicht explizit herstellen, dann würde man in einer bloß empiristisch paraphrasierenden Beschreibung dessen stecken bleiben, was platterdings der Fall ist, und nie zu einer wirklichen Analyse, d. h. einer Erschließung aus dem Datenmaterial gelangen.

In einfachster Darstellung versucht die Sequenzanalyse das Erklärungsproblem in den Erfahrungswissenschaften von der sinnstrukturierten Welt mit der expliziten Einlösung von zwei Parametern der Sequentialität zu lösen. Zum einen expliziert die Sequenzanalye mit Bezug auf bedeutungserzeugende Regeln an jeder Sequenzstelle die aus der vorausgehenden Sequenz algorithmisch zwingend sich ergebenden Anschlussmöglichkeiten (Parameter I). Zum anderen führt sie die tatsächlich vollzogenen Anschlüsse auf ihre Motivierung durch Dispositionen zurück, die die beteiligten Akteure kennzeichnen und ihre Fallstruktur ausmachen (Parameter II). Eine Fallstruktur ergibt sich, hinreichend lange Protokollsequenzen vorausgesetzt, daraus, dass die Sequenzanalyse sukzessive jene Verkettung von Vollzügen freilegt, die den Fall als je individuierten und besonderten in seiner Fallstruktur kennzeichnen. Fallstrukturen sind in dieser Sicht

---

„qualitativen Sozialforschung" geläufig sind, auch und gerade in den Teilen, die der objektiven Hermeneutik kritisch bis ablehnend gegenüberstehen.

selbst Resultanten von durch Sequentialität bestimmten Bildungsprozessen. Darin schlägt sich nieder, dass für die Sequenzanalyse – methodologisch gesehen – eine Struktur eben nicht nur - wie in der Leerformel der subsumtionslogischen Sozialforschung – eine Menge von Elementen ist, die in einer zu spezifizierenden Relation zueinander sich befinden, sondern sich als das bestimmen lässt, was erst durch den sequenzanalytischen Nachweis des Prozesses seiner Herstellung evident wird. Struktur und Prozess sind hier also keine Gegenbegriffe mehr, sondern fallen in eins.

Die Gegenbegriffe sind dagegen die von Reproduktion und Transformation. Denn bei dem Nachweis einer konkreten Fallstruktur kann es sich um die sequenzanalytische Rekonstruktion eines Prozesses handeln, der faktisch eine Reproduktion einer schon vorhandenen Struktur war, oder eines Prozesses, der faktisch eine Transformation war, also um eine Umwandlung und Veränderung. Was früher, auch in einem veralteten Strukturalismus, als Struktur galt, etwa bei Braudel die „longue durée", lief auf das hinaus, was man besser als Reproduktion einer Struktur bezeichnen sollte. Entsprechend verstand man dann unter Prozess das, was eigentlich Transformation ist.

Eine einfache Überlegung zeigt nun, dass die Methodologie der Sequenzanalyse zwingend dazu führt, die Transformation als Normalfall gelten zu lassen und die Reproduktion als Grenzfall. Denn – von der Methode her gesehen – muss man, um sicher sein zu können, dass es sich bei einer nachgewiesenen, zu einer Fallstrukturhypothese führenden fallspezifischen Sequenz um eine Reproduktion handelt, einen vergleichbaren Ablauf im Fallmaterial vor dem Zeitpunkt dieser Protokollierung nachgewiesen haben. Solange dieser Nachweis nicht vorliegt, muss man bis zum Beleg des Gegenteils von einer Transformation ausgehen.

Von der Sache her gesehen sind Reproduktionen immer Abläufe, die Transformationen voraussetzen. So sind z. B. Fallstrukturen von Personen natürlich nicht von der Zeugung oder der Geburt an festgelegt, sondern auf der Basis von Ausgangskonstellationen ergeben sich Transformationen, Bildungsprozesse, die zu Festlegungen führen. d. h. zu Strukturen, die sich dann reproduzieren. Eine einfache Überlegung zeigt auch, dass die Analogie von Statik und Dynamik zum alten Gebrauch von Struktur und Prozess in die Irre führen muss, denn die Reproduktion einer Struktur wird häufig nur in einer äußerst heftigen Dynamik der Abweisung von Veränderungsanstößen möglich sein.

Das ist nun außerordentlich folgenreich für die Methodologie der Erfahrungswissenschaften von der sinnstrukturierten Welt. Denn die Umkehrung der Asymmetrie zwischen Reproduktion und Transformation führt dazu, dass die durchaus strukturalistische Ausrichtung und Begründung der Sequenzanalyse zugleich eminent historisch ist, denn sie setzt die Transformation, also den Veränderungen herbeiführenden Bildungsprozess als Normalfall an. Damit setzt sich die objektive Hermeneutik auch radikal vom Paradigma des statisch-komparativen Vergleichs ab, der in unseren Wissenschaften flächendeckend wie selbstverständlich als Normalmodell der Analytik gilt. In diesem Ansatz geht man gewissermaßen von statischen Momentaufnahmen von Untersuchungsobjekten, also Merkmalsträgern aus. Diese Momentaufnahmen gewinnt man subsumtionslogisch, d. h. durch Messung von zuvor theoretisch-klassifikatorisch eingeführten Eigenschaften, also durch Subsumtion von Fällen unter messbare, d. h. standardisiert feststellbare Eigenschaften.

Hier beginnt schon eine entscheidende Differenz zur Sequenzanalyse. Denn die fallspezifischen Besonderheiten von Merkmalsträgern, also ihre Verfasstheit als einer aus einem historischen Individuierungsprozess hervorgehenden Fallstruktur bzw. Individualität, lassen sich über diese subsumtionslogische Momentaufnahme nur residual, aber nicht positiviert, in der Unwahrscheinlichkeit der Wiederholung einer identischen oder stark ähnlichen Merkmalskombination für einen zweiten Merkmalsträger angeben. Diese Unwahrscheinlichkeit wächst natürlich exponentiell mit der Zahl der Messvariablen, die in die Momentaufnahme eingegangen sind. Aber sie kann so nie positiviert werden in dem Sinne, dass die Bildung dieser unwahrscheinlichen Kombination auf einen sie motivierenden Bildungsprozess zurückgeführt würde, der erst per Sequenzanalyse sichtbar gemacht werden kann. Auf eine vereinfachende Formel gebracht: Die der statisch-komparativen Analyse als Ausgangs-Baustein zugrunde liegende subsumtionslogisch hergestellte Momentaufnahme in Form einer je individuellen Kombination von Messwerten kennzeichnet den Merkmalsträger als ein Gebilde ohne innere Bildungsgesetzlichkeit. Seine Individualität wird reduziert auf die triviale Singularität, die jedwedem Ereignis in der erfahrbaren Welt zukommt, wenn man seine Raum-Zeit-Stelle nur genau genug bestimmt; denn an dieser Raum-Zeit-Stelle wird ein zweites Ereignis nicht nachzuweisen sein.

Dabei bleibt es aber nicht. Denn der statisch-komparative Ansatz versucht ja, dem Phänomen des Wandels und der Veränderung, also der Transformation, auf seine Weise gerecht zu werden. Das geschieht, in dem solche Momentaufnahmen für dieselben Merkmalsträger zu verschiedenen Zeitpunkten vorgenommen werden und dann gewissermaßen zu Zeitreihen hintereinander geklebt werden. Darin bilden sich dann die Transformationen als Veränderungen von Messwerten ab, was im Übrigen die historisch in der Regel problematische Vorannahme impliziert, man habe mit den unveränderten Messvariablen auch tatsächlich das Vergleichbare gemessen, obwohl doch die Merkmals-Variablen-Definitionen sich an die Transformation selber, um deren Analyse es doch geht, anschmiegen müssen. Aber was die Veränderung als Transformations- oder Bildungsgesetzlichkeit tatsächlich bedingt, wird auf diese Weise nie sichtbar, sondern bleibt in der Statik der Momentaufnahmen verborgen. Diese Gesetzlichkeit lässt sich nur von außen als bloße Imputation an die in sich in der Statik der Momentaufnahme verbleibenden Komparationen der Zeitreihe herantragen. Was eine Sequenzanalyse an Transformation als Normalfall direkt sichtbar macht und positiv expliziert, wird auf diese Weise nie erfasst werden können. Diese Problematik bildet sich auf instruktive Weise in den Bibliotheks-Katalogen der Sozialwissenschaften ab. Darin werden die gegenstandsspezifisch definierten Spezialbereiche übersichtlich voneinander getrennt, allesamt doch Gegenstandsbereiche, die durch permanenten Wandel gekennzeichnet sind, und dann findet sich als eigenständiger Bereich, davon abgetrennt, die Abteilung der Theorien des sozialen Wandels, so als ob man dem Normalfall „Reproduktion" den Grenzfall „Transformation" zusätzlich hinzufügen müsste und könnte. Das entspricht genau der Logik der statisch-komparativen Analyse, in der die Hypothesen über die Prozesse der Veränderung den aus statischen Momentaufnahmen zusammengesetzten Reihen von außen aufgeklebt werden. Demgegenüber bildet die Sequenzanalyse die Transformation als solche direkt im Datenmaterial ab.

Die Sequenzanalyse zeitigt einen weiteren Paradigmen-Unterschied. Die viel beschworene Interdisziplinarität, die es gegen Widerstände scheinbar eigens zu sichern gilt, ist für die Sequenzanalyse auf eine doppelte Weise ein Normalfall, der gar nicht zu vermeiden ist. Aus der Sicht der objektiven Hermeneutik müsste man nicht Anstrengungen machen, um die gewünschte Interdisziplinarität herzustellen, sondern es bedürfte umgekehrt großer, natürlich vollkommen unnützer Anstrengungen, sie zu vermeiden. Zum einen sitzen die Erfahrungswissenschaften von der sinnstrukturierten Welt in einer wesentlichen Hinsicht methodologisch in einem Boot: Insofern sie es bei ihren Daten immer mit Protokollen aus der sinnstrukturierten Welt zu tun haben, müssen sie methodologisch diese auch als solche gelten lassen und das heißt, den Parameter I der bedeutungsgenerierenden Regeln explizit zu berücksichtigen. Dahinter steckt eine ebenso folgenreiche Gemeinsamkeit: die methodologische Beachtung der unaufhebbaren kategorialen Grenze zwischen Protokoll und protokollierter Wirklichkeit. Die Beachtung dieser Grenze ist für die Naturwissenschaften gewissermaßen selbst-evident, aber für die Wissenschaften von der sinnstrukturierten Welt offensichtlich schwierig, weil sie dem „natürlichen" erkennenden Verstand kontra-intuitiv insofern zuwiderläuft, als dieser in der Welt der Praxis stehend und handelnd der Seite der protokollierten Wirklichkeit selbst tätig zugehört und diese ihm bestens vertraut und vermeintlich problemlos zugänglich ist. Aber dennoch ist methodologisch dieser Zugang, wollen wir unsere erfahrungswissenschaftliche Erkenntnis nicht auf den Sand von Introspektion und unmittelbarem Verstehen des Fremd-Psychischen bauen, nicht irgendwie ethisch im Sinne einer falsch verstandenen Werturteilsfreiheit versperrt, sondern zwingend von der

Sache her. Methodisch kontrolliert analysieren können wir nur Protokolle unserer Praxis, nicht die zu ihr selbst konstitutiv gehörende Introspektion oder Empathie bzw. Vorstellung vom Fremd-Psychischen des praktischen Verstehens. Die auf einer historischen Ausdifferenzierung mit ihren Traditionen beruhende Formation der Disziplinen hat zugleich die Ausdifferenzierung von verschiedenen Variablen und Messgrößen hervorgebracht, die im Programm interdisziplinärer Forschung wieder miteinander in Verbindung gebracht werden sollen. Diese traditionellen disziplinenspezifischen Variablen decken sich mit den im Parameter II der Sequenzanalyse thematischen verschiedenen dispositiven Faktoren, die je fallspezfisch bestimmen, welche Vollzüge die eröffneten Möglichkeiten beschließen und nach geltenden Regeln neue eröffnen. Weil in der Sequenzanalyse je fallspezifisch zutage gefördert wird, welche Dispositionen mit welchem Gewicht eine Fallstruktur determiniert haben und weil eine Fallstruktur nicht als bloßes Residuum einer Merkmalskombination thematisch ist, sondern letztlich als Bildungsgesetzlichkeit und damit als eine je besondere Konfiguration, die sich dann extern auch reduktiv als subsumtionslogisch messbare Merkmalskombination darstellen lässt, ist jede sequenzanalytische Fallrekonstruktion per se, ob sie will oder nicht, eine interdisziplinäre Erforschung des je inneren Zusammenhangs zwischen den disziplinenspezifischen Variablen oder thematischen Aspekten. Fallstrukturgesetzlichkeiten sind solche, die nicht − analog zur Subsumtionslogik − die Merkmalskombinationen, als die Merkmalsträger reduktiv erscheinen können, extern determinieren, sondern Fallstrukturen als das Ergebnis von Bildungsprozessen je fallspezifisch von innen bestimmen und damit jene Merkmalkombinationen auch zu erklären in der Lage sind. Die verschiedenen Disziplinen zugerechneten traditionellen Variablen, etwa motivationale Variablen oder Persönlichkeitsmerkmale der Psychologie, Variablen materieller Lebenschancen der Ökonomie, Variablen für Wertorientierungen der Soziologie, um nur einige typische Beispiele zu nennen, werden von vornherein in ihrem lebendigen fallspezifischen Zusammenhang qua Fallstruktur gesehen und auch je fallspezifisch gewichtet. − Interdisziplinarität ist also in der objektiven Hermeneutik auf diese doppelte Weise nicht etwas, worum die Forschung sich eigens programmatisch bemühen muss, sondern was sich gar nicht vermeiden lässt.

Die Gegenposition zur Subsumtionslogik der quantifizierenden Sozialforschung ist für das rekonstruktionslogische Vorgehen der objektiven Hermeneutik deren hervorstechendster Zug. In diesem Punkt entspricht sie vollkommen Adornos Positivismuskritik. Diese richtet sich nicht so sehr gegen die Webersche Werturteilsfreiheitsforderung als vielmehr gegen die Subsumtionslogik, in der Adorno die Zerstörung des inneren Zusammenhangs der Totalität einer lebendigen Praxis sieht. Der objektive Hermeneut vermeidet deshalb jegliche Kodierung des Datenmaterials nach vorgegebenen Kriterien, was ihn vor allem von der *Grounded Theory* unterscheidet. Erst ganz am Ende des Prozesses der Fallrekonstruktion, wenn über den Weg einer abgeschlossenen Strukturgeneralisierung die aufgefundene Fallstruktur als Typus hinreichend explizit bestimmt ist, kommt so etwas wie eine Subsumtion ins Spiel, indem diese typologische Erkenntnis in den Kanon vorausgehender Untersuchungsergebnisse integrierend und vergleichend eingearbeitet wird. Die Vermeidung jeglichen subsumtionslogischen Vorgehens entspricht dem, was man als das Modell „lebendiger Erfahrung" bezeichnen kann. Die Prägnanz der zu untersuchenden Realität von Lebenspraxis soll in ihrer Erforschung unverkürzt zum Vorschein gebracht werden. Das subsumtionslogische Vorgehen der empirischen Sozialforschung, insbesondere im Betrieb der Umfrageforschung und der Wirtschaftsforschung, ist selbst in zunehmendem Maße erfahrungsdestruktiv in unseren Alltag eingegangen, wenn der Alltagsmensch sich selbst schon in den Kategorien der Umfrageforschung einkodiert und seine Selbstwahrnehmung entsprechend strukturiert. Sehr prägnant ist das in dem jüngst ins Kino gelangten Film von Ulrich Seidel „Paradies: Liebe" gestaltet, wenn darin eine ältere Frau in ihrem Sex-Urlaub in Kenia in ihrem von vornherein zum Scheitern verurteilten Bemühen um eine lange aus ihrem Alltagsleben verschwundene lebendige erotische Beziehung die erhoffte exotische Außeralltäglichkeit durch eine Subsumtion unter die Kriterien und Indikatoren zu verwirklichen versucht, die sie klischeehaft sich davon gebildet hat. In dieser alle vielleicht noch möglichen Keime von Lebendigkeit brutal zerstörenden Inszenierung wird sie Opfer einer Logik, indem sie per Regieanweisung ihr zu entgehen versucht. Generell kennzeichnet diese Subsumtionslogik, indem sie in die Poren der Alltagspraxis immer mehr eindringt, eine zeitgenössische Logik der Entfremdung, in der der Einzelne, indem er in zunehmendem Maße sich den Ansprüchen des bewährten und gesteigerten Wissens reell subsumieren muss, die Erfahrungen, die er in seiner eigenen Krisenbewältigung noch machen kann, entwerten muss. Aber diese Dialektik von Wissen und Erfahrung geht im flachen Begriff der Wissensgesellschaft vor allem auch aus Gründen einer fehlgeleiteten Methodik der Forschung unter.

Der Frontstellung gegen die Subsumtionslogik entspricht in der objektiven Hermeneutik ihre radikal fallibilistische Grundhaltung. Das mag für viele Sozialforscher, die das übliche Vorurteil gegen alles Hermeneutische als Weichzeichnerei teilen, äußerst befremdlich klingen. Aber gerade weil die objektive Hermeneutik das möglichst nicht standardisiert erhobene, sondern in Form „natürlicher Protokolle" der zu erforschenden Realität direkt und unverkürzt entnommene Datenmaterial nicht subsumtionslogisch kodiert, sondern rekonstruiert, insofern auch nicht nur „interpretiert", sondern präzise bestimmt, erhält sie maximalistisch das Potenzial der Widerlegung theoretischer Konjekturen durch dieses

Material. Während in der subsumtionslogischen Forschung auf doppelte Weise dieses Potenzial der Widerlegung stark reduziert wird, indem zum einen die die Subsumtionslogik realisierenden Messinstrumente in der Regel zirkulär in jener Theoriesprache konstruiert werden, in der auch die zu überprüfenden Hypothesen formuliert sind, und zum anderen, und dies vor allem, die aufgrund von Standardisierung äußerst selektiven, wie winzige, verengte Fenster filternden Messindikatoren von der empirischen Realität nur ganz wenig als überprüfungsrelevant hereinlassen und alles das, was darüber hinaus in der Logik einer unverkürzten Erfahrung zudem die theoretischen Erwartungen auf eine Bewährungsprobe wirksam stellen könnte, gar nicht mehr thematisch werden kann, öffnet sich das rekonstruktionslogische Vorgehen erhebungstechnisch ganz ungefiltert und unverkürzt der in „natürlichen Protokollen" authentisch zum Ausdruck kommenden Realität, wenn man nur Auswertungsverfahren ausbildet, die diese „Ausdruckstotalität" auch tatsächlich ausschöpfen.

Unter diesem Gesichtspunkt ist die quantifizierend arbeitende subsumtionslogische Forschung außerordentlich unpräzise, weil sie die Besonderheiten der Forschungsgegenstände von vornherein abschleift. Was als Präzision, weil in Zahlen umgewandelt, täuschend erscheint, ist in Wirklichkeit mit einem hohen Prägnanzverlust erkauft und in Wirklichkeit nichts anderes als eine äußerst wirkungsvolle Ökonomie der Verarbeitung großer Fallzahlen auf Kosten der Genauigkeit im Detail.

Im Kontrast dazu ist das objektiv hermeneutische Vorgehen der sequenzanalytischen Fallrekonstruktion extrem fallibilistisch, indem es der empirischen Realität den größtmöglichen Spielraum der Widerlegung von Konjekturen erhält. Dazu im Einzelnen: Der erste Urteilsschritt im rekonstruktionslogischen Vorgehen, der häufig als Beliebigkeit von je subjektiver Interpretation unterstellt wird, nämlich die Zuweisung einer Lesart zu einem vorliegenden Ausdruckselement oder Textausschnitt, stellt kein wirkliches Problem dar. Strittige „Interpretationen" lassen sich mit Rekurs auf generative Regeln vergleichsweise problemlos klären und auflösen. Schwieriger ist demgegenüber der Umgang mit Lesarten, die zwar mit einer zu analysierenden Ausdrucksgestalt kompatibel sind, aber von dieser nicht im Sinne einer lückenlosen Ableitung von deren immanenten Markierungen erzwungen sind. Diese Lesarten, für die gilt, dass sie der „Fall sein können, aber nicht sein müssen", sind im Sinne des schon genannten Wörtlichkeitsprinzips unbedingt zu vermeiden, denn sie „vermüllen" die Analyse so wie degenerative Zusatzhypothesen eine Erklärung nur trüben. Diese Unterscheidung von zwar kompatiblen, aber nicht zwingenden Deutungen von solchen, die sich aus den Eigenschaften der Ausdrucksgestalt zwingend ableiten lassen, so dass für sie entweder gilt, dass sie nicht der Fall sein können, oder noch besser: der Fall sein müssen, ist außerordentlich wichtig und schwieriger zu realisieren als das Urteil über die Kompatibilität einer Lesart mit der gegebenen Ausdrucksgestalt. Die Beachtung dieser Unterscheidung ist für die Erklärungskraft der Analysen aber entscheidend und ermöglicht erst eine strikte Falsifikation. Die Sequenzanalyse per se eröffnet in einer weiteren Hinsicht eine strikte Falsifikation. Denn jede weitere Sequenzstelle eröffnet für die bis dahin sequenzanalytisch kumulierte Fallrekonstruktion eine Chance der Widerlegung. Man kann deshalb sagen: wenn eine Fallstrukturhypothese nicht triftig ist oder nicht präzise genug, dann kann man darauf vertrauen, dass sie sich sehr bald an einer kommenden Sequenzstelle als ungültig erweisen wird. Die Sequenzanalyse stellt also in sich eine Operation der permanenten Herstellung von Bewährungsproblemen für eine Fallrekonstruktion dar. Deshalb kann der objektive Hermeneut, dem der quantifizierende Forscher die geringen Fallzahlen seiner fallrekonstruktiven Untersuchungen als methodische Bewährungsschwäche vorhält, diesem mit dem Hinweis darauf begegnen, dass er in der fallrekonstruktiven Sequenzanalyse mit einer großen Zahl von jeweils eine unabhängige Widerlegungschance bietenden Sequenzstellen operiert. Und ein Letztes: Auch wenn, analog dazu, dass, wie immer in den Erfahrungswissenschaften, jede Erkenntnis grundsätzlich falsifizierbar bleibt, dies aber keineswegs der regulativen Idee der Wahrheit, der zu folgen ist, widerspricht, jede Fallrekonstruktion nur unter dem Vorbehalt ihrer Widerlegbarkeit und Modifizierbarkeit Geltung beanspruchen kann, so gilt doch gleichzeitig, dass es „in the long run" für eine zu analysierende Sequenz nur eine einzige gültige Fallrekonstruktion gibt, die es zu finden und zu explizieren gilt. Wem das zu autoritär, diktatorisch oder zu schroff erscheint und wer stattdessen den angeblichen Charme von Mehrdeutigkeit und Möglichkeitsfülle ins Feld führt, dem muss vorgehalten werden, dass der Verweis auf Mehrdeutigkeit und Widersprüchlichkeit in der Sache selbst den Anspruch auf Geltung immer nur in Deutungen und Rekonstruktionen erheben kann, die in sich methodisch gesichert eindeutig und widerspruchsfrei sind.

6 Schlussbetrachtung

Im Angesicht dieser Implikationen der Methodologie der objektiven Hermeneutik wäre deren Zurechnung zu einer vagen und in sich als Gegensatz zu einer quantifizierenden Sozialforschung unhaltbaren Bestimmung von „qualitativen Methoden der Sozial- oder Kulturforschung" irreführend und unangemessen. Auch ihre Subsumtion unter eine Kategorie von „interpretativer Sozialforschung" würde ihr nicht gerecht, weil darin zu stark noch ein Moment von Beliebigkeit im Vorgehen des Interpreten mitschwingen würde, während für den objektiven Hermeneuten gerade entscheidend ist, dass die detaillierte Aufschließung des Materials am ehesten in unseren Forschungen eine unkontrollierte Beliebigkeit zu vermeiden hilft und sie zur methodischen Todsünde erklärt. „Anything goes" ist das Gegenteil von dem, was methodologisch die objektive Hermeneutik anvisiert und „dichte Beschreibung" kommt einer *petitio principii* gleich, die auf einen Etikettenschwindel hinausläuft. Denn wenn eine Beschreibung, die als solche noch keineswegs eine Erschließung ist, „dicht" ist, dann ist sie das, über sie gleichermaßen weit hinausweisend, entweder aufgrund einer künstlerischen Gestaltung (eben „Dichtung") oder einer expliziten methodischen Erschließung, die als solche auszuweisen ist. Dass das Vorgehen der objektiven Hermeneutik im Angesicht des zu erschließenden Materials keine Ausflüchte der Beliebigkeit zulässt, macht sie für manche zu einem Ärgernis.

In diesem Sinn ist es Anspruch der objektiven Hermeneutik, sowohl eine allgemeine Methodologie der Erfahrungswissenschaften von der sinnstrukturierten Welt zu sein als auch auf der Ebene der Kunstlehre forschungspraktische Auswertungsverfahren für die Gesamtheit von Datentypen in diesen Wissenschaften zu bieten.

Literatur:

Oevermann, Ulrich (1998). Selbsterhaltung oder Sublimierung? Odysseus als künstlerischer Protagonist der Kulturentwicklung. *Merkur*, 52(6), 1-14.

Oevermann, Ulrich (2000). Die Methode der Fallrekonstruktion in der Grundlagenforschung sowie der klinischen und pädagogischen Praxis. In Kraimer, Klaus (Hrsg.), *Die Fallrekonstruktion*. Frankfurt/M.: Suhrkamp, 58-153

Oevermann, Ulrich (2004). Die elementare Problematik der Datenlage in der quantifizierenden Bildungs- und Sozialforschung. *Sozialer Sinn*, 5(3), 413–476.

Reichertz, Jo (1986). *Probleme qualitativer Sozialforschung*. New York. Frankfurt/M.: Campus.

Reichertz, Jo (1988). Verstehende Soziologie ohne Subjekte? Die objektive Hermeneutik als Metaphysik der Strukturen. *Kölner Zeitschrift für Soziologie und Sozialpsychologie, 40*(2), 207-222.

Reichertz, Jo (1994). Von Gipfeln und Tälern – Bemerkungen zu einigen Gefahren, die den objektiven Hermeneuten erwarten. In Garz, D. & Kraimer, K. (Hrsg.), *Die Welt als Text. Zur Theorie, Kritik und Praxis der objektiven Hermeneutik*. Frankfurt/M.: Suhrkamp, 125-152

Reichertz, Jo (2002). Die objektive Hermeneutik. In König, Eckard & Zedler, Peter (Hrsg.), *Qualitative Sozialforschung*. Weinheim & Basel: Beltz, 123-156.

Diskursive Subjektfiguren und ideologische Fantasie. Zur Möglichkeit einer ‚immanenten Kritik' im Rahmen einer praxeologischen Wissenssoziologie

Alexander Geimer

Zusammenfassung: Der Beitrag diskutiert das Konzept hegemonialer Subjektfiguren im Rahmen einer praxeologischen Wissenssoziologie, die grundlagentheoretisch zwischen einem habituell verankerten impliziten und explizit-reflexiven Wissen differenziert. Davon ausgehend lässt sich ein Feld zunächst begrifflicher Analysen aufspannen, in welchem das Konzept der diskursiven Subjektfigur und ihr Verhältnis zu reflexiven Wissensstrukturen einerseits sowie habituell-impliziten Wissensstrukturen andererseits zu bestimmen ist. Nach der Diskussion dieses Verhältnisses sind Möglichkeiten der Kritik an Subjektivierungsprozessen in den Blick zu nehmen. Auch dies im Kontext der praxeologischen Wissenssoziologie, der es als eine Grundlagentheorie der qualitativ-rekonstruktiven Sozialforschung nicht möglich ist, bestimmte Subjektfiguren selbst (als solche) infrage zu stellen, da sie keinen normativen Bezugspunkt kennt. Es lassen sich hingegen die zuvor ausgearbeiteten Relationen von Subjektfiguren zu reflexiven Wissensstrukturen und zu habituell-impliziten Wissensstrukturen insofern problematisieren, als dass die Möglichkeit einer ‚immanenten Kritik' aufscheint, wenn sich etwa Widersprüche und Paradoxien in der Aneignung und Aushandlung von Subjektfiguren ergeben, die der Beitrag als ideologische Fantasien diskutiert.

1 Anliegen

In den Sozialwissenschaften finden wir heute eine Vielzahl an postmodernen bzw. poststrukturalistischen Varianten des Individualisierungstheorems, die sozialen Wandel – vor allem in den Bereichen Familie, Medien, Arbeit, National- und Sozialstaat – als eine De- und Neuregulierung sozialer Ordnung thematisieren, welche Akteure zu Reflexionsprozessen anreizt. In diesem Sinne ist etwa die Rede von „Bastel-Existenz" (Hitzler / Honer 1994), der „Zerbrechlichkeit sozialer Lagen und Biographien" (Beck 1996: 21), von „Patchwork-Identität" (Keupp et al. 1999: 74) oder von „Subjektivität [...] als eine nomadische Gestalt" (Winter 2008: 308) und „endlessly fragmented subjectivities" (Hall 1995: 68) wie auch „hybrid identities" (Denzin 2010: 23). Bei allen Unterschieden, etwa hinsichtlich einer Kritik an postfordistischen Lebens- und Arbeitsbedingungen oder einer Affirmation der Flexibilität von Identität, beziehen sich diese Positionen doch gleichermaßen auf Formen der Erosion tradierter sozialer Organisationsprinzipien und also auf die „Freisetzung der Individuen aus sozialen Bindungen [...], die den Akteuren die Möglichkeit und Notwendigkeit einer neuen Reflexivität auferlegt" (Reckwitz 2009: 170). Ausgehend von der Annahme, dass tradierte Rahmenbedingungen des Handelns an normativer Kraft verlieren, weisen die genannten Perspektiven insofern einen gemeinsamen Fluchtpunkt auf, als sie sich insbesondere auf die „reflexive Form des individualisierten Lebensvollzugs" (Hitzler / Honer 1994: 311) fokussieren und auf „Reflexivität und Selbstbeobachtung des Subjekts" (Knoblauch 2008: 229) abstellen. Es sind also demzufolge Umbruchserfahrungen, die aufgrund von „Erschütterungen der bestehenden gesellschaftlichen Ordnung [...] Auslöser für biographische Selbstthematisierungen" (Schroer 2010: 279) und eine Zunahme von Reflexionsprozessen sein können, womit sozialer „Wandel [...] vor allem auch ein Wandel der Weltdeutungen und Selbstwahrnehmungen ist" (Hitzler / Honer / Pfadenhauer 2008: 18). Das Individuum erscheint so in besonderem Maße in die Pflicht der Reflexion genommen, indem es – einer disziplinierend-standardisierenden Massenkultur weitgehend entbettet – dazu „verpflichtet [ist], seine eigene Lebensqualität durch Entscheidungen zu verbessern" (Fraser 2003: 255).

Prozesse der mikrosozialen Transformation von Subjektivität werden in den genannten Ansätzen mit makrosozialen Prozessen sozialen Wandels und historischen Umwälzungen verknüpft, häufig mit Bezug auf Foucault, der dazu dient, „den Übergang zu postdisziplinären bzw. postfordistischen oder neoliberalen Regierungsformen zu begreifen" (Lemke 2003: 266f.). Ein zentraler Aspekt der Transformation von Subjektivität, die Frage nach der Relation zwischen habituell-impliziten und reflexiven Wissensstrukturen im Zuge der Integration von (neuen) Subjektfiguren in die Alltagspraxis, wird dabei nicht gestellt. Vielmehr handelt es sich mit der Differenz um eine Unterscheidung, die von den Theorieprogrammen, die sich mit der Transformation von Subjektivität im Zuge sozialen Wandels beschäftigen, nicht getroffen wird. Ausgehend von der praxeologischen Wissenssoziologie (Bohnsack 2007, 2010a), die grundlegend zwischen einem habituell verankerten impliziten und explizit-reflexiven Wissen differenziert, lässt sich hier ein Feld zunächst begrifflicher Analysen aufspannen, in welchem der Begriff der diskursiven Subjektfigur (Absatz 2) und ihr Verhältnis zu reflexiven Wissensstrukturen einerseits und habituell-impliziten Wissensstrukturen andererseits (Absatz 3) zu bestimmen ist. Nach der Diskussion dieses Verhältnisses sind Möglichkeiten der Kritik an Subjektivierungsprozessen in den Blick zu nehmen. Auch dies im Kontext der praxeologischen Wissenssoziologie, der es als eine Grundlagentheorie der qualitativ-rekonstruktiven Sozialforschung nicht möglich ist, bestimmte Subjektfiguren selbst (als solche) infrage zu stellen, da sie keinen normativen Bezugspunkt kennt. Stattdessen sind die zuvor ausgearbeiteten *Relationen* von Subjektfiguren zu reflexiven Wissensstrukturen und zu habituell-impliziten Wissensstrukturen zu diskutieren und zu problematisieren (Absatz 4). Eine solche Form der Kritik ist insofern als immanent zu verstehen, als sie keine gegenstandsbezogenen, normativen Horizonte anlegt und also bei strukturellen Relationen von Subjektfiguren zur Alltagspraxis und den diese strukturierenden Wissensbeständen ihren Ausgang nimmt, die für empirische Untersuchungen sensibilisieren können (welche an dieser Stelle ausbleiben müssen).

2 Subjektivierung und diskursive Subjektfiguren

Subjektivierungsprozesse beruhen auf diskursiven Angeboten zur Subjektivierung, mit anderen Worten: Diskurse, hier verstanden als kollektiv geteilte Normalitätshorizonte von mehr oder weniger hegemonialer Durchsetzungsfähigkeit, stellen Subjektfiguren bereit, welche die Alltagspraxis anleiten (können), allerdings nicht in einem deterministischen Sinne (vgl. in Bezug auf die Medienforschung: Geimer 2011a). Die Frage der Aneignung von Subjektfiguren, wie generell die Relation zwischen Praxis und Diskurs, ist bislang weitgehend ungeklärt, was sich beispielhaft an der Debatte um das ‚unternehmerische Selbst' (Rose 1996, Hall 1997, Du Gay 1997, Bührmann 2005, Bröckling 2007) aufzeigen lässt. Hall zufolge ist die „production of subjects" ein Modus der Regulierung der Alltagspraxis von besonderer „beauty" (1997: 235), indem sie nicht auf dem Ge- und Verbot bestimmter Verhaltensweisen sowie auf Formen der Kontrolle beruht ; vielmehr werden Subjekte hervorgebracht, die sich selbst kontrollieren. Hall erläutert dies am Beispiel einer Organisation, die einen neoliberalen „shift in the ‚regime of meaning'" (ebd.) vollzieht. Dadurch werden Eigenschaften und Fähigkeiten von Akteuren so redefiniert, dass Ziele der Organisation ihren Mitgliedern als deren eigene und persönliche Ziele erscheinen. Hall nennt das – durch „technologies of the self" (Hall 1997: 235) – hervorgebrachte Subjekt ein „entrepreneurial kind of subject" (ebd.). In eben diesem Sinne spricht Bröckling (2007) vom „unternehmerischen Selbst" (vgl. Rose 1996). Während Hall das organisationstheoretische Beispiel zur Illustration des Konzepts der Subjektivierung anbringt, handelt es sich bei Bröcklings (2007: 43) umfassenden Ausführungen um eine Studie zur „Genealogie der Subjektivierung", in der die „vielfältigen (Selbst-) Steuerungsmechanismen, die das Selbstverständnis und Handeln der sozialen Akteure regulieren" (ebd.), analysiert werden.

In der Analyse von Ratgebern, Fortbildungs- wie Therapieangeboten, institutionellen Vorgaben und organisationalen Programmen, in denen die Logik der

Subjektposition eines unternehmerischen Selbst herausgearbeitet wird, liegt der „Fokus darauf, die Ratio dieser Subjektivierungsfigur sowie einige Schlüsseltechnologien herauszupräparieren" (Bröckling 2007: 49). Inwiefern diese Subjektfigur auch in alltäglichen Interaktionen relevant und angeeignet wird, untersucht Bröckling jedoch nicht. Stattdessen wird darauf verzichtet, „in vergleichbarer Weise zu überprüfen, welche Reichweite die Anrufung eines unternehmerischen Selbst besitzt und mit welchen anderen Anrufungen sie konkurriert" (ebd.). Dabei wird zwar nicht unterschlagen, dass sich die Subjektfigur des unternehmerischen Selbst nicht umstandslos in die Alltagspraxis überträgt, sondern gewissermaßen in diese zu übersetzen ist (Bröckling 2007: 40, vgl. Hall 1997: 235); allerdings wird diese alltägliche Übersetzungsarbeit nicht genauer spezifiziert. Mit Bezug auf Goffmans Untersuchungen des Alltagshandelns erläutert Bröckling die Differenz zwischen Diskurs und Praxis als eine methodologische und schließt also die er- und gelebte Alltagspraxis konzeptionell aus seiner Untersuchung aus: „Während Goffman sich für die impliziten Rahmungen des Alltagsverhaltens interessiert, fragt die Genealogie der Subjektivierung eher nach den expliziten Regeln, welche den individuellen Performanzen eine bestimmte Richtung zu geben versuchen" (Bröckling 2007: 44).

Dieser Beitrag setzt sich für eine Systematisierung jener Schnittstelle ein, an der explizite Regeln zur Führung des Selbst mit impliziten Rahmungen des Alltagshandelns zusammentreffen, und interessiert sich vor allem für dabei auftretende Ambivalenzen und Widersprüche. Hinsichtlich der Subjektfigur des ‚unternehmerischen Selbst' konnte schon Bührmann (2012: 159) mittels der Analyse von Interviews herausarbeiten, dass „Unternehmerinnen ihre Lebensführung am unternehmerischen Selbst ausrichteten, aber diese Subjektivation für ihr eigenes Selbstverständnis ablehnten". Ebenfalls sensibel für einen „unmittelbaren Kurzschluss von Diskurs und Praxis" (Keller 2008: 261) erweist sich Keller, der auch eine Grenze der sozialwissenschaftlichen Diskursforschung mit Bezug auf die Bandbreite möglicher Reaktionen auf Subjektivierungsangebote feststellt (vgl. Keller 2012). Wie diese Grenze der Diskursforschung allerdings methodologisch so zu bearbeiten ist, dass grundlagentheoretisch zwischen habituell-impliziten und reflexiven Formen einer Integration von Subjektfiguren in die Alltagspraxis zu unterscheiden ist, bleibt bislang – trotz der wiederholten Diskussion und Infragestellung dieser Grenze zwischen Diskurs und Praxis (vgl. Füssel / Neu 2010, Wrana / Langer 2007) – ungeklärt. In dieser Hinsicht lässt sich auf das im Rahmen der praxeologischen Wissenssoziologie entwickelte Konzept der Aneignung zurückgreifen.

3 Praxeologische Perspektive zur Aneignung, Reflexion und Aushandlung von Subjektfiguren

Aus Perspektive der praxeologischen Wissenssoziologie (Bohnsack 2007, 2010a) wie der qualitativ-rekonstruktiven Sozialforschung generell ist es zunächst eine strikt empirische Frage, wie und ob diskursive Subjektfiguren in die Alltagspraxis integriert oder übersetzt werden. Eine Frage, die also weder subjekt- noch handlungstheoretisch zu beantworten ist, weil sie theoretisch generell nicht vorentschieden werden kann. Es können allerdings (wenn auch mit einer gewissen Vorläufigkeit) Relationen zwischen Subjektfiguren und habituell-impliziten und reflexiven Wissensstrukturen zum Ausgangspunkt weiterer Überlegungen gemacht werden. In dieser Hinsicht ist an Arbeiten des Verfassers zur Rezeption von Spielfilmen anzuknüpfen. Entwickelt im Kontext einer praxeologischen Rezeptionsforschung und in Auseinandersetzung mit den Cultural Studies (Geimer 2011a) und Bourdieus Habitustheorie (Geimer 2010) wurde eine produktive und eine reproduktive Aneignung von Formen der Reflexion von Spielfilmen unterschieden. Aneignung bezeichnet im Sinne Mannheims (vgl. 1980) wie auch im Kontext eines konjunktiven Wissens nach der praxeologischen Wissenssoziologie ein *unmittelbares Verstehen*, das von einem reflexiven Deuten und Interpretieren zu unterscheiden ist (Bohnsack 2010a: 59ff.). Etwas zu verstehen, meint so gefasst ein weitgehend vorreflexives Erfassen, das gewissermaßen automatisiert stattfindet, ohne dass eine explizite Bedeutungsaushandlung und reflexive Definition der gemeinsamen Situation geleistet werden muss. In eben diesem Sinne können auch Subjektfiguren in die Alltagspraxis integriert werden – entweder auf dem Wege einer produktiven Aneignung, die zur grundlegenden Modifikation von impliziten Wissensstrukturen führt, oder auf dem Wege einer reproduktiven Aneignung, was bedeutet, dass man sich in bestimmten Subjektfiguren vorrangig wiedererkennt.

Reflexionen von Subjektfiguren bewegen sich im Gegensatz zur Aneignung auf der Ebene einer expliziten Interpretation und (inter- oder intrasubjektiven) lokal-situativen Aushandlung, wobei eine unmittelbare Transformation habituell-impliziter Wissensstrukturen ausbleibt. Vor diesem Hintergrund lässt sich die Frage eröffnen: *Wenn keine Form einer Aneignung von Subjektfiguren vorliegt, wie verhalten sich dann Reflexionen von Subjektfiguren zu impliziten Wissensstrukturen?* Denn es ist zu bedenken, dass die – durch den Verlust an Zustimmungspflichtigkeit tradierter Ordnungen – gesteigerte Reflexionsmöglichkeit des Selbst (vgl. Absatz 1) eine zunehmende Reflektierbarkeit mittels unterschiedlichster Subjektfiguren zur Folge hat und also keinen automatischen Prozess zunehmender Selbsttransparenz mit sich bringt. Selbstbefragungen, Selbstthematisierungen und variable Selbstentwürfe werden wahrscheinlicher vor dem Hintergrund sozialer Wandlungsprozesse und damit verbundener Unsicherheiten und einem gesteigerten Möglichkeitssinn, der insbesondere mit der Abwicklung der traditionellen Industriegesellschaft und ihren Leitmedien zusammenhängt. Das heißt: Zu behaupten, dass „das gesellschaftliche Leben entscheidungsoffen[er, A.G.] geworden ist" (Giddens 1996: 144), etwa durch kurzfristige, flexible oder nicht vorhandene Arbeitsverhältnisse, Globalisierung, neue Medien und Kommunikationsformen, offenere Geschlechterverhältnisse usw., bedeutet nicht, zugleich festzustellen, dass Entscheidungen die bewusste Wahl eines autonomen Subjekts darstellen. Entscheidungsprozesse sind reflexive Prozesse, über deren Grundlagen nicht mitentschieden wird. In diesem Sinne tritt an die Stelle eines homogenen Selbstentwurfs vermehrt die Potenzialität unterschiedlicher Selbstentwürfe.

Diese Vielfalt an Möglichkeiten, sich selbst zu begreifen, reizt zwar zur Selbstreflexion an, aber ohne dass dadurch sich das Subjekt transparenter, sich selbst bewusster werden muss. Das heißt, es besteht bspw. „durch Mitgliedschaft in verschiedensten Sozialmilieus, durch verstärkten Kontakt mit fremden Lebensformen und durch Ausweitung sexuellen Probehandelns die Tendenz [...], das eigene Selbstverständnis für ganz unterschiedliche Identitätsmöglichkeiten zu öffnen" (Honneth 2003: 141). *Ob* sich diese Tendenz realisiert, ist eine strikt empirische Frage und zugleich auch die Frage danach, *wie* sich Subjektfiguren zu habituell-impliziten und atheoretischen Grundlagen des Alltagshandelns einerseits und andererseits zu Theorien der Akteure über sich selbst, mithin reflexiven Selbstentwürfen, verhalten. Aus den folgenden Überlegungen lassen sich Ansatzpunkte für eine ‚immanente Kritik' ableiten, die möglichst schwache normative Vorannahmen macht und methodologieintern möglichst nahe am Fall und dessen Erfahrungswelt bleibt.

4   Möglichkeiten der ‚immanenten Kritik' in einem praxeologischen Konzept der Subjektivierung?

Qualitativ-rekonstruktive Forschungsmethoden in Deutschland (wie die dokumentarische Methode, objektive Hermeneutik, Konversationsanalyse, Narrationsanalyse, teilnehmende Beobachtung, etc.) haben bislang nicht systematisch ein Konzept der Kritik in ihre Methodologien integriert. Dies ist auch kaum möglich, weil die Methoden der Rekonstruktion von Sinnstrukturen in einer ‚künstlichen Naivität' gründen, die je nach grundlagentheoretischer Ausrichtung des Forschungsprogramms auch „Einklammerung des Geltungscharakters" (Mannheim), „Suspendierung der natürlichen Einstellung" (Schütz) oder „ethnomethodologische Indifferenz" (Garfinkel) genannt wird. Die Frage stellt sich daher allenfalls, wie Ergebnisse ggfs. kritisch interpretiert werden können, etwa vor dem Hintergrund von Diskursen zu sozialer Ungleichheit oder der Ökonomisierung des Sozialen. Im Prozess der Produktion von Interpretationen empirischen Materials werden jedoch keine normativen Haltungen eingenommen, so dass mögliche Anschlüsse an kritische Theorieprogramme kaum gezielt herzustellen sind. In dieser Hinsicht eröffnet ein praxeologisch gefasstes Konzept der Subjektivierung eine Möglichkeit der ‚immanenten Kritik‘, die ohne gegenstandsbezogene, normative Bestimmungen auskommt.

Wie bereits festgestellt können Subjektfiguren so in die Alltagspraxis integriert werden, dass implizit handlungsleitende Wissensstrukturen transformiert werden. Derart bruchlose Aneignungen von Subjektfiguren mögen bedenklich erscheinen (etwa im Falle der Subjektfigur des vglw. viel untersuchten ‚unternehmerischen Selbst‘), können aber von Seiten qualitativ-rekonstruktiver Forschung nicht normativ beurteilt werden. Die Grundlagentheorien, die auf die Rekonstruktion von Sinnstrukturen zielen, erlauben diesbezüglich keinen übergeordneten Beobachtungsstandpunkt. Hingegen kann als problematisch aus Perspektive der praxeologischen Wissenssoziologie angesehen werden, wenn die Integration von Subjektfiguren lediglich zur Reflexion und (inter- oder intrasubjektiven) Aushandlung dieser führt; also habituell-implizite Wissensstrukturen keiner Transformation unterliegen, aber Veränderungen im Selbstverständnis und Selbstentwurf des Subjekts impliziert sind. Im Sinne der praxeologischen Wissenssoziologie handelt es sich um eine Form einer identitätsprägenden Bezugnahme auf „Theorien des Common Sense mit ihren legitimatorischen Funktionen" (Bohnsack 2012: 124). Im Sinne einer ‚immanenten Kritik‘ ließe sich in solchen Fällen auch von einer spezifischen Form der Entfremdung durch Illusionen und Fantasien sprechen; etwa im Sinne von McRobbie (2009), wenn sie feststellt, dass über den popkulturell und medial omnipräsenten Feminismus eine Sensibilität für Geschlechterfragen zum Common Sense gehört, während genau dadurch jedoch alltägliche Ungleichheiten eher verschleiert als gesehen werden.[1] Gemäß Žižek, der sich auf Marx' Analyse der Fetischisierung des Geldes bezieht, könnte man auch von dem Wirken einer „ideological fantasy" (Žižek 1989: 30) sprechen: "what they [Alltagsakteure, A.G.] overlook, what they mis-

---

1   Daneben wäre auch zu untersuchen, inwiefern die Reflexionen von Subjektfiguren eine Kritik dieser beinhalten, die ggf. noch nicht handlungsrelevant wurde / werden kann. In dieser Hinsicht könnte an Boltanskis (2010) Soziologie der Kritik (vgl. auch Celikates 2009) und Aspekte der dokumentarischen Evaluationsforschung (Bohnsack 2010b) angeknüpft werden. Das bedeutet, dass sich Akteure in ihren Reflexionen von sich selbst im Spiegel von diskursiven Subjektfiguren ebenso er- wie verkennen können. Dieser Beitrag fokussiert im Kontext einer ‚immanenten Kritik‘ nur letztere Verkennungen.

recognize, is not the reality but the illusion which is structuring their reality" (ebd.).

Der hier grundlegende Gedanke, dass die Rekonstruktion latenter Sinnstrukturen ein kritisches Potenzial birgt, wurde auch von Seiten der Objektiven Hermeneutik geäußert (vgl. Leanza 2008: 88), indem bspw. zwischen der rhetorischen Darbietung einer politischen Position und den ihr zugrunde liegenden Deutungsmustern unterschieden werden kann. Im Sinne dieses Beitrags können die rhetorischen Figuren gemäß politischen Diskursen auch den/die SchreiberIn selbst überzeugen, ohne dass er/sie eine Diskrepanz zu seinen/ihren Orientierungen wahrnehmen muss. Insofern sind ideologische Fantasien als zugleich reflexives Wissen und doch in gewisser Hinsicht als implizit-präreflexiv zu verstehen, indem sie zwar als solche bewusst sind und zugleich nicht auf der Ebene des Bewusstseins operieren (vgl. Torfing 1999: 117). Ideologische Fantasien leiten also das reflexive Selbstverständnis von Akteuren an und sind zugleich von der Logik der Alltagspraxis gelöst, stehen vielmehr in einem subjektiv kaum realisierten Widerspruch zu den die Alltagspraxis strukturierenden Orientierungen.

In dieser Hinsicht sind allerdings Einschränkungen notwendig: Wenn Subjektfiguren etwa sich auf eine Weise zu eigen gemacht werden, gemäß welcher habituelle Orientierungen kaum beeinflusst werden, und stattdessen ein Deutungswissen generiert wird, das Illusionen und Fantasien produziert, so kann dies auch positive Effekte haben. Eine solche Form der Selbst-Täuschung kann von erheblichem Nutzen sein, um Ent-Täuschungen zu vermeiden; etwa wenn Paare von ihrem eigenen Mythos des Emanzipiert-Seins weit entfernt sind, aber als Paar ganz hervorragend funktionieren und mit einer liebevollen Illusion bestens leben. Es sind mit dem Konzept der ‚immanenten Kritik' daher also keine Interventionen in die Alltagspraxis der Beforschten zu begründen, wie sie vor allem die amerikanischen Cultural Studies im Kontext eines partizipatorischen, kritisch emanzipativen Turns umfassend fordern (vgl. Geimer 2011b). Dennoch erlaubt die ‚immanente Kritik' gesellschaftstheoretische Überlegungen zur Entfremdung von habituell verankerten, impliziten Wissensstrukturen. Man könnte diesbezüglich von dissoziativen Aneignungen sprechen (vgl. Geimer 2012), die auf der Ebene der Reflexion (neue) Selbstentwürfe produzieren, auf der Ebene der impliziten Logik der Praxis hingegen (bestehende) generative Prinzipien der Hervorbringung der Alltagspraxis nicht nur nicht berühren, sondern auch deren Wirksamkeit verschleiern. Eine solche Position der ‚immanenten Kritik' erlaubt prinzipiell – darin liegt ihre Stärke – weiterhin ein methodisch-kontrolliertes Fremdverstehen und eine intersubjektive Überprüfbarkeit von Interpretationen, indem keine normativen Bezugsrahmen die rekonstruktive Logik qualitativer Forschung unterlaufen.

5 Fazit

Vor dem Hintergrund derzeit viel diskutierter Entwicklungen der Globalisierung, Mediatisierung, Flexibilisierung erscheinen Akteure einem zunehmenden Druck zur Reflexion ausgesetzt, der einen erweiterten Gestaltungsspielraum impliziert. So scheinen Akteuren immer mehr Möglichkeiten offen zu stehen, sich reflexiv und kritisch mit sich und ihrer Umwelt auseinanderzusetzen. Hierbei wird entweder davon ausgegangen, dass Akteure über an sie herangetragene Subjektfiguren – zumindest nach Intervention durch kritische Forschung (z. B. Denzin 2010, vgl. Geimer 2011b) – relativ frei und eigensinnig verfügen können oder dass sich die Aneignung von Subjektfiguren eher bruchlos vollzieht über Prozesse routinisierter Reflexion und Übung (z. B. Bröckling 2007, vgl. Geimer 2012, 2013). Stattdessen wurde in diesem Beitrag die Relation diskursiver Subjektfiguren zu habituell-impliziten und reflexiven Wissensstrukturen herausgehoben. Vor diesem Hintergrund wurde weiter – im Rahmen der praxeologischen Wissenssoziologie (Bohnsack 2007) – versucht, eine kritische Sichtweise auf Formen der Übersetzung von Subjektfiguren in die Alltagspraxis und entsprechende Prozesse der Subjektivierung einzunehmen. Mit einem solchen relationalen Ansatz wird vermieden, einen *gegenstandsbezogenen* Werthorizont der Kritik vorauszusetzen. Die potenziellen Beziehungen zwischen diskursiven Subjektfiguren und einem impliziten Wissen (im Sinne eines Habitus) und einem reflexiv verfügbaren Wissen über sich selbst (im Sinne der Identität) scheinen insbesondere im Falle einer dissoziativen Aneignung von Subjektfiguren problematisch, wenn also Illusionen und Fantasien des Selbst generiert werden und generative Prinzipien der Alltagspraxis zugleich nicht beeinträchtigt werden.

Ungeachtet auch potenzieller positiver Effekte ist die genannte Integration von diskursiven Subjektfiguren in die Alltagspraxis im Rahmen einer ‚immanenten Kritik' als Entfremdung oder Täuschung zu verstehen. Insofern verweist das Adjektiv „immanent" nicht einfach auf die subjektive Teilnehmerperspektive, die nicht verlassen werden würde, sondern auf jene Methodologien (hier praxeologische Wissenssoziologie), die erlauben, habituell-implizite Wissensstrukturen zu rekonstruieren, welche den Akteuren selbst kaum verfügbar sind. Es handelt sich also vielmehr um eine Kritik, die immanent im Kontext einer rekonstruktiven Methodologie angelegt ist, wodurch die Forschung keine gegenstandsbezogenen, normativen Ausgangspunkte nehmen muss, sondern gewissermaßen Akteure an ihren eigenen Ansprüchen und gemäß ihren Selbstentwürfen ‚misst'.

Als methodische Konsequenz folgt aus diesen Überlegungen, dass systematisch die Logik von reflexiven Selbstentwürfen, also ein modus operandi des Verhältnisses zu sich selbst, mit habituell-impliziten Orientierungen zu relationieren ist, wobei insbesondere der Umgang mit diskursiven Vorgaben zur Mo-

dellierung des Selbst – Subjektfiguren im Sinne von „hegemonialen Anforde-
rungsprofilen" (Bröckling 2012: 131) – in den Blick zu nehmen ist (vgl. Geimer
2012, 2013). Hier kann an die legitimatorische Funktion des Common Sense
(vgl. Bohnsack 2012) im Sinne der praxeologischen Wissenssoziologie angeknüpft werden oder auch an die Narrationsanalyse nach Schütze (1983), die jene
Relation zumindest insofern kennt, als sie vorschlägt, Eigentheorien der Erzählenden über ihre Biografie etwa mit zuvor rekonstruierten Prozessstrukturen des
Lebenslaufs zu vergleichen. Auch von der von Schütze (1983: 286) genannten
„Schutzwand sekundärer Legitimationen" ist es nicht mehr weit zu den hier
diskutierten ideologischen Fantasien, wenn man in Betracht zieht, dass jene
Schutzwände systematisch aus Selbstentwürfen entlang diskursiven Subjektfigu-
ren gebaut sein können.

Literatur:

Beck, Ulrich (1996). Das Zeitalter der Nebenfolgen und die Politisierung der Moderne. In
    Beck, Ulrich & Giddens, Anthony (Hrsg.), *Reflexive Modernisierung. Eine Kontro-*
    verse. Frankfurt/M.: Suhrkamp, 19-112.
Bohnsack, Ralf (2007). Dokumentarische Methode und praxeologische Wissenssoziolo-
    gie. In Schützeichel, Rainer (Hrsg.), *Handbuch Wissenssoziologie und Wissensfor-*
    schung. Konstanz: UVK, 189-190.
Bohnsack, Ralf (2010a). *Rekonstruktive Sozialforschung. Einführung in qualitative Me-*
    thoden. Opladen: Barbara Budrich.
Bohnsack, Ralf (2010b). Qualitative Evaluationsforschung und dokumentarische Metho-
    de. In Bohnsack, Ralf & Nentwig-Gesemann, Iris (Hrsg.), *Dokumentarische Evalua-*
    tionsforschung. Theoretische Grundlagen und Beispiele aus der Praxis. Opladen:
    Barbara Budrich, 23-62.
Bohnsack, Ralf (2012). Orientierungsschemata, Orientierungsrahmen und Habitus. Ele-
    mentare Kategorien der Dokumentarischen Methode mit Beispielen aus der Bil-
    dungsmilieuforschung. In Schittenhelm, Karin (Hrsg.), *Qualitative Bildungs- und*
    Arbeitsmarktforschung. Grundlagen. Perspektiven. Methoden. Wiesbaden: VS Ver-
    lag für Sozialwissenschaften, 119-153.
Boltanski, Luc (2010). *Soziologie und Sozialkritik.* Frankfurt/M.: Suhrkamp.
Bröckling, Ulrich (2007). *Das unternehmerische Selbst. Soziologie einer Subjektivie-*
    rungsform. Frankfurt/M.: Suhrkamp.
Bührmann, Andrea (2005). Das Auftauchen des unternehmerischen Selbst und seine
    gegenwärtige Hegemonialität. Einige grundlegende Anmerkungen zur Analyse des
    (Trans-) Formierungsgeschehens moderner Subjektivierungsweisen. *Forum qualita-*
    tive Sozialforschung, 6(1), Art. 16. Abgerufen am 22.06.2012 von ULR
    http://www.qualitative-research.net/index.php/fqs/article/view/518/1120.
Bührmann, Andrea (2012). Das unternehmerische Selbst: Subjektivierungsform oder
    Subjektivierungsweise?. In Keller, Reiner, Schneider, Werner & Viehöver, Willy

(Hrsg.), *Diskurs – Macht – Subjekt. Theorie und Empirie der Subjektivierung in der Diskursforschung*. Wiesbaden: VS Verlag für Sozialwissenschaften, 145-164.

Celikates, Robin (2009). *Kritik als soziale Praxis: Gesellschaftliche Selbstverständigung und kritische Theorie*. Frankfurt/M.: Campus.

Denzin, Norman (2010). *The Qualitative Manifesto. A Call to Arms*. Walnut Creek: Left Coats Press.

DuGay, Paul (1997). Organizing Identity: Making Up People at Work. In DuGay, Paul (Hrsg.), *Production of Cultures / Cultures of Production*. London: Sage, 285-433.

Fraser, Nancy (2003). Von der Disziplin zur Flexibilisierung? Foucault im Spiegel der Globalisierung. In Honneth, Axel & Saar, Martin (Hrsg.), *Michel Foucault. Zwischenbilanz einer Rezeption*. Frankfurt/M.: Suhrkamp, 239-258.

Foucault, Michel (1994). Warum ich Macht untersuche: Die Frage des Subjekts. In Dreyfus, Hubert & Rabinow, Paul (Hrsg), *Michel Foucault. Jenseits von Strukturalismus und Hermeneutik*. Weinheim: Beltz, 243-261.

Füssel, Marian & Neu, Tim (2010). Doing Discourse. Diskursiver Wandel aus praxeologischer Perspektive. In Landwehr, Achim (Hrsg.), *Diskursiver Wandel*. Wiesbaden: VS Verlag für Sozialwissenschaften, 213-235.

Geimer, Alexander (2010). Praktiken der produktiven Aneignung von Medien als Ressource spontaner Bildung. Eine qualitativ-rekonstruktive Analyse im Kontext von Habitustheorie und praxeologischer Wissenssoziologie. *Zeitschrift für Erziehungswissenschaft 13*(1), 149-166.

Geimer, Alexander (2011). Das Konzept der Aneignung in der qualitativen Rezeptionsforschung. Eine wissenssoziologische Präzisierung im Anschluss an die und Abgrenzung von den Cultural Studies. *Zeitschrift für Soziologie, 40*(4), 191-207.

Geimer, Alexander (2011). Autoethnography / Performance Ethnography. Trend, Turn oder Schisma in der qualitativen Sozialforschung?. *Zeitschrift für qualitative Sozialforschung, 12*(2), 299-320.

Geimer, Alexander (2012). Bildung als Transformation von Selbst- und Weltverhältnissen und die dissoziative Aneignung von diskursiven Subjektfiguren in posttraditionellen Gesellschaften. *ZBF. Zeitschrift für Bildungsforschung, 2*(3), 229-242.

Geimer, Alexander (2013). Die (Un)Wahrscheinlichkeit von Bildung? Potenzielle Subjektivierungskrisen vor dem Hintergrund der Relation von Habitus, Identität und diskursiven Subjektfiguren. In Rosenberg, Florian von & Geimer, Alexander (Hrsg.), *Bildung unter den Bedingungen kultureller Pluralität*. Wiesbaden: VS Verlag für Sozialwissenschaften, im Druck.

Giddens, Anthony (1996). Leben in einer posttraditionalen Gesellschaft. In Beck, Ulrich & Giddens, Anthony (Hrsg.), *Reflexive Modernisierung. Eine Kontroverse*. Frankfurt/M.: Suhrkamp, 113-194.

Hall, Stuart (1995). Fantasy, Identity, Politics. In Carter, Eriva, Donald, James & Squires, Judith (Hrsg.), *Cultural Remix: Theories of Politics and the Popular*. London: Lawrence & Wishart, 63-69.

Hall, Stuart (1997). The Centrality of Culture. In Thompson, Kenneth (Hrsg.), *Media and Cultural Regulation*. London: Sage, 209-239.

Hitzler, Ronald & Honer, Anne (1994). Bastelexistenz. Über subjektive Konsequenzen der Individualisierung. In Beck, Ulrich & Beck-Gernsheim, Elisabeth (Hrsg.), *Ris-*

kante Freiheiten. Individualisierung in modernen Gesellschaften. Frankfurt/M.: Suhrkamp, 307-315.

Hitzler, Ronald, Honer, Anne & Pfadenhauer, Michaela (2008). Zur Einleitung: „Ärgerliche" Gesellungsgebilde?. In dies. (Hrsg.), *Posttraditionale Gemeinschaften. Theoretische und ethnografische Erkundungen.* Wiesbaden: VS, 9-31.

Honneth, Axel (2003). *Unsichtbarkeit. Stationen einer Theorie der Intersubjektivität.* Frankfurt/M.: Suhrkamp.

Knoblauch, Hubert (2008). Sinn und Subjektivität in der qualitativen Forschung. In Kalthoff, Herbert, Hirschauer, Stefan & Lindemann, Gesa (Hrsg.), *Theoretische Empirie. Zur Relevanz qualitativer Forschung.* Frankfurt/M.: Suhrkamp, 210-233.

Keller, Reiner (2008). *Wissenssoziologische Diskursanalyse.* Wiesbaden: VS.

Keller, Reiner (2012). Der menschliche Faktor. Über Akteur(inn)en, Sprecher(inn)en, Subjekt-positionen, Subjektivierungsweisen in der Wissenssoziologischen Diskursanalyse. In Keller, Reiner, Schneider, Werner & Viehöver, Willy (Hrsg.), *Diskurs –Macht – Subjekt. Theorie und Empirie der Subjektivierung in der Diskursforschung.* Wiesbaden: VS, 69-107.

Keupp, Heiner, Ahbe, Thomas, Gmür, Wolfgang, Höfer, Renate, Mitzscherlich, Beate, Kraus, Wolfgang & Strauss, Florian (1999). *Identitätskonstruktionen. Das Patchwork der Identitäten in der Spätmoderne.* Reinbek: Rowohlt.

Leanza, Matthias (2008). Kritik als Latenzbeobachtung – Darstellung und Diskussion grundlegender Konzepte der Objektiven Hermeneutik und deren Anwendung am konkreten Fall. In Freikamp, Ulrike, Leanza, Matthias, Mende, Janne, Müller, Stefan, Ullrich, Peter & Voss, Heinz-Jürgen (Hrsg.), *Kritik mit Methode? Forschungsmethoden und Gesellschaftskritik.* Berlin: Dietz, 73-104.

Lemke, Thomas (2003). Andere Affirmationen. Gesellschaftsanalyse und Kritik im Postfordismus. In Honneth, Axel & Saar, Martin (Hrsg.), *Michel Foucault. Zwischenbilanz einer Rezeption.* Frankfurt/M.: Suhrkamp, 259-274.

Mannheim, Karl (1980). Eine soziologische Theorie der Kultur und ihrer Erkennbarkeit (Konjunktives und kommunikatives Denken). In ders., *Karl Mannheim. Strukturen des Denkens,* hrsg von David Kettler, Volker Meja & Nico Stehr. Frankfurt: Suhrkamp, 155-322.

McRobbie, Angela (2009). *The Aftermath of Feminism. Gender, Culture and Social Change.* London: Sage.

Reckwitz, Andreas (2009). Praktiken der Reflexivität. Eine kulturtheoretische Perspektive auf hochmodernes Handeln. In Böhle, Fritz & Weihrich, Margit (Hrsg.), *Handeln unter Unsicherheit.* Wiesbaden: VS, 169-182.

Rose, Nicolas (1996). *Inventing Ourselves. Psychology, Power, and Personhood.* Cambridge: University Press.

Schroer, Markus (2010). Individualisierung als Zumutung. Von der Notwendigkeit zur Selbstinszenierung in der visuellen Kultur. In Berger, Peter & Hitzler, Ronald (Hrsg.), *Individualisierungen. Ein Vierteljahrhundert jenseits von Stand und Klasse.* Wiesbaden: VS, 275-289.

Schütze, Fritz (1983). Biographieforschung und narratives Interview. *Neue Praxis 13*(3), 283-293.

Torfing, Jacob (1999). *New Theories of Discourse.* Oxford: Blackwell.

Winter, Rainer (2008). Widerständige Sozialität im postmodernen Alltagsleben: Das Projekt der Cultural Studies und die poststrukturalistische Diskussion. In Thomas, Tanja (Hrsg.), *Medienkultur und soziales Handeln*. Wiesbaden: VS, 299-315.

Wrana, Daniel & Langer, Antje (2007). An den Rändern der Diskurse. Jenseits der Unterscheidung diskursiver und nicht-diskursiver Praktiken. *Forum qualitative Sozialforschung, 8*(2), Art. 20. Abgerufen am 22.6.2012 von URL http://www.qualitative-research.net/index.php/fqs/article/view/253/557.

Žižek, Slavoj (1989). *The Sublime Object of Ideology*. London: Verso.

Chancen einer interpretativen Repräsentation von Forschung: die Fallvignette als „Reflexive Account"

Phil C. Langer

Zusammenfassung: In dem Beitrag wird der Frage nach der angemessenen Vermittlung von Forschungsergebnissen in der interpretativ verfahrenden qualitativen Forschung nachgegangen. Dabei wird die Fallvignette als „reflexive account", das die Darstellung von Forschungsbefunden mit einer Reflexion der grundlegenden Beziehungsdynamik in der Forschungssituation engführt, anhand eines konkreten Beispiels aus einer empirischen Studie zu HIV vorgestellt und unter Bezug auf die internationale Methodenliteratur und (ethno-)psychonalytische Konzepte theoretisch begründet. Abschließend werden forschungspraktische Anwendungsbezüge der Fallvignette als innovative Darstellungsweise reflexiver Wissensproduktion in qualitativer Forschung diskutiert.

1 Position: Schreiben als Interpretation

Die Frage nach der angemessenen Vermittlung von Forschungsergebnissen stellt einen wesentlichen, gerade auch in der deutschsprachigen Literatur wenig thematisierten Bestandteil der Methodologie einer interpretativ verfahrenden empirischen Forschung dar.[1] Laurel Richardson (2003: 501) vermerkt dazu in seinem programmatischen Beitrag „Writing: A Method of Inquiry" in dem von Norman K. Denzin und Yvonna S. Lincoln herausgegebenen Sammelband *Collecting and Interpreting Qualitative Materials*:

> Unlike quantitative work, which can be interpreted through its tables and summaries, qualitative work carries its meaning in its entire text. Just as a piece of literature is not equivalent to its ‚plot summary', qualitative research is not contained in its abstracts. Qualitative research has to be read, not scanned; its meaning is in the reading.

---

1 Dabei ist auf wichtige Ausnahmen, etwa die bereits zu Beginn der 1990er Jahre veröffentlichten Aufsätze von Jo Reichertz (1991, 1992) zur Darstellbarkeit hermeneutischer Fallrekonstruktionen und zum ethnografischen Schreiben, zu verweisen.

Das Schreiben eines im interpretativen Paradigma qualitativer Forschung begründeten Textes ist in diesem Sinn nicht als einem einmal vollzogenen interpretativen Akt Nachträgliches und Äußerliches zu verstehen, sondern als spezifisch
situierter interpretativer Einsatz eines niemals abgeschlossenen Deutungsprozesses, der im sinnstiftenden Lesen des Textes weitergeführt wird (vgl. z. B.
Schachtner 1993).

Die Bandbreite der Darstellungsweisen, die sich im qualitativen Forschungsdiskurs finden, ist zugleich beachtlich. Sie spannt sich im Wesentlichen
zwischen zwei idealtypisch zu verstehenden Positionen auf. Die eine bezeichnet
eine souverän-distanzierte Ausführung der Endresultate eines Forschungsprojektes, die in ihrer formalen Struktur der von Zeitschriftenartikeln über quantitative
Studien nachgebildet und im Ablauf der Darstellung vom Kontext der Forschung
und deren theoretische Einbettungen über die Methodik und die Präsentation der
Ergebnisse bis zu ihrer Diskussion tendenziell standardisiert ist. Die Reflexivität
der Forscherin oder des Forschers wird dabei als ein Kennzeichen qualitativer
Forschungspraxis begriffen (Flick, von Kardorff & Steinke 2005: 24) vorausgesetzt, das in der Verschriftlichung der Befunde – wenn überhaupt – in Form einer
knappen Reflexion des Prozesses der Gewinnung und Interpretation der Daten
aufscheint und einen oft instrumentellen Charakter erhält, indem diese als be-
merkenswertes Qualitätsmerkmal angeführt wird, das zur Transparenz der Erhebung und Auswertung von Daten sowie zur Nachvollziehbarkeit der in der Folge
präsentierten Ergebnisse dieser Auswertung als Zentrum der Darstellung beiträgt. Reflexivität wird in dieser Hinsicht als Möglichkeit der methodologischen
Kontrolle der für qualitative Forschung konstitutiven Subjektivität gesehen. Ein
derart konzeptualisiertes Schreiben eines Forschungstextes qualitativer Forschung erscheint, wie die anwendungsbezogene Literatur zur Praxis des forschenden Schreibens suggeriert, aufgrund klarer Strukturen und Regeln leicht
erlernbar und wird im Hinblick auf eine antizipierte Verbesserung der Chancen,
in internationalen Fachzeitschriften Aufnahme zu finden, geschätzt (z. B. Wolcott 2002; Drisko 2005; Chenail et al. 2009). Aus Rezeptionssicht wird ihm indes mitunter attestiert, Langeweile zu befördern, die das Potenzial qualitativer
Berichte, Forschung begehrenswert zu machen, desavouiere (Richardson & St.
Pierre 2005). Auch wird in Bezug auf die Veröffentlichung qualitativer Arbeiten
in Fachzeitschriften auf eine eklatante Diskrepanz zwischen dem formulierten
methodologischem Anspruch und der erfolgten Ergebnispräsentation hingewiesen (Sandelowski & Barroso 2003).

Die andere Position wird von Versuchen eines experimentellen Schreibens
von mitunter an literarischen Genres orientierten Texten besetzt. Diese Versuche
können in postmodernen und poststrukturalistischen Wissenschaftsverständnis-
sen begründet werden und finden beispielsweise in autoethnografischen Ansät-

zen über eine Verflechtung von Poesie, philosophischen Texten und selbstreflexiven Elementen Verwendung. Reflexivität lässt sich in dieser Hinsicht als Ausdruck der subjektiven Erfahrung von Forschung verstehen, in der die Vermittlung des eigenen Erlebens des Forschungsprozesses und der sich darin abbildenden Beziehungsdynamiken zentrale Bedeutung erhalten. Bemerkenswert ist dabei die oft deutliche Zurückweisung von Bezeichnungen wie Analyse, Auswertung, Ergebnisse oder Resultate im Kontext des eigenen interpretativen Forschungsverständnisses. Im Rahmen qualitativer Forschung erhalten diese
(Re-)Präsentationsansätze in einem Subfeld mit spezifischen Fachzeitschriften
wie *Qualitative Inquiry* und Konferenzen wie der jährlich stattfindenden *International Conference on Qualitative Inquiry* einen Artikulationsraum. Die performa-
tiven Weisen des experimentellen Schreibens qualitativer Forschungserfahrungen sind – nicht zuletzt im Hinblick auf ihre wissenschaftslogische Legitimie-
rung – Gegenstand methodologischer Erwägungen in diesem Subfeld; sie erscheinen in den Debatten als nicht regelhaft vermittelbar, sondern angeleitet
durch programmatische Aufforderungen und Lektüren beispielhaften experimentellen Schreibens als individuell auszubildender Stil (z. B. Ellis & Bochner 2003;
Rodgers 2009; Averett & Soper 2011; Gergen & Gergen 2011). Im Bemühen um
„tiefe" Einsichten in die Forschungsdynamiken und das eigene Verstricktsein in
den Prozess der Sinnproduktion lassen sich indes folgenreiche Tendenzen eines
Selbstreferentiellwerdens als Reflexivitätsinszenierung, die den konkreten Ge-
genstandbereich von Forschung in den Hintergrund drängen oder gar zum Verschwinden bringen, konstatieren.

Auch wenn die Mehrzahl der veröffentlichten qualitativen Forschungsarbei-
ten eine starke Nähe zu einer dieser Positionen aufweist, so lassen sich in den
letzten Jahren – auch in Deutschland – verstärkt Bestrebungen beobachten, eine
vermittelnde Position zu begründen, die die Vorstellung von (End-)Ergebnissen
mit Reflexionen des Forschungsprozesses und der eigenen Rolle bei der prozessualen Entwicklung der Befunde verbinden. Franz Breuer (2009: 24) etwa
beschreibt die Darstellungsweise in seinem Buch *Vorgänger und Nachfolger* als
ein formales *Cross-over*, das durch experimentelle Elemente die bloße Präsentation des theoretischen Modells überschreitet:

> Eine [...] Irritation der konventionell abgesteckten intellektuellen Territorien strebe
> ich dadurch an, dass in diesem Buch unterschiedliche Textsorten eingemischt wer-
> den. Das Phänomen der Nachfolge stellt ein anthropologisches Grundproblem dar.
> Daher wird es vielfältig in Literatur, Dichtung, Märchen und Journalismus behan-
> delt. Mit Einsprengseln und Illustrationen aus diesen Territorien wird der Text an
> vielen Stellen angereichert.

Im vorliegenden Beitrag geht es mir um die Begründung einer weiteren vermittelnden Position des Schreibens qualitativer Forschung, die weniger als formale Überschreitung von Konventionen erscheint, sondern auf eine reflexive Einholung der Beziehungsdynamik in der Forschungssituation in die Darstellung der daraus resultierenden Ko-Produktion von Sinn aus sozialpsychologischer Perspektive abzielt. Mit dem an qualitativen Interviews erprobten Verfassen von Fallvignetten schreibt sich der Beitrag bewusst in die Tradition eines „westlichen" Forschungsverständnisses ein, ermöglicht zugleich jedoch Anschlüsse an Versuche einer dekolonialisierenden Transgression dieses Verständnisses, die insbesondere in indigenen Methodologien versucht werden, in denen die (Re-)Präsentation von Forschung etwa über *Storytelling* anvisiert wird und die das grob skizzierte Feld der Darstellungsweisen wesentlich dezentrieren.

Im Folgenden werden anhand einer beispielhaft ausgeführten Fallvignette, die aus einer Interviewstudie zum Verständnis der psychosozialen Hintergründe von HIV-Infektionen bei schwulen Männern (Langer 2009) entnommen ist (Abschnitt 2), die Darstellungsweise der Fallvignette theoretisch begründet (Abschnitt 3) und forschungspraktische Anwendungsbezüge in qualitativen Projekten erörtert (Abschnitt 4). Dabei wird im Folgenden zunächst eine spezifische Forschungssituation aufgerufen, um im lesenden Nachvollzug des interpretativen Schreibens die Darstellungsweise der Fallvignette als „reflexive account" (vgl. Albertín Carbó 2009; Tuckermann & Rüegg-Stürm 2010; Flogen 2011) erfahrbar zu machen.

2   „Mich berührt nüscht mehr." – Eine Fallvignette[2]

Mit 64 Minuten war das Interview mit Klaus eines der kürzesten, die ich im Rahmen der Studie „Positives Begehren" mit HIV-infizierten schwulen Männern führte. Gleichzeitig war es eines der am anstrengendsten und irritierendsten empfundenen. Ich erinnere mich, wie wir in dem kleinen Beratungszimmer der Berliner Aids-Hilfe saßen, auf diesen ungemütlichen IKEA-Stühlen, kaum einen Meter voneinander entfernt, nur das schmucklose Tischchen mit dem Aufnahmegerät und den zwei Gläsern Mineralwasser dazwischen. Und doch hatte ich das Gefühl, dass uns Welten trennten, ein ganzer Ozean von Unterschieden zwischen uns läge. Die innere Distanz und Beklemmung während des Gesprächs spüre ich noch heute, wenn ich mir die Situation in Erinnerung rufe: Ich wollte das Interview schnell über die Bühne bringen, hatte, nachdem der Leitfaden im wahrsten Sinne des Wortes abgearbeitet worden war, kein Bedürfnis, ihn als

---

2   Siehe dazu Langer (2009: 91-98).

Menschen näher kennen lernen zu wollen. Von Emphase kaum eine Spur. Während ich in anderen Interviews – in der Tradition des „active interview" (Holstein & Gubrium 2004) oft meine eigene Biografie einbrachte und damit die Generierung aufschlussreicher „peer dialogues" (Kühner & Langer 2010) anregte, erzählte ich Klaus nur sehr wenig über mich. Exakt vier Zeilen lassen sich im Transkript nachweisen, die eine explizite persönliche Information beinhalten. Die Fragen waren kurz und präzise, teilweise mehr geschlossen – und so die Antwortalternativen einschränkend – als offen, zur Erzählung ermutigend: „Wie geht es Ihnen heute damit?", „Wann war das?", „Wie lange hat das gedauert?" Sie waren von der Hoffnung getragen, dass auch die Antworten so lakonisch knapp ausfallen würden. Sofort nachdem die wesentlichen Fragen gestellt worden waren, brachen sich Formulierungen Bahn, die ein baldiges Ende des Gesprächs zu erzwingen versuchten. „Auf jeden Fall darf ich mich an dieser Stelle sehr, sehr herzlich bedanken für so viel auch und so Persönliches und so viel sozusagen Teilhabe an, an, an…" Jegliche Interviewkompetenz versagte an dieser Stelle, die eine erschreckende Hilflosigkeit offenbart, da ich stotternd nicht einmal bezeichnen konnte, für was genau ich mich bedankte. Woran hatte mich Klaus in der vergangenen Stunde eigentlich teilhaben lassen? Welche Erkenntnis für die Studie konnte ich von einem Interviewpartner erwarten, der „seit 12 Jahren nicht mehr dabei" war? Was wollte mir jemand über die psychosozialen Hintergründe des aktuellen Anstiegs der HIV-Infektionen erzählen, der das letzte Mal Mitte der neunziger Jahre Sex gehabt hatte? Wozu das ganze Gespräch?

Kurz nach dem Interview mit Klaus wurde ich krank. Fast zwei Wochen war ich arbeits- und vor allem forschungsunfähig. Die andere Seite engagierter Sozialwissenschaft: Die Geschichten anderer stellen nicht nur eine Bereicherung dar, sondern können manchmal auch zur Last werden. Jedenfalls dauerte es selbst nach Wiederaufnahme der Arbeit eine ganze Weile, bis ich das nun transkribierte Interview wieder zur Hand nahm. Und mit jeder Seite, die ich las, wurde die Bedeutung dieses Interviews deutlicher. Es stellte sich in zweifacher Hinsicht als eines der Schlüsselinterviews der Studie dar: Zum einen forcierte es das Verständnis der ungeheuren Exklusionserfahrungen und ihren psychosozialen Konsequenzen insbesondere für eine ältere Generation von Homosexuellen – und führte die Datenauswertung so zur analytischen Suche nach Vulnerabilitätsstrukturen in homosexuellen Lebenskontexten, die zu Beginn der Untersuchung in ihrer Funktion und Bedeutung noch nicht fassbar waren. Zum anderen eröffnete es die Analyse der Interaktionsdynamik als wichtiges Instrument der Interpretation der vorliegenden Daten. Denn hinter meiner Ungehaltenheit über den vermeintlichen Mangel an neuer Erkenntnis im Hinblick auf das Studienziel lassen sich vielfältige Abwehrmechanismen aufzeigen. Das starre Festhalten an dem Leitfaden kann als methodisch rationalisierender Ausdruck einer Gegenübertragungsabwehr gedeutet werden. War ich nicht auch einer jener von ihm abgewerteten „Jubeltypen" und „Hüpfer", die sich in der schönen schwulen Welt zuhause fühlten? Ging ich nicht regelmäßig und gern auf den Christopher Street Day, diesen „ganzen albernen Quatsch", mit dem er nichts anfangen konnte? Und negierte ich nicht diese stereotypen Zuschreibungen, „dieses Aufgesetzte, Überdrehte, dieses Falsche", das ihn krank mache, dieses „Haha und Trallala", von dem er „ne Krise" bekomme, obwohl ich seiner Kritik an der Oberflächlichkeit der schwulen Community eigentlich zustimmte? Versuchte ich nicht, jede mögliche Gemeinsamkeit qua sexueller Präferenz fast schon aggressiv zurückzuweisen und an einem lange Jahre sorgsam gepflegten Selbstbild festzuhalten? War sein erzähltes ‚beschädigtes' Leben mir wirklich so fremd? Stand in dem Interview nicht auch meine schwule Identität zur Disposition?

„Worauf es uns hier ankommt," schreibt Devereux (1973) in seinem in der aktuellen methodologischen Literatur leider kaum mehr zur Kenntnis genommenen Buch *Angst und Methode in den Verhaltenswissenschaften*, „ist, daß die Analyse der Gegenübertragung, wissenschaftlich gesehen, mehr Daten über die Natur des Menschen erbringt. [...] Nicht die Untersuchung des Objekts, sondern die des Beobachters eröffnet uns einen Zugang zum Wesen der Beobachtungssituation." (17, 20; Hervorhebungen im Original).[3] In diesem Sinn ermöglicht es die kritische Reflexion der Interaktionsdynamik, „[d]as Verhalten des Beobachters: seine Ängste, seine Abwehrmanöver, seine Forschungsstrategien, seine ‚Entscheidungen'" (ebd.: 20) für die Auswertung der Daten fruchtbar zu machen und gerade die ‚Schwächen' der Interviewführung als wesentliche Ausgangspunkte für weiterführende Interpretationen zu nutzen. Dennoch – auch wenn meine Reaktionen im Nachhinein aus meiner eigenen Biografie verständlich gemacht werden können – bedaure ich mein Verhalten im Gespräch zutiefst. „Ich fühl mich eigentlich in der Gruppe [der Homosexuellen; PCL] als Außenseiter", gesteht Klaus fast am Ende des Gesprächs resigniert. „Nicht zugehörig, weil ich mich nicht als typischer Vertreter fühle." In meinem eigenen paradoxen Begehren, einzigartig dazuzugehören zu wollen, reproduzierte ich, mit einem Mal selbst als ein „typischer Vertreter", im und durch das Interview eben dieses soziale Außenseitersein von Klaus performativ aufs Neue.

Worin aber bestand seine Außenseiterrolle? Was war es, von dem ich glaubte, mich so vehement abgrenzen zu müssen? Welche biografischen Erfahrungen trennten uns? Und was hat das alles mit HIV zu tun? Klaus war zum Zeitpunkt des Interviews 56 Jahre alt. Geboren im Jahr 1950 in einem kleinen Dorf in Niedersachsen wuchs er in einem gesellschaftlichen Klima der westdeutschen Nachkriegszeit auf, das durch eine Reaktualisierung konservativer Auffassungen von

---

3   Zur Rezeption von Devereux' Ansatz in der qualitativen Methodenliteratur siehe Kühner (2011).

Sexualität gekennzeichnet war, in der auch die polizeiliche und gerichtliche Verfolgung und Bestrafung homosexueller Handlungen verschärft wurde: „Die Phase der Offenheit und Liberalität hinsichtlich homosexueller Aktivitäten zwischen Männern in der unmittelbaren Nachkriegszeit währte nur kurz. Und während Antisemitismus seit 1945 im Wesentlichen im Privaten gepflegt wurde, während offiziell ein (wenn auch recht oberflächlicher) Philosemitismus galt, wurde Homophobie rasch wieder salonfähig. NS-Vorstellungen über die sexuelle Orientierung blieben auch nach dem Untergang des Regimes prägend." (Herzog 2005: 111) In einem Kommissionsentwurf zur Reformierung des Strafgesetzbuches wurde dem Bundestag noch 1962 die Empfehlung gegeben, den § 175 beizubehalten, da „die geschlechtliche Beziehung von Mann zu Mann [...] nach der weitaus überwiegenden Auffassung der deutschen Bevölkerung als eine verachtenswerte Verirrung anzusehen [ist], die geeignet ist, den Charakter zu zerrütten und das sittliche Empfinden zu zerstören" (zit. nach Bauer 1963: 406f.). Die lange Geschichte der Kriminalisierung von Homosexualität in der BRD wurde erst mit der Liberalisierung des § 175 im Jahr 1969 relativiert und nahm mit dessen Abschaffung 1994 ein Ende.[4] Dabei scheint der politische und juristische Diskurs noch eine Vorreiterfunktion zu übernehmen; psychopathologisierende, homophobe Vorurteilsstrukturen, die Dagmar Herzog mit der nationalsozialistischen Ideologie in Verbindung bringt, dürften für die alltäglichen Erfahrungen von Schwulsein noch einflussreicher, langwieriger und kaum einfach zu beseitigen sein.

Dieser gesellschaftliche Hintergrund spiegelt sich in dem Interview mit Klaus sehr deutlich wider. Es ist auffällig, dass er etwa auf die Bezeichnung „schwul" nur ein einziges Mal rekurrierte: Er legte es als abschätzige, verniedlichende Vokabel einem Beobachter des CSD in den Mund, der für ihn die Meinung der heterosexuellen Mehrheitsgesellschaft repräsentierte: „wieder witzig die Schwulen!"[5] Auch für „Homosexuelle" gibt es in dem Interview nur zwei Belegstellen. In der einen erzählte Klaus davon, dass jemand ihn auf dem Dorf denunzieren wollte: „Es war Horror. Und dann ist er zurück und dann habe ich nen fiesen Brief, den er so geschrieben hatte, ich wär der größte Homosexuelle der Welt. Der wollt mir jetzt ein' verplätten. Der dachte wohl, es findet jemand den Brief, jemand anderes, ne?" Die Gleichsetzung von Homosexualität und gesellschaftlichem Ausschluss – „um Gottes Willen, wie soll das funktionieren,

---

4 In der DDR gab es seit 1957 keine Strafverfolgung mehr; der in der Fassung der Weimarer Republik noch existente § 1975 wurde 1968 abgeschafft.

5 Die in dem Bild erkennbare Konstellation von ‚Außen' und ‚Innen' ist aufschlussreich, da sich Klaus selbst in dem distanziert beobachteten Außen positioniert und so die (ab)wertende Zuschreibung übernimmt. Dieser Topologie folgend ist ihm auch eine positive Besetzung schwuler Identität unmöglich. Sie bezeichnet eine stigmatisierende Wahrnehmung, die sich intrapsychisch als internalisierte Homophobie darstellt.

hier aufm Dorf und das geht nicht" – erzeugte eine stete Furcht vor Entdeckung und reflektiert verinnerlichte Erfahrungen sozialer Stigmatisierungspraktiken. Homosexualität war für Klaus nicht öffentlich lebbar. Sie war, in der Tradition homosexueller Subkultur, nur über Andeutungen und doppeldeutige Signale vermittelbar, wie die zweite Stelle zeigt: Ein Brieffreund aus Schweden habe „eben mal so Andeutungen gemacht, dass er eben sehr viele Homosexuelle in seinem Bekanntenkreis" habe, eine Bemerkung, die er – „so zwischen den Zeilen" – als Chiffre für die Homosexualität des Freundes selbst erkannte. In diesem Sinn war Homosexualität für Klaus auch im Jahr 2007 noch die sprichwörtliche „love that dare not speak its name" (Lord Douglas 1896): „Ich red sehr zweideutig. Ich trag's nicht auf der Stirn. Aber wer gut zuhört, der kann sich's wohl denken, was Sache ist." Reduziert auf ein im Transkript apostrophiertes „es", eine „Sache", eine „Fraktion", wie er an anderer Stelle sagte, erscheint seine Sexualität als ein verdinglichtes und entfremdetes Äußeres, zu dem er selbst in der Sprache keinen – oder nur ‚kastrierten' – Zugang findet. Ein affirmativer Bezug zu einer Sexualität ist für Klaus nicht herstellbar, es verbleibt nur eine stigmatisierende Sicht, als mögliches Mal auf der Stirn. Doch selbst diese weist er als nicht mehr aktuell in die Vergangenheit zurück. Es sind durchweg negative Bezüge eines sich „nicht dazu" gehörig Fühlens, eines „nicht mehr dabei" Seins. In einer signifikanten Passage, in der Klaus zuerst um Worte der Selbstbezeichnung ringend abbricht „ich, ich bin so…"), stellt er nach längerer Pause resigniert fest: „Ich weiß nicht, was ich bin." Nicht ‚wer' er sei, steht hier zur Disposition; sein sexuelles ‚ich' ist als objektiviertes ‚was' in der Sprache ausgelöscht. Daraus resultiert im Alltag die Erfahrung einer ewigen Wiederholung: „Ich komm nach Hause, setze mich vor die Kiste und lass die Zeit vergehen. Morgens geht der Wecker, ich geh zur Arbeit, ich komm nach Hause, setz mich vor die Kiste und lass die Zeit vergehen." Scheinbar unbeteiligt, unberührt, robotergleich: „Manchmal hab ich das Gefühl, ich hab gar kein Herz mehr. An der Stelle hab ich irgendwie Hornhaut oder was. Mich berührt nüscht mehr."

Es war wohl diese Destruktion jeder Möglichkeit einer positiv konnotierten schwulen Identität, die mir Angst machte. Mein eigenes Schwulsein erschien mir seit meinem *Coming Out* nie wirklich problematisch. In dem Spiegel, den Klaus mir vorhielt, erkannte ich mich nicht. Er warf ein – im Freudschen (1919) Sinn unheimliches[6] – Bild zurück, ein Bild unentrinnbarer Einsamkeit: „ich, ich, ich, ich, ich… ich hab nix mehr". Die mehrfache Wiederholung des „ich", das er zu finden, zu fassen, festzuhalten versucht, löst sich in der Betonung des „nix" endgültig auf.

---

6   „Die Vorsilbe 'un' an diesem Worte", schreibt Freud (1919: 267), „ist aber die Marke der Verdrängung."

Bei der Analyse von Klaus' Interview wurde ich an einen Aufsatz von Matthias Waltz (2001) erinnert, in dem er mit Lacan die „Topographien des Begehrens" in der aktuellen Popkultur diskutierte:[7]

> Allein sein hat in einem symbolischen und in einem imaginären Kontext zwei ganz verschiedene Bedeutungen. Da symbolische Beziehungen internalisiert werden, hat das Subjekt den Anderen in sich, durch den es seine Identifikationen und seine Existenz als Person hat. Die imaginären Identifikationen bleiben dagegen immer auf das Gegenüber angewiesen, auf Liebe, Bewunderung von anderen, Spott über andere. Sie produzieren nicht ein Subjekt, das eine Welt „in sich trägt", sondern ein Subjekt, das verlassen ist, wenn es nicht von der Clique getragen ist. Was dieses Subjekt der imaginären Identifikation sucht, ist [...] ein Raum und eine Verbindung mit anderen außerhalb dieser stressigen Cliquenwelt, aber das heißt jetzt, außerhalb jeder Welt.

Das Reale werde in der imaginären, stets instabilen Identifikation mit dem Bild ausgeschlossen, jederzeit bereit einzubrechen. So scheint es jener Horror des Realen gewesen zu sein, den ich im Interview mit Klaus empfunden hatte und nicht ertragen konnte. Hinzu kam seine bedrückende Erzählung des Aufwachsens in einem Elternhaus, das weit entfernt von Vorstellungen familiärer Geborgenheit und meinen eigenen Kindheitserfahrungen war. So sei die Mutter im Zuge der weltkriegsbedingten Vertreibung „aufn Bauernhof von mein Vater gelandet und dann kam wahrscheinlich die Fleischeslust (lacht), ich war das Ergebnis". Sich selbst als bloßes Zufallsprodukt der „Fleischeslust" seiner Eltern sehend, die niemals geheiratet und die einen liebevollen Umgang miteinander „wahrscheinlich auch nicht gelernt" hatten, gestand er: „Ich bin n Versehen." All diese Erfahrungen bündelte er in einer kurzen, aber umso bedeutenderen Reminiszenz: „ich hab nich n Gutenachtkuss gekriegt."

Angesichts dieser Geschichte wundert es nicht, dass für Klaus die Suche nach Liebe und Geborgenheit, die er in seiner Kindheit so explizit vermisste, ein zentrales Motiv in seinen Erzählungen über sein schwules Leben in Hamburg und Berlin darstellte. In der schwulen Szene, die er dabei seit Mitte der 1970er Jahren kennen gelernt hatte, in die er von einem Arbeitskollegen „eingeführt" wurde, erfüllte sich diese Sehnsucht offenbar nicht. Es war eine Szene vor ihrem kollektiven *Coming Out*[8], vor der Existenz einer zugänglichen *Community-*

---

7   Psychologisch aufschlussreich mag an dieser Stelle auch sein, dass ich gerade mit dem Verweis auf ‚Pop' dieses Gefühl der Einsamkeit zu fassen versuche.

8   So bezeichnet Woltersdorff (2005) die Folge der gewaltsamen Ereignisse in der New Yorker Christopher Street 1969, die zu einem Gründungsmythos schwuler Befreiung und öffentlicher Emanzipation avanciert sind. In diesem Zusammenhang könnte Klaus' harsche Ablehnung des Christopher Street Day als jährliche Feier der Ereignisse gesehen werden; zelebriert wird ein offenes, partyorientiertes Schwulsein, das er nicht kennen lernen konnte und durfte. Das Leben sei nicht so, vermerkt er melancholisch an einer Stelle.

Struktur, vor der gesellschaftlichen Akzeptanz schwulen Lebens in der Öffentlichkeit, in der eine sozial anerkannte schwule Identität nicht möglich oder denkbar – mit Judith Butler (1991) gesprochen: intellegibel – war. Und es war eine Szene, die sich nicht als so integrativ und tolerant herausstellte, wie er dachte und hoffte, sondern die zutiefst von homonormativen Praktiken geprägt war, die ihm immer wieder – und immer noch – weit reichende Exklusionserfahrungen bescherten und bescheren.[9] Die Hoffnung auf emotionale Nähe in einer Partnerschaft stellt sich für Klaus als Utopie heraus,[10] deren Unerreichbarkeit jenen vollständigen Rückzug zur Folge hatte, der bereits im Bild der Hornhaut als Ersatz für sein Herz angeklungen ist. Er habe so „gar keine Lust mehr, sich zu öffnen oder sich jemand anzuvertrauen". Seine oben angeführte Bemerkung, dass ihn nichts mehr berühre, ist durchaus wörtlich zu verstehen: „Irgendwie konnte ich keine Berührungen mehr ertragen." Die Haut fungiert in seiner Erzählung als Schnittpunkt von äußerer und innerer Berührung, als Ort der Liebe. Insofern erscheint es fast konsequent, dass das erste Anzeichen seiner HIV-Infektion, die er in seiner einzigen festen Beziehung Mitte der 1980er Jahre von seinem kurz darauf an den Folgen von AIDS gestorbenen Freund bekommen hatte, „ganz fürchterlich Juckreiz" gewesen war: „Ich hätt' mir den Rücken blutig kratzen können."

Mit der Enttäuschung seiner Träume und Hoffnungen einher ging eine Abspaltung des Sexuellen, das er nun ohne Emotionalität ausleben wollte: „Und jetzt, wenn du das nicht kriegst, dann willste Spaß." Befriedigung fand er jedoch auch dort nicht, das Gefühl der inneren Leere vertiefte sich immer weiter. So blieb ihm nur noch die Flucht in Fiktionen, in denen seine Träume stellvertretend ausgelebt wurden: „Ich zieh' mich da manchmal an schönen Filmen... hoch und denk': Ach, so könnt's sein." An dieser Stelle, an denen er die romantische Komödie *Harte Kerle* als ihn persönlich anrührenden Film anführt, bringe ich eine

---

9   Den Ausschluss aus der auf das Ideal des Jungseins fixierten Szene, dem er mit 56 Jahren nicht
     mehr entspräche, beschreibt er als Imagination der Reaktion der Anderen; als „Du Halbtunte,
     was willst du denn?" stellt er sich die Reaktion in der Szene „im Unterbewusstsein" vor und be-
     schließt, sich zurückzuziehen: „Ich will mich nicht lächerlich machen." Interessant ist, dass er in
     dieser Phantasie nicht einmal zu einer „richtigen" „Tunte" zu taugen scheint. Auch diese Identi-
     fikationsmöglichkeit, die bei aller Abwertung, die er mit dem Tuntigen verbindet, Sicherheit
     versprechen könnte, bleibt ihm verwehrt.
10 Am Ende des Gespräch führt er auf die Frage, was er für die Zukunft erwarte, eine romantische
     Erlösung versprechende Utopie an: „Ich erfreu mich, wenn ich dann zu Haus im Dorf bin und
     im Frühjahr kommen die Schwalben wieder und spielen und vielleicht bauen sie ein Nestchen."
     Die Szene impliziert etwas von einer selbst vermissten (Nest-)Wärme, nimmt vielleicht nicht
     zufällig Schwalben auf, die als Paare fürs Leben immer wieder an den gleichen Ort zurück-
     kommen, und ist doch auch stark mit einer spielerischen Freiheit konnotiert, die mit dem Nest
     einen Neuanfang bedeutet. Dabei ist zu vermerken, dass dieses Nestbauen ohne ein handelndes
     menschliches Subjekt, letztlich auch ohne einen passiven Beobachter auskommt.

der seltenen eigenen Erfahrungen in das Gespräch ein, eine kurze Anmerkung zu *Brokeback Mountain*, die tragische Inszenierung einer unmöglichen Liebe zwischen zwei Männern im konservativen gesellschaftlichen Milieu des Mittleren Westens der USA in den 50er Jahren: „Er ist sehr traurig, find' ich." Während der Film gerade in der Schlusssequenz, in der die Kamera nach dem Tod des einen Protagonisten aus dem Fenster eines einsamen Wohnwagens heraus über ein menschenleeres Feld geht, meinem Horror Ausdruck verleiht, habe ihn der Film überhaupt nicht berührt. Ob er zu realistisch gewesen ist, ein Hollywood-Abklatsch seines eigenen Lebens? Jedenfalls lief er seinem eigenen idealisierten Amerika-Bild als Land der unbeschränkten Möglichkeiten, der Freiheit, zuwider: „Wenn ich jetzt so verrückt wär, wünschte ich, dass ich in Amerika, wo immer die Sonne ist, geboren wäre."

In seiner und durch seine Lebensgeschichte offenbart Klaus ein zutiefst inkohärentes Bild von sich, in dem Idealvorstellung und Realität weit auseinanderklaffen; auch in der Erzählung wird dies fassbar, wenn wertende Aussagen dem eben Erzählten konträr entgegenlaufen.[11] In ihrer empirischen Untersuchung zu den Identitätskonstruktionen in der Postmoderne betonen Heiner Keupp et al. (1999), „daß Kohärenz in einem prozessualen Sinn für die alltägliche Identitätsarbeit von Menschen nach wie vor eine zentrale Bedeutung hat, deren Fehlen zu schwerwiegenden emotionalen und gesundheitlichen Konsequenzen führt" (246). Die Konsequenzen für die psychische und physische Gesundheit von Klaus werden im Gespräch sehr greifbar. Psychisch: Schon in den 80er Jahren war er bei einem „Klapsdoktor", der ihm jedoch nicht helfen konnte; eine später aufgesuchte Psychiaterin verstärkte sein Gefühl des sozialen Ausgegrenztseins durch eine als vorurteilsbeladen und abschätzig wahrgenommene Art noch: „und da kriegte ich von dieser blöden Ärztin gleich die Antwort: Ach, Sie sind auch einer, der hier im Park rumläuft."[12] Physisch: Seine HIV-Infektion erkennt er als unvermeidliches Ergebnis einer langen Geschichte sexueller Krankheiten. Nachdem er mehrere Gonorrhöe-Erkrankungen, Hepatitis A und B und andere gehabt hatte, war für ihn, als Anfang der 80er Jahre das Thema AIDS in die Medien kam, klar: „Na, dann bist du auch dabei." Doch das Bewusstsein, sich wahrscheinlich Mitte der 80er Jahre mit dem HIV-Virus infiziert zu haben, berührt ihn scheinbar kaum. Seine Diagnose bekam Klaus erst 2003, als er mit mehreren opportunistischen Erkrankungen ins Krankenhaus eingeliefert worden ist und der Test nur mehr pro forma das eh Offensichtliche zu bestätigen hatte: „ich habe gesagt,

---

11 Nachdem Klaus beispielsweise die Geschichte seiner als lieblos beschriebenen Kindheit erzählt, kommt er zu der nicht zuletzt sprachlich aufgrund der mehrfach mit Negationen besetzten bemerkenswerten Aussage: „Aus der Kindheit kann ich nichts Negatives sagen, ne?"

12 Angespielt wird damit auf das so genannte *Cruising* als gezielte Suche nach Sexualpartnern an spezifischen öffentlichen Orten jenseits der offen schwulen Szene.

wissen Sie was, dann machen Sie das doch, das ist mir so scheißegal". Hier bricht sich ein Fatalismus Bahn, der sein gesamtes Leben affiziert. Es stehen ihm keinerlei Ressourcen zur Verfügung, um die Belastungen zu bewältigen: nicht mit Hilfe von sozialen Netzwerken, nicht durch familiäre Unterstützung, nicht im beruflichen Umfeld.[13] Sein Resümee ist erschreckend konsequent: „Mein Leben ist vorbei."

3 Theoretische Begründung der Fallvignette als interpretative Vermittlungsform

Die hier beispielhaft vorgestellte Fallvignette ist eine von sechs, die in der Studie „Positives Begehren" die Interpretation der darin geführten 58 Interviews anleitete, indem wesentlich Aspekte zum Verständnis des zu untersuchenden Infektionsgeschehens herausgearbeitet wurden. Verdeutlicht werden sollten mit ihr die Bedeutung generationenspezifischer und dörflicher Sozialisationserfahrungen im Hinblick auf die Beschädigung schwuler Identität durch Internalisierung gesellschaftlicher Heteronormativität. Ausgangspunkt der Darstellung war eine reflexive Aufnahme jener Affekte, die mich das Interview bereits in dessen Vollzug und in der ersten Phase der Interpretation des Studienmaterials als „schwierig" und mitunter „unannehmbar" haben wahrnehmen lassen. Im Prozess des Schreibens wurde eine psychoanalytisch inspirierte Interpretation vollzogen, in der die kritische Reflexion der Beziehungsdynamik und der sich darin abbildenden Konstruktion meiner eigenen Subjektivität und Identität mit einer Analyse des manifesten Inhalts des Interviews und der Kontextualisierung der sich daraus ergebenden Befunde in theoretische Ansätze verwoben wurde.[14] Gattungsmäßig wurden zugleich Anleihen am ethnografischen Bemühen um eine narrative „dicht[e] Beschreibung" (Geertz 1983) genommen, um die Interviewsituation den Leser*innen zu vergegenwärtigen und diese an einem sukzessiven und mitunter tastenden Erkenntnisfortschritt teilhaben zu lassen, der in Abwandlung des

---

13 Angesichts seiner privaten Lebensgeschichte erscheint seine berufliche reine Nebensache zu sein. Sie sei hier kurz nachtragend angeführt. Nach der Realschule machte Klaus eine Lehre als Industriekaufmann und holte dann über das Arbeitsamt noch eine Ausbildung zum Betriebswirt nach. Viele Jahre arbeitet er in der Medienbranche, fühlt sich dort aber schon länger nicht mehr wohl und auch hier, ähnlich der Szeneverortung, ausgeschlossen. Er hasse den Job, seine Kollegen (was auf Gegenseitigkeit beruhe), warte nur mehr auf die Pensionierung, sieht sich „aufm Gnadenhof".

14 Im Hinblick auf die Analysen der Interviews wurden in der Studie u.a. Inhalts-, Narrations- und Interaktionsanalysen in Anschlag gebracht (Langer 2009: 5-84).

Titels eines Aufsatzes von Heinrich von Kleist (1805) als allmähliche Verfertigung der Interpretation beim Schreiben bezeichnet werden könnte.[15]
Diese Darstellungsweise lässt sich theoretisch in dreierlei Hinsicht begründen. Die erste betrifft das Verständnis des Interviews als dynamischer Prozess
der gemeinsamen Produktion von Sinn in einem bestimmten, künstlich herge-
stellten Forschungskontext. Dieses Verständnis geht von den Überlegungen von
Atkinson und Silverman (1997) aus, die pointiert von einer gegenwärtigen „interview society" als einem Phänomen sprechen, das selbst erklärungsbedürftig
ist, da es offensichtlich bestimmte Funktionen erfülle. Reflektiert werde darin ein
in der Tradition der Beichtpraxis (Foucault 1977) stehender „general Zeitgeist in
which the production of selves and lives is accorded special significan- ce" (Atkinson & Silverman 1997: 313). Ihre Kritik richten sie auf die Annahme eines
unvermittelten Zugangs zur subjektiven Realität der Befragten, deren ‚innere
Welt' und biografischen Erfahrungen im Interview: „Narrative is celebrated as
the revelation of the personal and the interview as the research device for its
authentic elicitation. Ironically, a social constructionist discourse, focused on
narrative struc- tures, is made to serve a Romantic agenda" (ebd.: 318). Statt das
‚authentische' Selbst in der Interviewnarration entdecken zu können, werde in
der Interviewpraxis dieses ‚authentische Selbst' im Kontext von Konstrukten wie
Identität und Subjektivität überhaupt erst als diskursiver Effekt performativ produziert: „This is because interviewer and interviewee collaborate in the
reconstruction of a common and unitary construction of the self" (ebd.: 314).
Vor dem Hintergrund des *narrative turn* und weiterer postmoderner wie post-
strukturalistischer Theoriebildung, die auch in der qualitativen Forschung Wi-
derhall gefunden haben, sind die Ausführungen von Atkinson und Silverman
nachvollziehbar. Auf der einen Seite ist das Interview zweifellos „the creation of
an unnatural social situation, introduced by a researcher, for the purpose of polite
interrogation" (Kellehear 1996: 98), also immer schon aufgeladen mit spezifischen Machtverhältnissen und Asymmetrien. Auf der anderen Seite besteht die
soziale Welt, die im Interview interaktiv konstruiert wird, aus vielfältigen soziokulturell spezifischen Narrationen und diskursiven Praktiken: „stories and narratives depend upon communities that will create and hear those stories: social
worlds, interpretive communities, communities of memory" (Plummer 1995:
145). Damit sagt das Interview in erster Linie etwas über den gemeinsamen Konstruktionsprozess von Sinn in dieser bestimmten Situation mit diesen bestimmten
Gesprächspartner/innen aus.
Reflexivität zielt so auf ein Verständnis der Interaktionsdynamik. Ein privilegierter Ansatzpunkt für ihre Analyse geht von der Subjektivität der Forsche-

---

15   Der Aufsatz heißt im Original „Über die allmähliche Verfertigung der Gedanken beim Spre-
      chen".

rin/des Forschers aus – dem wissenschaftlichen Standort, den Vorannahmen, den Affekten und Strategien, die von ihrer bzw. seiner Seite im Spiel sind. In den Fokus der Erkenntnisgewinnung gerät damit „the knowing relation between the researcher and the researched. The quality of the research is directly a result of the quality of the relation" (Gunzenhauser 2006: 633). Nimmt man das postmoderne Erkenntnisparadigma ernst, wird der Begriff der Reflexivität in Bezug auf die Selbstreflexion des Forschers problematisch. Zwar wird üblicherweise von einem Konstruktionsprozess des zu erforschenden Subjekts ausgegangen, der auch in der Interviewnarration seinen Ausdruck findet, aber was bedeutet diese Annahme im Hinblick auf den Forscher/die Forscherin? Was genau „do reflective researchers see when they look in the mirror, and how much control do they have over what they see" (Brown 2008: 402)? Žižeks (1996) an der poststrukturalistischen Lektüre Lacans geschulte Antwort: „when I speak, I always constitute a virtual place of enunciation from which I speak, yet this is never directly 'me'" (194). Reflexivität bezieht sich hier also nicht auf ein festes Forscher/innensubjekt, sondern hat die im Interview selbst, also in der bestimmten Interaktion mit dem Interviewten sich vollziehenden Positionierungen als Forscher/innen/Subjekt in den Blick zu nehmen; hierzu sind insbesondere die Methoden einer psychoanalytischen Sozialpsychologie (Brockhaus 1993) nützlich. Sie begreifen das „Zulassen von durch Forschungssituationen und -beziehungen ausgelösten Befremdlichkeiten, Irritationen und ‚Störungen' (als) Erkenntnisdatum [...], als Aussage über die Forschungssituation" (Heizmann 2003: 4; vgl. auch Oester 1992).[16]

In dieser zweiten Hinsicht war der dargestellten Fallvignette ihre theoretische Fundierung in (ethno-)psychoanalytischen Konzeptionen im Rekurs auf George Devereux (1973) bereits eingeschrieben. Sie folgt der Prämisse, dass „(n)icht die Untersuchung des Objekts, sondern die des Beobachters [...] uns einen Zugang zum Wesen der Beobachtungs*situation*" (Devereux 1973: 20; Hervorhebung im Original) eröffnet. Aus Reflexion der in der Forschungssituation erfahrenen „Störungen" können in diesem Sinn wesentliche Erkenntnisse gewonnen werden: „Da die Existenz des Beobachters, seine Beobachtungstätigkeit und seine Ängste [...] Verzerrungen hervorbringen, die sich sowohl technisch als auch logisch unmöglich ausschließen lassen, muss jede taugliche verhaltenswissenschaftliche Methodologie diese Störungen als die signifikantesten [...] Daten der Verhaltenswissenschaften behandeln" (Devereux 1973: 17-18). In diesem Sinn erweist sich Reflexivität nicht als Möglichkeit der Kontrolle von Subjektivität, sondern als Strategie der Gewinnung von Erkenntnis über den

---

16   Den Hinweis auf diese Quellen verdanke ich Constanze Oth.

Gegenstand selbst, insofern die im empirischen Material aufscheinenden (Gegen-)Übertragungsphänomene auf eben jenen verweisen. Indem die Fallvignette die Irritationen auslösende Beziehungsdynamik in der Forschungssituation als eine Art Leitfaden zur Erschließung des im Interviews begründeten Sinnzusammenhangs schreibend reflektiert, wird die Leserin/der Leser zu einer Partnerin/einem Partner des Deutungsprozesses. Die Interpretation wird, statt als Produkt eines Deutungsprozesses präsentiert zu werden, prozessual dynamisiert und assoziativ gebrochen, repräsentiert damit eine Lesart, der im Lesen gefolgt werden kann, sich jedoch zugleich, über andere Assoziationen und die Auslösung anderer Affekte anderen Lesarten öffnet: Die Geschichte, die erzählt wird, könnte immer auch anders erzählt werden. In dieser Hinsicht, die auf eine rhizomartige, poststrukturalistische Wissensproduktion verweist (vgl. Barthes 1974), lädt die Fallvignette die Lesenden als Ko-Produzent*innen von Sinn in den Deutungsprozess ein, übergibt ihnen als Adressat*innen einer kommunikativen Validierung der Befunde Anteil an der Deutungshoheit des empirischen Materials.

4   Forschungspraktische Erwägungen

Die angeführte Fallvignette wurde im Rahmen einer formal eher konventionellen Darstellung von Studienergebnissen entwickelt, in der der Kontext der Forschung und die methodische Anlage als eigene Kapitel „ausgelagert" waren und auch die Ergebnisse der Studie im Anschluss kategorial differenziert präsentiert und diskutiert wurden. Es handelt sich bei ihr daher nicht um eine „klassische" Fallstudie (*Case Study*), die für sich allein stehen kann. Vielmehr stellt sie eine – psychoanalytisch begründete – Übertragung der Prinzipien ethnografischen Schreibens auf die Vermittlung spezifischer *Peer Interview Encounters* als integrative Bestandteile einer Forschungs(re-)präsentation dar, die die Reflexion der Forschungsbeziehung, die Darstellung der interpretativen Befunde und ihre theoretische Einbettung narrativ miteinander verbindet.

Als methodologischer Ausdruck einer Forschungshaltung, in der die reflexive Aufnahme der Artikulation von Subjektivität als Ausgangspunkt des Verständnisses der Sinnproduktion zentral ist – wobei das sprechende/schreibende Subjekt immer schon vom Ort des Begehrens des Anderen spricht/schreibt (Lacan 2004), damit uneinholbar dezentriert ist –, ist die Fallvignette nicht an bestimmte methodische Anlagen – etwa, wie im präsentierten Beispiel, einer Interviewstudie – gebunden, und in unterschiedliche Darstellungskontexte überführbar. Sie kann in vergleichsweise konventionell präsentierten qualitativen Wissensproduktionen zum Einsatz kommen, ist über Einbezug von Fragen des

Forschungskontextes und Methodik zur Fallstudie erweiterbar und lässt sich patchworkartig in experimentellere Vermittlungsweisen integrieren; im letztgenannten Sinn erscheint sie durch ihre narrative Form beispielsweise anschlussfähig an indigene Methodologien, die über ein *Storytelling* Forschungserfahrungen vermittelbar machen und zugleich Vorstellungen von Subjektivität wesentlich dekolonialisieren (vgl. z. B. Kovach 2010).[17]

Im Rahmen einer „westlichen" Wissensproduktion kann die Fallvignette in der Vermittlung von qualitativen Forschungsergebnissen (mindestens) vier Funktionen erfüllen, die nicht ausschließlich zu verstehen sind, sondern vielfach zusammen- und ineinander übergehen können:[18] Erstens kann sie eine *illustrative* Funktion übernehmen, indem in ihr einzelne Befunde in einer kontextualisierenden Erzählung Leser*innen, die mit wissenschaftlichem Schreiben professionell wenig Berührung haben, näher gebracht, zugänglich gemacht werden; dies betrifft etwa Politiker*innen, Journalist*innen oder Drittmittelgeber*innen als Adressat*innen der Forschungskommunikation. Zweitens kann ihr eine *identifikatorische* Funktion zukommen, indem die Leser*innen an den Affekten der Forschenden teilhaben, ihnen diese reflektierend verständlich gemacht werden; dies scheint insbesondere für Praktiker*innen aus dem Forschungsfeld von Bedeutung zu sein, die ihre eigenen Affekte und Handlungsweisen in der Praxis „im Spiegel des Anderen" wiedererkennen und sich bewusst machen können. Drittens kann die Fallvignette eine *explorative* Funktion erhalten, indem sie, wie in dem hier angeführten Beispiel, den Interpretationsverlauf prozessual nachvollziehbarer macht und dabei die konzentrierte Darstellung wesentlicher Resultate vorbereitet. Sie hat schließlich eine *paradigmatische* Funktion, sofern in der Fallvignette das wesentliche interpretative Ergebnis des Forschungsprojektes aufscheint bzw. vermittelbar ist; dies dürfte indes ein Grenzfall sein, durch den aus der Fallvignette eine eigene *Case Study* begründet werden kann.

Durch die Fallvignette besteht in diesem Sinn die Chance, Forschung nicht nur in einem besonderen Maße erfahrens- und womöglich begehrenswert zu machen; vielmehr wird ein situatives Scheitern im Forschungsprozess nicht unthematisiert belassen, sondern als privilegierter Ausgangspunkt eines Verständnisprozesses im Rahmen kritischer Interpretationspraxis genommen, um so dem Anspruch an

---

17   Als forschungspraktisches Beispiel sei auf den Aufsatz von Wright et al. (2012) verwiesen, in dem der Prozess einer gemeinsamen Wissensproduktion von „weißen" akademischen und indigenen nicht-akademischen sowie weiteren nicht-menschlichen Akteuren zur lebensweltlichen Wahrnehmung in einer Aborigine-Gemeinschaft im Norden Australiens in Form einer immer wieder durch reflexive Einschübe durchbrochenen *Story* nachgezeichnet wird.

18   Darüber hinaus ist auf eine methodologisch-reflektierende Funktion hinzuweisen, da der Nachvollzug der Beziehungsdynamik Aufschlüsse über Interaktionsordnung im Interview zulässt (vgl. z. B. Abell et al. 2006) und zur selbstreflexiven Bewusstmachung der eigenen latent gehaltenen Verstrickheit in der Forschung beiträgt.

eine reflexive Wissensproduktion nachzukommen. Weiner-Levy und Popper-Giveon (2013) sprechen im Zusammenhang mit „schwierigen" Forschungserfahrungen von „'dark matter' of qualitative research", das gern unterdrückt oder verrätselt werde. Sie plädieren dafür, diese Informationen mit den Leser*innen zu teilen: „We believe that transparency intensifies and enriches research rather than harming it. At times, fixed patterns of suppression and obscuration shape and reflect broader social and political realities." (2187) Unter Bezug auf Atkinson (1996) verweisen sie auf die Chancen „reflexiver Accounts" als „fairy tales of quests - designed to support the credibility of the research" (2181):

> In the reflexive or even ‚confessional' accounts, the ethnographers are expected to ‚tell it like it was' and reveal the personal and practical issues they experienced in the course of their fieldwork. [...] Although confessional autobiographical papers appear intimate and naive, they represent, in fact, a particular genre; conventional in form and culturally shaped (Weiner-Levy und Popper-Giveon 2013: 2180f.).

In diesem Sinn ist der vorliegende Beitrag als Anregung zur Nutzung von Fallvignetten als „reflexive Accounts" einer kritisch-sozialwissenschaftlichen Forschung zu verstehen:

> Intensification of transparency, along with explicit mention of most factors motivating us as researchers, may require some courage and confidence on our part, but the result, improved research and readers' comprehension thereof, will be worth the effort (2187).

Literatur

Abell, Jackie, Locke, Abigail, Condor, Susan, Gibson, Stephen & Stevenson, Clifford (2006). Trying similarity, doing difference: the role of interviewer self-disclosure in interview talk with young people. *Qualitative Research, 6*(2), 221-244.

Albertín Carbó, Pilar (2009). Reflexive Practice in the Ethnographic Text: Relations and Meanings of the Use of Heroin and Other Drugs in an Urban Community [76 paragraphs]. *Forum Qualitative Sozialforschung / Forum: Qualitative Social Research, 10*(2). Art. 23. Abgerufen am 10.3.2013 von URL http://nbn-resolving.de/urn:nbn:de:0114-fqs0902235.

Atkinson, Paul (1996). Urban confessions. In ders. (Hrsg.), *Sociological Reading and Rereading* (S. 54-75). Brookfield: Avebury.

Atkinson, Paul & Silverman, David (1997). Kundera's Immortality: The Interview Society and the Invention of the Self. *Qualitative Inquiry, 3*(3), 304-325.

Averett, Paige & Soper, Danielle (2011). Sometimes I Am Afraid: An Autoethnography of Resistance and Compliance. *The Qualitative Report, 16*(2), 358-376.

Barthes, Roland (1974). *S/Z*. New York: Hill & Wang.

Bauer, Fritz, Bürger-Prinz, Hans, Giese, Hans & Jäger, Herbert (Hrsg.) (1963). *Sexualität und Verbrechen*. Frankfurt/M.: Fischer.

Breuer, Franz (2009). *Vorgänger und Nachfolger. Weitergabe in institutionellen und persönlichen Bezügen*. Göttingen: Vandenhoeck & Ruprecht.

Brockhaus, Gudrun (1993). Vom Nutzen psychoanalytischen Vorgehens in der Sozialpsychologie. In Keupp, Heiner (Hrsg.), *Zugänge zum Subjekt. Perspektiven einer reflexiven Sozialpsychologie*. Frankfurt/M.: Suhrkamp, 54-96.

Brown, Tony (2008). Desire and Drive in Researcher Subjectivity: The Broken Mirror of Lacan. *Qualitative Inquiry, 14*(3), 402-423.

Butler, Judith (1991). *Das Unbehagen der Geschlechter*. Frankfurt/M.: Suhrkamp.

Chenail, Ronald J., Duffy, Maureen, St. George, Sally & Dan Wulff (2009). Facilitating Coherence across Qualitative Research. *The Qualitative Report*, 16(1), 263-275.

Denzin, N. & Lincoln, Y. (Hrsg.) (2003). *The Landscape of Qualitative Research. Theories and Issues* (2. Auflage) Thousand Oaks: Sage.

Devereux, George (1973). *Angst und Methode in den Verhaltenswissenschaften*. Frankfurt/M.: Suhrkamp.

Drisko, James W. (2005). Writing Up Qualitative Research. *Families in Society, 86*(4), 589-593.

Ellis, Carolyn & Bochner, Arthur P. (2003). Autoethnography, Personal Narrative, Reflexivity: Researcher as Subject. In Denzin, Norman K. & Lincoln, Yvonna S. (Hrsg.), *The Landscape of Qualitative Research. Theories and Issues* (2. Auflage). Thousand Oaks, CA: Sage, 199-258.

Flick, Uwe, von Kardorff, Ernst & Steinke, Ines (2005). Was ist qualitative Forschung? Einleitung und Überblick. In dies. (Hrsg.), *Qualitative Forschung. Ein Handbuch* (9. Auflage). Reinbek: Rowohlt, 13-29.

Flogen, Sarah (2011). The Challenges of Reflexivity. *The Qualitative Report, 16*(3), 905-907.

Foucault, Michel (1977). *Der Wille zum Wissen. Sexualität und Wahrheit 1*. Frankfurt/M.: Suhrkamp.

Freud, Sigmund (1919). Das Unheimliche. In ders. (1999), *Gesammelte Werke. Band XII*. Frankfurt/M.: Fischer, 227-268.

Geertz (1983). *Dichte Beschreibung. Beiträge zum Verstehen kultureller Systeme*. Frankfurt/M.: Suhrkamp.

Gergen, Mary M. & Gergen, Kenneth J. (2010). Performative Social Science and Psychology. *Forum Qualitative Sozialforschung / Forum: Qualitative Social Research, 12*(1), Art. 11. Abgerufen am 15.3.2013 von URL http://nbn-resolving.de/urn:nbn:de:0114-fqs1101119.

Gunzenhauser, Michael G. (2006). A Moral Epistemology of Knowing Subjects: Theorizing a Relational Turn for Qualitative Research. *Qualitative Inquiry, 12*, 621-647.

Heizmann, Silvia (2003). „Ihretwegen bin ich invalide!" – Einige methodologische Reflexionen über die Grenzen verbaler Datengewinnung und Datenauswertung und der Versuch, aus dem ErkenntnisPotenzial ethnopsychoanalytischer Konzepte zu schöpfen. *Forum Qualitative Sozialforschung, 4*(2), Art. 31. Abgerufen am 10.3.2013 von ULR http://www.qualitative-research.net/index.php/fqs/article/view/704/1527.

Herzog, Dagmar (2005). *Die Politisierung der Lust. Sexualität in der deutschen Geschichte des 20. Jahrhunderts.* München: Siedler.

Holstein, James A., & Gubrium, Jaber F. (2004). The Active Interview. In Silverman, David (Hrsg.), *Qualitative research: Theory, Method and Practice* (2. Auflage). Thousand Oaks: Sage, 140-161.

Kellehear, Alan (1996). Unobtrusive methods in delicate situations. In Daly, Jeanne (Hrsg.), *Ethical intersections: Health research, methods and researcher responsibility* (S. 97-105). Sydney: Allen & Unwin.

Keupp, Heiner et al. (1999). Identitätskonstruktionen. *Das Patchwork der Identitäten in der Spätmoderne.* Reinbek: Rowohlt.

Kleist, Heinrich von (1805). Über die allmähliche Verfertigung der Gedanken beim Sprechen. *Nord und Süd,* Bd. 4 (1878), 3-7.

Kovach, Margaret (2010). *Indigenous Methodologies: Characteristics, Conversations, and Contexts.* Toronto: University of Toronto Press.

Kühner, Angela & Langer, Phil C. (2010). Dealing With Dilemmas of Difference. Ethical and Psychological Considerations of "Othering" and "Peer Dialogues" in the Research Encounter. *Migration Letters, 7*(1), 69-78.

Kühner, Angela (2011): „Angst und Methode" – Überlegungen zur Relevanz von Devereux' These für das Selbstverständnis kritischer Sozialwissenschaft heute. In Leuzinger-Bohleber, Marianne/ & Hoyer, Timo (Hrsg.), *Jenseits des Individuums. Emotion und Organisation.* Göttingen: Vandenhoeck & Ruprecht, 111-128.

Langer, Phil C. (2009). *Beschädigte Identität. Dynamiken des sexuellen Risikoverhaltens schwuler und bisexueller Männer.* Wiesbaden: VS Verlag für Sozialwissenschaften.

Lord Douglas, Alfred (1896). *Poems.* Abgerufen am 15.3.2008 von http://www.law.umkc.edu/faculty/ pro- jects/ftrials/wilde/poemsofdouglas.htm.

Oester, Karin (1992). Das sexuelle Verstehen – ein Witz? Die Freudsche Witztheorie als erkenntnistheoretischer Ansatz in der ethnopsychoanalytischen Forschung zur Sexualität. In Heinemann, Evely & Krauss, Günter (Hrsg.), *Beiträge zur Ethnopsychoanalyse. Der Spiegel des Fremden.* Nürnberg: Institut für soziale und kulturelle Arbeit, 64-76.

Plummer, Ken (1995). An Invitation to a Sociology of Stories. In Gray, Ann & McGuigan, Jim (Hrsg.), *Studies in Culture: An Introductory Reader.* London: Arnold, 333-345

Reichertz, Jo (1992). Beschreiben oder Zeigen. Über das Verfassen ethnographischer Berichte. *Soziale Welt, 43*(3), 331-350.

Reichertz, Jo (1991). Der Hermeneut als Autor. Zur Darstellbarkeit hermeneutischer Fallrekonstruktionen. *Österreichische Zeitschrift für Soziologie, 16*, 3-16.

Richardson, Laurel (2003). Writing: A method of inquiry. In Denzin, Norman K. & Lincoln, Yvonna S. (Hrsg.), *The Landscape of Qualitative Research. Theories and Issues* (2. Auflage). Thousand Oaks, CA: Sage, 499-541.

Richardson, Laurel and St. Pierre, Elizabeth A. (2005). Writing: a method of inquiry. In Denzin, Norman K. & Lincoln, Yvonna S. (Hrsg.), *The Sage Handbook of Qualitative Research.* (2. Auflage). Thousand Oaks: Sage, 959-978.

Rodgers, Diane M. (2009). The Use of the Talmudic Format for the Presentation of Qualitative Research. *Symbolic Interaction, 32*(3), 260-281.

Sandelowski, Margarete & Barroso, Julie (2003). Classifying the Findings in Qualitative Studies. *Qualitative Health Research, 13(7)*, S. 905-923.

Schachtner, Christel (1993). Zum empirischen Vorgehen einer interpretativen Psychologie. In Keupp, Heiner (Hrsg.), *Zugänge zum Subjekt. Perspektiven einer reflexiven Sozialpsychologie*. Frankfurt: Suhrkamp, 175-193.

Tuckermann, Harald & Rüegg-Stürm, Johannes (2010). Researching Practice and Practicing Research Reflexively. Conceptualizing the Relationship Between Research Partners and Researchers in Longitudinal Studies [100 paragraphs]. *Forum Qualitative Sozialforschung / Forum: Qualitative Social Research, 11*(3). Art. 14. Abgerufen am 10.3.2013 von URL http://nbn-resolving.de/urn:nbn:de:0114-fqs1003147.

Waltz, Matthias (2001). Zwei Topographien des Begehrens: Pop/Techno mit Lacan. In Bonz, Jochen (Hrsg.), *Sound Signatures. Pop-Splitter*. Frankfurt/M.: Suhrkamp, 214-231.

Weiner-Levy, Naomi & Popper-Giveon, Ariela (2013). The absent, the hidden and the obscured: reflections on "dark matter" in qualitative research. *Quality and Quantity, 47(2)*, 177-2190.

Wolcott, Harry F. (2002). Writing Up Qualitative Research ... Better. *Qualitative Health Research, 12*(1), 91-103.

Woltersdorff, Volker (2005). Coming Out. *Die Inszenierung schwuler Identität zwischen Auflehnung und Anpassung*. Frankfurt/M., New York: Campus.

Wright, Susan et al. (2012). Telling stories in, through and with Country: engaging with Indigenous and more-than-human methodologies at Bawaka, NE Australia. *Journal of Cultural Geography, 29*(1), 39-60.

Žižek, Slavoj (1996). *The indivisible remainder. An essay on Schelling and related matters*. London: Verso.

TEIL 3
FORSCHUNGSPRAKTISCHE REFLEXIONEN

Wie kritisch ist die rekonstruktive Sozialforschung? Zum Umgang mit Machtverhältnissen und Subjektpositionen in der dokumentarischen Methode

Katharina Hametner

Zusammenfassung: Qualitative respektive rekonstruktive Methoden werden ob ihres kritischen Umgangs mit Objektivitätsansprüchen und den Bemühungen um Einbezug von Subjektivität bevorzugt in (gesellschafts-)kritischer Wissensproduktion eingesetzt. Zu fragen ist, wie dabei mit Machtverhältnissen und Subjektpositionen umgegangen wird. Dieser Frage soll im folgenden Beitrag insbesondere mit Bezug auf die dokumentarische Methode als einem der etablierten Verfahren qualitativer Methodik nachgegangen werden. Dabei orientiert sich die Darstellung an konkreten Problemstellungen der eigenen Forschungsarbeit. Es werden sowohl produktive Momente der dokumentarischen Methode als auch Fallstricke für eine kritische Wissensproduktion in den Blick genommen. Im Anschluss werden Versuche der praktischen Auseinandersetzung mit den angesprochenen Kritikpunkten angedeutet.

1 Zur Bedeutung von Reflexion und Subjektivität in qualitativer Forschung

Reflexion und Einbezug der Subjektivität von Forschenden stellen im Rahmen qualitativer Forschungstraditionen ein zentrales Element des Forschungsprozesses dar (siehe u.a. Flick 2004: 19ff.; Finlay 2002). Basierend auf Erkenntnissen zahlreicher Autor_innen, die auf unterschiedliche Weise herausarbeiteten, dass sich die Ansprüche einer subjektlosen Wissenschaft trotz aller Bemühung um Standardisierung nur höchst partiell umsetzen lassen (siehe u.a. Devereux 1980; Fleck 1980; Knorr-Cetina 2002), zielen qualitative Verfahren darauf ab, durch den reflexiven Einbezug von Subjektivität einen methodisch kontrollierten Weg zur Erfassung sozialer Wirklichkeit zu finden. Anders als in Hypothesen prüfenden Vorgehensweisen wird die Subjektivität Forschender nicht ausgeklammert (Bohnsack 2007: 17), sondern als Erkenntnis erst ermöglichende generative Perspektivität in den Forschungsprozess einbezogen (Przyborski & Wohlrab-Sahr 2008: 28ff). Diesem Anspruch folgend wird „die Kommunikation des Forschers mit dem jeweiligen Feld und den Beteiligten zum expliziten Bestandteil der Erkenntnis" (Flick 2004: 19). Subjektivitäten der Forschenden erhalten somit den Status von Daten, die in Forschungstagebüchern und Protokollen festgehalten und in Forschungsgruppen thematisiert werden.

Aufgrund ihres kritischen Umgangs mit Objektivitätsansprüchen und den Bemühungen um Einbezug von Subjektivität werden qualitative Herangehensweisen bevorzugt in (gesellschafts-)kritischer Wissensproduktion eingesetzt.[1] Eine solche setzt sich zum Ziel, Subjektivität nicht nur in Hinblick auf ihre methodische Funktion im Forschungsprozess, sondern ebenso in Bezug auf gesellschaftliche Machtverhältnisse und deren Einschreibungen in den Forschungsprozess zu thematisieren. Dies wird insbesondere durch den Anspruch kritischer Wissensproduktion, gesellschaftliche Zusammenhänge nicht bloß abzubilden, sondern auch zu hinterfragen und zu verändern, zentral (siehe u.a. Adorno 1962; Horkheimer 2005/1937). Für eine so verstandene wissenschaftliche Tätigkeit stellen sich in Bezug auf qualitative Forschungsstrategien eine Reihe von Fragen: Impliziert ein reflexiver Umgang mit der eigenen Subjektivität eine entsprechende Thematisierung von Machtverhältnissen und Positionierungen innerhalb dieser? Stellt Reflexion hier den hinreichenden Modus der Bearbeitung dar, um eine kritische Wissensproduktion zu ermöglichen? Diesen Aspekten möchte ich im Folgenden anhand der Frage, wie die dokumentarische Methode (Bohnsack 2007; Nohl 2006; Przyborski 2004) als eines der etablierten Verfahren qualitativer Methodik mit Machtverhältnissen und Subjektpositionen umgeht, nachgehen. Dabei orientiert sich die Darstellung an konkreten Problemstellungen meiner eigenen Forschungsarbeit. Aus einer Perspektive kritischer Migrationsforschung beschäftige ich mich im Rahmen meines Promotionsvorhabens mit der Frage, wie sich Rassismen – speziell solche, die Teil des derzeit in Europa vorherrschenden Integrationsimperativs sind – in Biographien migrantisch markierter Frauen einschreiben bzw. inwiefern sich Widerständigkeiten gegen diese entwickeln. Methodisch arbeite ich mit einer qualitativen Herangehensweise und greife auf die dokumentarische Methode als konkretes Analysewerkzeug zurück.

2   Subjektposition und kritische Wissensproduktion

Wenn im Folgenden von Subjektposition die Rede sein wird, so ist damit ein spezifischer Aspekt von Subjektivität gemeint. Subjektposition erfasst dabei Machtverhältnisse und ihre Bedeutung für die Positionierung einzelner Subjekte

---

1   Die Vorzüge speziell *rekonstruktiver* Verfahren (Bohnsack 2007; Przyborski & Wohlrab-Sahr 2008) für kritische Wissensproduktion habe ich am Beispiel Migrationsforschung an anderer Stelle ausgeführt (Hametner 2012). Insbesondere durch den Fokus auf die Eigenstrukturiertheit der Handlungspraxis der Forschungssubjekte werden Stereotypisierungen und Vorabkategorisierungen auf methodischer Ebene zu vermeiden versucht.

in komplexen sozialen Gefügen. Keller (2007: 69) definiert Subjektposition als „die im Diskurs verfügbaren Sprecherpositionen für gesellschaftliche Akteure und deren Regulierung". D. h., es geht um jene generativen, ebenso wie regulativen Prinzipien gesellschaftlicher Praxis, die die Subjekte überhaupt erst zur Teilnahme an Diskursen befähigen. Dabei spielen unterschiedlichste Machtressourcen eine Rolle (ebd.: 69f). Im Sinn Foucaults lassen sich Machtverhältnisse als Kräfteverhältnisse begreifen, die im Zuge gesellschaftlicher (d. h. kollektiver) Praktiken produziert und reproduziert werden und die die handlungspraktischen Bedingungen für die Herausbildung subjektiver Positionierungen darstellen. Dabei produzieren Machtverhältnisse Subjektivitätsraster, zugleich aber sind die Subjekte an der Reproduktion von Machtverhältnissen beteiligt. Machtwirkungen sind somit immer gleichzeitig Positionierung und Selbstpositionierung der Subjekte (Foucault 1994; Deleuze 1997).

Zu fragen ist nun, wo sich Wirkungen machtvoller Subjektpositionen in wissenschaftlichem Handeln zeigen bzw. weshalb eine Auseinandersetzung mit Subjektpositionen für eine kritische Wissensproduktion bedeutsam ist. Ich möchte das konkret anhand einiger Beispiele aus meiner Promotionsarbeit veranschaulichen. Indem ich mich mit Einschreibungen von Rassismen in ‚migrantische'[2] Biographien beschäftige, bin ich nicht bloß kritische Forscherin, sondern immer auch Teil des Integrationsdispositivs, dessen Funktionsweise ich untersuche. Das betrifft u.a. meine machtvolle Position als Teil *der* Mehrheitsgesellschaft[3], von der die Forschungssubjekte fortwährend markiert und ausgeschlossen werden. Die Wirkmächtigkeit dieser privilegierten Position spiegelt sich auf allen Ebenen des Forschungsprozesses wider. Bereits die Entwicklung des Erkenntnisinteresses findet in eben dem konkreten historischen und sozialen Gefüge statt, in dem ich mich als Forscher_in bewege[4], im konkreten Fall im Rahmen des Sagbarkeitsfeldes (Jäger 2001: 83f) des Migrations- und Integrationsdispositivs. Im Rahmen dessen wird klarer, wieso es mir bedeutsam erscheint, gerade den Aspekt der Einschreibung in ‚migrantische' Biographien in den Blick zu nehmen. Warum nicht die Strukturierungen mehrheitsösterreichischer Biographien durch

---

2 Ich setzte den Begriff ‚migrantisch' im Folgenden unter Anführungszeichen, um darauf zu verweisen, dass es sich hierbei um ein Konstrukt handelt, das vor allem der Markierung von ‚Anderen' dient.

3 Über die Zugehörigkeit zur mehrheitsgesellschaftlichen Gruppe hinaus, ist diese Position durch andere zentrale Achsen der Ungleichheit, etwa Geschlecht oder Klasse bestimmt. So spielt meine Position als Akademikerin und Psychologin ebenso eine Rolle wie meine Zugehörigkeit zur Mittelschicht.

4 Auf die Bedeutung von gesellschaftlich verhandelten Themen für die Entwicklung von Forschungsinteressen hat bereits Fleck (1980) hingewiesen. Er spricht in diesem Zusammenhang von Präideen, die die Denkmöglichkeiten quasi vorstrukturieren und abseits derer Forschungsfragen gar nicht aufkommen können.

rassistische Diskurselemente rekonstruieren? Warum nicht den Ausgangspunkt bei eigenen Verstrickungen wählen und Einschreibungen in die eigene Biographie thematisieren? Dies ist keineswegs einem subjektlosen wissenschaftlichen Prozess geschuldet, sondern betrifft meine spezielle Positioniertheit innerhalb des Integrationsdispositivs. Diese Positioniertheit ist es, die mich bei allem kritischen Anspruch zunächst auf die im Diskurs markierten „Migrationsanderen" (Mecheril 2004) schauen lässt. Erst auf dem Weg der reflexiven Kritik meines eigenen Vorgehens kann ich nicht umhin, auf ‚das Eigene' zu blicken. Bestehen bleibt dennoch das partielle Anschließen des Forschungsinteresses an einen Migrationsdiskurs, der mit einer Markierung der ‚Anderen' und (teilweise) ihrer Viktimisierung arbeitet[5] (Ha 2004: 63ff). Diese Präformierung von Erkenntnisinteressen kann zwar – und das muss als beständige Spannung dem Forschungsprozess inhärent bleiben – sichtbar gemacht, nicht aber aufgelöst werden.

Auf Ebene empirischer Erhebungen werden Einschreibungen der Subjektposition in konkreten Interaktionssituationen mit den Forschungssubjekten sichtbar. So wird mir, die ich mich als gesellschaftskritische Forscherin positioniere, im Rahmen von Interviewsituationen etwa mit der Erwartung begegnet, dass meine Arbeit gesellschaftliche Verhältnisse ändern möge. Die Position der kritischen Forscher_in ist somit verbunden mit der Rolle einer aktiven Fürsprecherin oder Repräsentantin.[6] Auf diese Weise perpetuiert sich ein gesellschaftliches Verhältnis ungleichwertiger Sprecher_innenpositionen im Rahmen der Forschungsbeziehung. ‚Migrantische' Forschungssubjekte finden sich in der Rolle der passiven Informant_innen, die ‚mehrheitsösterreichische' Forscherin hingegen in der Rolle der aktiven gesellschaftlichen Akteurin (Ha 2004: 14f). Gleichzeitig werden in den Situationen Vorstellungen, die einem mehrheitsgesellschaftlichen Blick entsprechen, aktualisiert. Dies geschieht etwa, wenn in Interviewsituationen auseinandergesetzt wird, dass türkische Väter besonders streng seien oder dass es im Islam entgegen solchen Vorstellungen keinen Zwang gäbe. Beide Elemente – der Topos des autoritären türkischen Vaters sowie der des Zwangscharakters des Islam – sind typisch für den derzeit herrschenden Diskurs türkische ‚Migrationsandere' betreffend (siehe u.a. Çelik 2006; Shooman 2011 und Weber 2007). Insofern mehrheitsgesellschaftliche Forschende in diskursive Gefüge verflochten sind, strukturieren diese nachhaltig die Interaktionen mit den Forschungssubjekten. Je nach Position wird dann von Interaktionspartnerinnen

---

5   Als zweiten Modus der Markierung erarbeitet Ha (2004: 63ff) den der Kriminalisierung ‚migrantischer' Subjekte heraus.

6   Gleichzeitig bin ich als Angehörige der Mehrheitsgesellschaft positioniert. Dies bringt mit sich, dass neben den Hoffnungen auf Veränderung auch Befürchtungen weiterer Stereotypisierung und Stigmatisierung wachgerufen werden können.

das Stereotyp entkräftet oder bekräftigt, jedenfalls aber findet die Kommunikation im Rahmen dieses Sagbarkeitsfeldes statt. Besonders relevant wird die Problematik unterschiedlich machtvoller Subjektpositionen im Zuge der Auswertung und Darstellung des empirisch gewonnenen Materials. Einerseits wird im Rahmen der Interpretation die Wirkmächtigkeit eines durch konkrete historische und soziale Bedingtheitsgefüge geprägten Analyseblicks deutlich. Durch diesen spezifischen Blick werden notwendigerweise Fokussierungen in der Analyse gesetzt, andere Aspekte ausgeblendet. Hier besteht methodisch die Herausforderung, ob und wie diesen Ausblendungen begegnet werden kann. Andererseits werden im Zusammenhang mit Analyse und Darstellung Fragen hegemonialer Deutungsmacht und Repräsentation in Bezug auf ‚Andere‘ besonders zentral (zur Problematik der Repräsentation siehe u.a. Spivak 2008/1988; Gutierrez Rodriguez 2003). Auch diesbezüglich möchte ich nochmals auf mein eigenes Projekt zurückkommen: Geht es zunächst darum, Einschreibungen und damit die Wirkweise des Integrationsimperativs sichtbar zu machen, so besteht gleichzeitig in der Vorstellung, das Sprechen der ‚migrantischen‘ Forschungssubjekte gewissermaßen zu vermitteln, ein paternalistischer Gestus. Denn diese Vermittlung mündet immer auch in ein ‚Sprechen über‘ die migrantisch Markierten. Auf Ebene der Darstellung findet diese Problematik ihre Fortsetzung. Schließlich sind es die Forscher_innen und nicht die Forschungssubjekte, die an Kongressen teilnehmen, Beispiele aus der ‚eigenen‘ Forschungsarbeit zitieren und dabei die Interaktionen und Positionen der Beforschten ausdeuten. Diese ungleichen Machtverhältnisse müssten Projekte, die den Anspruch kritischer Wissensproduktion verfolgen, zumindest problematisieren - wenn nicht sogar zu überschreiten anstreben.

3   Machtverhältnisse und Subjektpositionen in der dokumentarischen Methode

Bezogen auf ihre grundsätzliche Erkenntnisperspektive zeichnet sich die dokumentarische Methode als qualitatives respektive rekonstruktives[7] Verfahren durch Offenheit und ihr Interesse an ‚Neuem‘ aus. Um diesem Anspruch gerecht zu werden, wird explizit auf vorab gebildete Hypothesen verzichtet und auf Ba-

---

7   Rekonstruktive Verfahren zeichnen sich nicht nur durch Offenheit und das Moment der Theoriegenerierung aus, sondern darüber hinaus durch ihre praxeologische Perspektive, d. h. ihren Fokus auf die Handlungspraxis der Forschungssubjekte. Der Begriff der Rekonstruktion macht deutlich, dass der Ausgangspunkt der Forschung bei den alltäglichen Prozessen der Sinnsetzung der Forschungssubjekte liegt. Demgegenüber stellen die Modelle der Forscher_innen im Sinn Alfred Schütz' Konstruktionen 2. Ordnung, also Rekonstruktionen der Konstruktionen der Forschungssubjekte dar (Bohnsack 2007: 13; Przyborski & Wohlrab-Sahr 2008: 32).

sis offener Forschungsfragen gegenstandsfundierte Theoriebildung angestrebt (Bohnsack 2007: 20ff; Flick 2004: 16ff). Darin liegt ein für eine kritische Wissensproduktion produktives Moment. So geht es nicht um die Frage, ob die Forschungssubjekte dem entsprechen, was vorab erdacht wurde, vielmehr wird den Forschungssubjekten eine grundsätzlich eigene Dynamik zugestanden (Flick 2004: 16ff; Bohnsack 2007: 17ff). Auf diese Weise wird potenziell der Blick auf die Problematik vorab gebildeter Kategorien, die gesellschaftlich vorgeprägte Raster reproduzieren, geöffnet; die Fokussierung auf die Relevanzen der Forschungssubjekte stellt ein Mittel der Öffnung gegenüber dem Forschungsgegenstand dar. Gleichzeitig darf aber nicht aus den Augen verloren werden, dass die angestrebte Offenheit immer eine durch die Subjektposition der Forscher_in bestimmte gesellschaftlich situierte Offenheit ist. Diese grundsätzliche Situiertheit (auch des Forschungsinteresses) ist in der dokumentarischen Methode durch den Rückgriff auf Mannheims Begriff der Standortverbundenheit jeglichen Wissens (Mannheim 1980: 272ff) methodologisch verankert; auch Forschungsinteressen müssen somit „in Relation zu dessen [des Forschenden, Anm. KH] Erfahrung, sozialhistorischer Einbindung und wissenschaftlichen Sozialisation" (Przyborski & Wohlrab-Sahr 2008: 276) gesehen werden. Was der Begriff der Standortverbundenheit im Rahmen der dokumentarischen Methode allerdings nicht miteinschließt, ist eine Thematisierung gesellschaftlicher Machtverhältnisse. Der Problematik, welche Fragen in diesen Verhältnissen überhaupt gestellt werden können bzw. wer sie stellen darf, kann somit auf dem Wege der dokumentarischen Rekonstruktion nur begrenzt begegnet werden. Ein weiterer Grundsatz der dokumentarischen Methodik – das Verständnis von Forschung als kommunikativen Prozess – erweitert in diesem Zusammenhang nochmals den Spielraum für kritische Wissensproduktion. So werden Forschungsinteressen nicht in völligem Alleingang zu Beginn von den Forschenden festgelegt, sondern „in der Interaktion mit dem Forschungsfeld immer wieder überprüft und angepasst" (Przyborski & Wohlrab-Sahr, 2008: 17). In der Annahme, die ‚Relevanzsysteme des Feldes' seien quasi ein Korrektiv gegen unangemessene Forschungsfragen, steckt allerdings neuerlich die Annahme eines herrschaftsfreien Raums. Denn es stellt sich die Frage, inwieweit Forschungssubjekte diese Korrekturfunktion im Sinne eines explizit-kommunikativen, aber auch implizit-performativen Durchsetzens der Relevanzsysteme innerhalb real bestehender Machtstrukturen wahrzunehmen imstande sind. Ein unbestreitbares Potenzial für kritische Forschungsfragen liegt im Interesse der dokumentarischen Methode für die Handlungspraxis bzw. den Prozess ihrer Herstellung[8], welches sich in der Unterscheidung zwischen imma-

---

8   Es handelt sich hierbei um einen Wechsel der Analyseeinstellung vom Was zum Wie. So geht
     es in der dokumentarischen Methoden nicht mehr in erster Linie darum, was für (gesellschaftli-
     che) Strukturen auffindbar sind, sondern wie diese hergestellt werden (Bohnsack 1997: 193)

nentem Sinn und Dokumentsinn, der Differenz zwischen kommunikativ Sagbarem und Strukturen der Praxis niederschlägt (Bohnsack 2007: 59ff; Przyborski & Wohlrab-Sahr 2008: 277ff). Durch den Blick auf die Rekonstruktion der Differenz dieser Sinnebenen besteht die Möglichkeit, Verschleierungen von latent wirksamen Strukturen durch reflexive und diskursiv vermittelte Deutungen aufzudecken. Auf diesem Weg können u.a. Normalisierungsstrategien sichtbar gemacht werden (Riegler 2011: 115f).

Auf Ebene der Erhebung greift die dokumentarische Methode insbesondere auf Interview- und Gruppendiskussionsverfahren zurück. Gemeinsam ist diesen Erhebungsformen die kommunikativ-offene Struktur, die es Forschungssubjekten ermöglichen soll, sich gemäß ihren eigenen Relevanzsetzungen zu äußern (Przyborski & Wohlrab-Sahr 2008: 31). Trotz des Zurückstellens der Strukturierung der Interaktionssituationen durch die Forschenden wird die Bedeutung der Forscher_innenposition auf dieser Ebene besonders evident. Die dokumentarische Methode trägt diesem Aspekt Rechnung, indem sie die Interventionen der Forschenden über den Modus des kontrollierten Fremdverstehens explizit in den Forschungsprozess einbezieht. Kontrolliertes Fremdverstehen bedeutet, die Differenz zwischen Relevanzssystemen und Interpretationsrahmen zum Ausgangspunkt für die Erschließung des Spezifischen der Orientierungssysteme der Forschungssubjekte zu machen (Przyborski & Wohlrab-Sahr 2008: 28ff). In der Analyse gilt es daher, ebenso das Gesagte der Interviewerin, in dem sich diese Perspektivendifferenz zeigt, in den Blick zu nehmen. So geht es auch nicht darum, von der Person der Interviewerin unabhängige und quasi reproduzierbare Interviews zu erzeugen, sondern um Versionen der Wirklichkeit, die durch das spezifische Verhältnis von Interviewter und Interviewerin (mit)geprägt sind. Bezieht man in diesen Prozess den Aspekt der Machtförmigkeit von Forschungsbeziehungen mit ein, dann stellt sich allerdings die Frage, inwieweit es Forschungssubjekten möglich ist, sich tatsächlich offen hinsichtlich ihrer Relevanzsetzungen zu äußern. Diese Problematik gilt auch für den Bereich impliziter Strukturen der Praxis, insofern davon auszugehen ist, dass Machtverhältnisse nicht nur das Feld des Sagbaren, sondern auch das der handlungspraktischen Ausdrucksformen strukturieren.

Die dokumentarische Auswertungspraxis stellt eine wissenssoziologisch fundierte Interpretationspraxis dar, die „ausschließlich die Erlebnisdarstellungen der Erforschten selbst" (Bohnsack 2007: 176) zur Grundlage der Analyse machen möchte. Die Stärke dieses Ansatzes besteht darin, dass nicht das soziale Orientierungswissen der Forscher_in, also ihre Theorie gesellschaftlich vermittelter Handlungsbedingungen, zum Maßstab für die Rekonstruktion des Orientierungswissens der Erforschten gemacht wird. Vielmehr geben die „Erforschten selbst [geben] Aufschluss [...] über die Bedingungen der Erfahrungskonstituti-

on" (Bohnsack 2007: 176). Indem den Forschungssubjekten und nicht den For-
scher_innen die Kompetenz zuerkannt wird, nicht nur die eigenen Erfahrungen,
sondern auch deren Ermöglichungsbedingungen zum Ausdruck zu bringen, lässt
die Praxis der Dokumentarischen Methode ein emanzipatorisches Potenzial in
der Forschungsbeziehung sichtbar werden. Sie richtet sich in diesem Zusammenhang explizit gegen ein „Besserwissen der Wissenschaft gegenüber den
Untersuchten" (Przyborski & Wohlrab-Sahr 2008: 275). Eine Problematik des
Ansatzes der dokumentarischen Methode zeigt sich allerdings, wenn man der
Frage nachgeht, was das nun in der Interpretationspraxis bedeutet und wie mit
der Perspektivität von Interpretationen umgegangen wird. Im konkreten Forschungsprozess stützt sich die dokumentarische Methode insbesondere auf das
Verfahren der komparativen Analyse. Darunter wird der systematische Vergleich
empirischer Fälle verstanden, der die Standorthaftigkeit des eigenen Erkennens
inklusive seine gesellschaftlich-historische Bedingtheit methodisch auffangen
soll (Bohnsack 2007: 137f; Nohl 2006: 52ff; Przyborski & Wohlrab-Sahr 2008:
296ff). „Der Standort der Forscherin ist dann nur noch ein Dreh- und Angelpunkt
unter anderen, die durch die Dimensionen der empirischen Fälle gegeben sind"
(ebd.: 276). Das Gegeneinanderhalten verschiedener Erfahrungswelten soll es
der Forscher_in ermöglichen, gleichsam an den Rand des Erkenntnisprozesses zu
treten, während aus den Erfahrungswelten der Forschungssubjekte die Differen-
zierungen emergieren. Die Schwierigkeit dieser Vorstellungen eines ‚schwachen'
Erkenntnissubjekts zeigt sich daran, dass es bei aller Bescheidenheit doch die
Forscher_in ist, die das, was sich in den Erfahrungsdarstellungen der Beforschten abspielt, ‚expliziert'. Wenn zwar „keine höhere Rationalität" (ebd.: 275)
angenommen wird, sondern lediglich „ein anderer Blickwinkel" (ebd.: 275), so
ist es gerade dieser andere Blick, an dem sich die Machtförmigkeit der Forschungsbeziehung zeigt. Um die Problematik auf den Punkt zu bringen: indem
die dokumentarische Methode ein nicht-hierarchisches Verhältnis zwischen
Forschenden und Forschungssubjekten voraussetzt, indem sie alle Standorte als
gleichermaßen partikulare setzt, übersieht sie, dass es einen grundsätzlichen
Unterschied gibt zwischen den situierten Erfahrungen der Beforschten, die im
Forschungsprozess verglichen werden, und jener ebenfalls situierten Erfahrung
der Forscher_innen, die den Vergleich dieser Erfahrungen vollzieht. Eine kritische Wissenschaft müsste darauf beharren, dass sich die Dialektik der Wissensproduktion nicht in der Behauptung einer nicht-hierarchischen Beziehung erschöpft, sondern dass es gerade einer Durchdringung der prinzipiellen Machtförmigkeit der Interpretationspraxis bedarf. Macht wird im Interpretationspro-
zess eben bereits zwischen dem ‚zum Ausdruck bringen' und dem ‚Explizieren'
des Ausgedrückten etabliert. Es ist die Position des Betrachtens im Verhältnis zu

der des Betrachtet-Werdens, die vor dem Hintergrund des historisch-gesellschaftlichen Verhältnisses beider theoretisch begriffen werden müsste. Die skizzierte Problematik setzt sich nun auf Ebene der Darstellung und Repräsentation weiter fort. Hier zeigt sich eine große Herausforderung, wenn es darum geht, die dokumentarische Methode für eine kritische Wissensproduktion nutzbar zu machen. So vermerken Przyborski und Wohlrab-Sahr (2008: 88): „Abstand sollte man davon nehmen, den Interviewten die Auswertung zu präsentieren oder sie gar in die Interpretation ihres eigenen Materials einzubeziehen". Damit wird implizit gefordert, die Deutungsmacht – die im Rahmen kritischer Wissensproduktion ja gerade einen zu problematisierenden Aspekt darstellt – zu behalten. Argumentiert wird dies mit dem anderen Blick der Forscher_innen auf das Material und den Irritationen, die diese andere Perspektive bei den Beforschten auslösen könne. Obwohl die Problematik der Irritationen durch das verfremdete Selbst nicht zu entkräften ist, sollte die Sorge diesbezüglich nicht dazu führen, der Machtförmigkeit des Repräsentierens und Explizierens nicht weiter nachzugehen und Versuche des Überschreitens von vornherein kategorisch auszusparen. Der bloße Verweis darauf, dass die Forschungssubjekte gar nicht wüssten, was sie alles wissen, und die Forscher_innen bloß ausfalteten, was den Beforschten ohnedies handlungspraktisch verfügbar sei (Przyborski & Wohlrab-Sahr 2008: 275f), verführt auch zu einer Verschleierung. So bleibt leicht unthematisiert, was dennoch passiert: Deuten und Explizieren und damit das Sprechen über die Forschungssubjekte.

4   Dezentrierung auf metatheoretischer wie forschungspraktischer Ebene

Wie ich anhand der diskutierten Aspekte deutlich zu machen versucht habe, bietet die dokumentarische Methode sowohl Potenziale als auch Fallstricke für eine kritische Wissensproduktion. Um den Ansprüchen kritischer Forschung gerecht zu werden, bedarf die dokumentarische Methode daher m.E. einer explizit herrschaftskritischen metatheoretischen Perspektive, wie sie beispielsweise diskurstheoretische (u.a. Foucault 1994; 2007; Jäger 1999) oder postkoloniale Ansätze (u.a. Said 1978; Spivak 2008/1988) bereitstellen. Erst mit Hilfe einer solchen Rahmung können Einschreibungen von Macht und Herrschaft in Forschungsgegenstände sowie den Forschungsprozess sichtbar gemacht werden. Zentral muss einer solchen Perspektive insbesondere die Problematisierung der machtvollen Forscher_innenposition sein. Verbunden damit ist die Forderung nach einer expliziten Praxis der kontinuierlichen Situierung von Forschungsinteressen im Rahmen gesellschaftlicher *Macht*verhältnisse. Darüber hinaus ist ein (An-)Erkennen von im Rahmen des Forschungsprozesses beanspruchter Deutungsmacht sowie in weiterer Folge der kontinuierliche Versuch der Überschreitung zentral. Eine Möglichkeit dieses Überschreitens stellen partizipative Forschungskonzepte dar, bei denen die Forschungssubjekte nicht nur ‚beforscht' werden, sondern selbst eine aktive Rolle im Forschungsprozess einnehmen können (Berghold & Thomas 2010). In diesem Zusammenhang findet sich die wohl größte Herausforderung für kritische Projekte auf Basis dokumentarischer Methodik: Wie können implizite Strukturen des Handelns, die dem expliziten Wissen der Forschungssubjekte oft unzugänglich bzw. divergent im Verhältnis zu deren Selbstdeutungen sind z. B. in Form gemeinsamer Diskussionen von Analysen mit Teilnehmer_innen erfolgen.[9] Dabei auftretende Irritationen würden Forscher_innen nötigen, sich in Auseinandersetzungen über Interpretationen verstricken zu lassen und das gerade auch dort, wo sie ihrem methodologischen Selbstverständnis nach bloß ausfalten, was die Subjekte ohnehin handlungspraktisch wissen. So könnten neue bzw. andere Erkenntnispotenziale – gerade auch bezüglich der dem Forschungs*handeln* inhärenten Normalisierungstendenz – eröffnet werden. Auf der anderen Seite könnten gerade durch die der dokumentarischen Methode eigenen Rekonstruktion impliziter Handlungsstrukturen emanzipative Prozesse in Gang kommen, etwa wenn Forschungssubjekte im Zuge des partizipativen Forschungsprozesses andere, ihnen unter Umständen im Alltag verborgene (latente) Schichten ihrer Handlungspraxis in den Blick bekommen.

Die skizzierte Komplexität der Umsetzung eines solchen Ansatzes der Dezentrierung begleitete und begleitet mich auch in meinem bereits mehrfach erwähnten Promotionsvorhaben. So bestand für mich zunächst die Schwierigkeit im Rahmen des universitären Gefüges der eigenen Disziplin – in meinem Fall der Psychologie –, die wissenschaftliche Fundierung einer kritischen Perspektive zu gewinnen; sei es durch das Kennenlernen theoretischer Ansätze, die für ein kritisches Projekt nutzbar gemacht werden können, sei es durch das Kennenlernen methodologischer Alternativen zum standardisierenden Mainstream, die Spielräume für einen gesellschaftskritischen Anspruch lassen. Zwar stand bereits am Beginn meines Promotionsprojektes ein gesellschaftskritischer Anspruch, eben die kritische Betrachtung rassistischer Strukturierungen und deren Effekte auf Subjektseite. Gleichzeitig aber fehlte es mir an theoretischen und methodischen Konzepten, die diesem Anspruch einen konkreten wissenschaftlichen Rahmen gegeben hätten. In einer Abgrenzbewegung gegen den engen methodologischen Rahmen quantitativ-hypothesenprüfender Psychologie orientierte ich mich in Richtung rekonstruktiver Sozialforschung als einer Möglichkeit der

---

9   Dieser Weg wurde von Frisina (2006) im Rahmen einer Studie über eine muslimische Jugendorganisation in Italien beschritten. Ziel war es, auf diese Weise eurozentristisch geprägte Interpretationen zu reflektieren sowie die Teilnehmer_innen selbst durch den Einbezug ihrer Reaktionen auf die Auswertungen in den Prozess der Wissensproduktion einzubinden.

Überschreitung vorab-kategorisierender Zugänge. Bereits der rekonstruktive Zugang, der nur innerhalb von Nischen zu erlernen und auch durchzuführen möglich war, stellte im Rahmen der Disziplin Psychologie ein kritisches Moment dar. Erst im Laufe meiner intensiven Beschäftigung mit kritischer Migrationsforschung und der damit verbundenen postkolonialen Kritik u.a. an der Machtförmigkeit von Forschungszusammenhängen wurde mein Blick auf die oben ausgeführten Kritikpunkte und Problematiken rekonstruktiver Zugänge gelenkt. Die gewonnenen Kritikpunkte in meinem Projekt konkret umzusetzen stellte bzw. stellt eine spannungsgeladene Herausforderung dar. Allein durch das späte Hineinfinden in Ansätze der Kritik bzw. des Überschreitens alleiniger Deutungshoheit waren große Teile der empirischen Arbeit bereits getan. Überlegungen zu einer methodischen Dezentrierung, wie sie in Form partizipativer Ansätze möglich gewesen wären, konnten nicht umgesetzt werden. Um den Anspruch der Problematisierung des ‚Sprechens über' und eines Überschreitens von Deutungshoheit zumindest ein wenig einzuholen, möchte ich allerdings versuchen, jenen Interviewpartnerinnen, die schon beim Interview Interesse an meinen Ergebnissen äußerten, ein Gespräch über meine Interpretationsergebnisse anzubieten. Inwieweit dieses Vorgehen umsetzbar sein wird, ob es von den Interviewpartnerinnen angenommen wird und wie etwaige Reaktionen dann wiederum in die Arbeit einbezogen werden können, ist aber zu diesem Zeitpunkt noch offen. Was mir darüber hinaus bleibt, ist, Kritikpunkte in Bezug auf eine mangelnde Dezentrierung der eigenen Subjektposition im methodischen Vorgehen und Vorschläge für alternatives Vorgehen aufzuzeigen.

Mit den hier nur angedeuteten Möglichkeiten der Erweiterung dokumentarischer Methodik verbindet sich – auch angesichts der angedeuteten forschungspraktischen Schwierigkeiten – keineswegs der Anspruch einer vollständigen Auflösung der Problematik von Machtverhältnissen im Forschungsprozess. Vielmehr ist für eine explizit kritische Wissensproduktion eine kontinuierliche Auseinandersetzung mit machtförmig strukturierten Verhältnissen, die eben auch die Forschungsbeziehung umfassen, gefordert. Gerade diese Spannung und die daraus resultierende Beunruhigung über die Verhältnisse ist es schließlich, die ein wesentliches Moment kritischen Forschens ausmacht.

Literatur:

Adorno, Theodor W. (1962). Zur Logik der Sozialwissenschaften. *Kölner Zeitschrift für Soziologie und Sozial-Psychologie, 14*, 249-263.

Bergold, Jarg & Thomas, Stefan (2010). *Partizipative Forschung*. In Mey, Günter & Mruck, Katja (Hrsg.), Handbuch Qualitative Forschung in der Psychologie. Wiesbaden: VS, 333-344.

Bohnsack, Ralf (1997). *Dokumentarische Methode.* In Hitzler, Ronald & Honer, Anne (Hrsg`), Sozialwissenschaftliche Hermeneutik. Opladen: Leske + Budrich, 191-194.

Bohnsack, Ralf (2007). *Rekonstruktive Sozialforschung. Einführung in qualitative Methoden.* Opladen & Farmington Hills: Budrich.

Çelik, Semra (2006). *Grenzen und Grenzgänger. Diskursive Positionierungen im Kontext türkischer Einwanderung.* Münster: Unrast.

Deleuze, Gilles (1997). *Foucault.* Frankfurt/Main: Suhrkamp.

Devereux, Georges (1980). *Angst und Methode in den Verhaltenswissenschaften.* Frankfurt/Main: Suhrkamp.

Finlay, Linda (2002). Negotiating the swamp: the opportunity and challenge of reflexivity in research practice. *Qualitative Research, 2* (2), 209-230.

Fleck, Ludwik (1980). *Entstehung und Entwicklung einer wissenschaftlichen Tatsache. Einführung in die Lehre vom Denkstil und Denkkollektiv.* Frankfurt am Main: Suhrkamp.

Flick, Uwe (2004). *Qualitative Sozialforschung. Eine Einführung.* Reinbek bei Hamburg: Rowohlt.

Foucault, Michel (1994). *Warum ich Macht untersuche. Die Frage des Subjekts.* In Dreyfus, Hubert L. & Rabinow, Paul, Michel Foucault. Jenseits von Strukturalismus und Hermeneutik. Weinheim: Athenäum Neue Wissenschaftliche Bibliothek, 143-261.

Foucault, Michel (2007). *Die Ordnung des Diskurses.* Frankfurt am Main: Fischer.

Frisina, Annalisa (2006). Back-talk Focus Groups as a Follow-Up Tool in Qualitative Migration Research: The Missing Link? *Forum Qualitative Sozialforschung / Forum Qualitative Social Research, 7*(3), Art.5, http://www.qualitative-research.net/index.php/fqs/article/view/138/303.

Gutiérrez Rodriguez, Encarnación (2003): *Repräsentation, Subalternität und postkoloniale Kritik.* In Dies./ Steyerl, Hito (Hrsg.), Spricht die Subalterne deutsch? Migration und postkoloniale Kritik. Münster,17-37.

Ha, Kien Nghi (2004). *Ethnizität und Migration Reloaded. Kulturelle Identität, Differenz und Hybridität im postkolonialen Diskurs.* Berlin: wvb.

Hametner, Katharina (2012). Rekonstruktive Methodologie als methodologisches Paradigma einer kritischen Migrationsforschung. In Dahlvik, Julia, Fassmann, Heinz & Sievers, Wiebke (Hrsg.), *Migration und Integration – wissenschaftliche Perspektiven aus Österreich.* Göttingen: V&R unipress, 37-52

Horkheimer, Max (2005/1937). Traditionelle und kritische Theorie. In ders., *Traditionelle und kritische Theorie.* Frankfurt am Main: Fischer.

Jäger, Siegfried (2001*).* Diskurs und Wissen. Theoretische und methodische Aspekte einer Kritischen Diskurs- und Dispositivanalyse. In Keller, Reiner, Hirseland, Andreas, Schneider, Werner & Viehover, Willy (Hrsg.), *Handbuch der Sozialwissenschaftlichen Diskursanalyse. Band I: Theorien und Methoden.* Opladen. Leske + Budrich, 81-112.

Jäger, Siegfried (2009). *Kritische Diskursanalyse. Eine Einführung.* Münster: Unrast.

Keller, Reiner (2007). *Diskursforschung. Eine Einführung für SozialwissenschaftlerInnen.* Wiesbaden: VS Verlag für Sozialwissenschaften.

Knorr Cetina, Karin (2002). *Die Fabrikation von Erkenntnis. Zur Anthropologie der Naturwissenschaft.* Frankfurt am Main: Suhrkamp.

Mannheim, Karl (1980). *Strukturen des Denkens.* Frankfurt am Main: Suhrkamp.

Mecheril, Paul (2004). *Einführung in die Migrationspädagogik.* Weinheim & Basel: Beltz.

Nohl, Arnd-Michael (2006). *Interview und dokumentarische Methode. Anleitungen für die Forschungspraxis.* Wiesbaden: VS Verlag für Sozialwissenschaften.

Przyborski, Aglaja (2004). *Gesprächsanalyse und dokumentarische Methode. Qualitative Auswertung von Gesprächen, Gruppendiskussionen und anderen Diskursen.* Wiesbaden: VS Verlag für Sozialwissenschaften.

Przyborski, Aglaja & Wohlrab-Sahr, Monika (2008). *Qualitative Sozialforschung. Ein Arbeitsbuch.* München: Oldenbourg Verlag.

Riegler, Julia (2011). *Wenn Sex schmerzt. Rekonstruktion und Dekonstruktion einer so genannten ›Sexualstörung‹.* Unveröffentlichte Dissertation. Wien.

Said, Edward (1978). *Orientalism.* New York/Toronto: Vintage.

Shooman, Yasemin (2011). Keine Frage des Glaubens. Zur Rassifizierung von ‚Kultur' und ‚Religion' im antimuslimischen Rassismus. In Friedrich, Sebastian (Hrsg.), *Rassismus in der Leistungsgesellschaft. Analyse und kritische Perspektiven zu den rassistischen Normalisierungsprozessen der ‚Sarrazindebatte'.* Münster: edition assemblage, 59-76.

Spivak (2008/1988). *Can the Subaltern Speak? Postkolonialität und subalterne Artikulation.* Wien/Berlin: Turia + Kant.

Weber, Martina (2007). Ethnisierung und Männlichkeitsinszenierungen. Symbolische Kämpfe von Jungen mit türkischem Migrationshintergrund. In Riegel, Christine & Geisen, Thomas (Hrsg.), *Jugend, Zugehörigkeit und Migration. Subjektpositionierung im Kontext von Jugendkultur, Ethnizitäts- und Geschlechterkonstruktionen.* Wiesbaden: VS Verlag für Sozialwissenschaften, 307-321.

Methodologische Reflexivität oder die Reflexion der Methode?

Yeşim Kasap Çetingök

Zusammenfassung: Der Begriff Reflexivität wird in der jüngeren sozialwissenschaftlichen und wissenschaftstheoretischen Diskussion in unterschiedlichen Bedeutungen verwendet. Das weit verbreitete Verständnis der methodologischen Reflexivität weist auf Fähigkeiten des Beobachtens und Darstellens hin und mündet in dem Appell, sich der eigenen Wahrnehmungs-, Denk- und Bewertungsmuster sowie des eigenen Erlebens und Handelns als Forschende bewusst zu werden und Selbstaufmerksamkeit, Sensibilität, Empathie sowie Reflexionsbereitschaft zu entwickeln. Im vorliegenden Beitrag wird die methodologische und metatheoretische Reflexivität nicht in Bezug auf die Forschungssubjekte, sondern hinsichtlich der Explizierung und Erweiterung der methodologischen Annahmen am Beispiel der Konversationsanalyse diskutiert. Die Reflexion der konversationsanalytischen Vorgehensweise durch die Systemtheorie, wie sie von Hausendorf unternommen wird, ermöglicht, die Gespräche zum Übergang in die weiterführenden Schulen als geschlossene Interaktionssysteme zu konstruieren und hinsichtlich der Widerspiegelung von Makrostrukturen bzw. in Hinblick auf die Frage zu beobachten, wie diese als Wissensbereiche von Akteuren in Anspruch genommen werden. Solchen methodologischen Prämissen kommt eine besondere Bedeutung zu, wenn es sich zu diesem Beispiel um die Verteilung von Bildungschancen im Kontext des professionellen Handelns in der Organisation Schule handelt. Die Ergebnisse solcher Beobachtungen haben als Reflexionswissen für die Lehrkräfte Bedeutung. Diese Reflexion basiert in diesem Fall nicht auf den persönlichen Eigenschaften der Forschenden, sondern auf den theoretischen Unterscheidungen bezüglich der Definition des Gegenstandes sowie auf den Unterscheidungen, welche die Methode bzw. den Beobachtungsvorgang betreffen. Aus der systemtheoretischen Perspektive konstituieren standpunkt-und methodenabhängige Beobachtungen erst den scheinbar objektiven Gegenstand für den Betrachtenden. So erschaffen die Forschersubjekte nicht die Wirklichkeit, sondern haben zu einer unerkennbaren Wirklichkeit einen vermittelten Zugang, der offensichtlich sowohl durch bewusste als auch unbewusste Entscheidungen geprägt ist. Sie lassen sich jedoch nicht durch den Anspruch der Forscherreflexivität einlösen.

1 Einleitung

Der Begriff *Reflexivität* wird in der jüngeren sozialwissenschaftlichen und wissenschaftstheoretischen Diskussion in unterschiedlichen Bedeutungen verwendet. Lynch (2000) differenziert unterscheidet u.a. vier Reflexivitätsarten in sozialwissenschaftlichen Theorien: Varianten von Reflexivität, die dem Gegenstand selbst als inhärent zugeschrieben werden *(substantive reflexivity)*, etwa in Theorien der sogenannten „reflexiven Moderne" im Sinne des Soziologen Beck (vgl. Beck u.a. 1996); *methodologische Reflexivität* im Sinne von Selbstaufmerksamkeitshaltungen gegenüber der eigenen Position und Rolle im Erkenntnisprozess; *metatheoretische Reflexivität,* die beispielsweise in Spielarten des epistemologischen Konstruktivismus zum Ausdruck kommt; *interpretative Reflexivität,* etwa in Form der hermeneutischen Zirkelhaftigkeitsannahme. Als *methodologisches Postulat der (Selbst-)Reflexivität* differenziert Lynch dabei zwei Aspekte, die der wissenschaftlichen Objektivität entgegenstehen würden. Zunächst müssten die evolutionär herausgebildete Sinnesausstattung sowie die soziokulturell geprägten Wahrnehmungs- und Denkmuster berücksichtigt werden. Die Präformation der Erkenntnis geschehe diesem Verständnis zufolge durch die menschliche Biologie (auf neuronalem Weg) sowie durch gesellschaftlich-historisch begründete Kultur, Sprache und Denkweise. Das gelte für alltagsweltliche wie für wissenschaftliche Erkenntnisleistung gleichermaßen. Die personalen, lebensgeschichtlichen Voraussetzungen der Forschungssubjekte von Erkenntnisprozessen stehen demnach im Vordergrund. Für die Ausleuchtung der Bedeutsamkeit und der möglichen Ergiebigkeit individuell-idiosynkratischer Aspekte wird beispielsweise der psychoanalytisch grundierte Ansatz von Georges Devereux (1984) als wegweisend angeführt, der die Reflexion der (inter-)personalen Resonanzen zwischen Forschungssubjekten und -objekten (mittels Übertragungs- und Gegenübertragungsprozessen) als methodische Erkenntnisquelle nutzt.[1]

Während sich die Variante des Reflexivitätsbegriffs, die sich auf den sogenannten *Linguistic* oder *Textual Turn* (der „Krise der Repräsentation") bezieht, um eine „Annullierung von Objektivität [...] sozialwissenschaftlicher Beschreibung" (Langenohl 2009: Abs. 12) bemüht, behauptet die von Bourdieu (1993) entwickelte Form der *soziologischen Reflexivität* (als reflexive Selbstobjektivierung im Sinne der Perspektive eines außenstehenden Beobachters der wissenschaftlichen Praxis) demgegenüber eine Objektivierungskraft, die von einer gleichsam bloß narzisstischen Form unterschieden wird. Während die „narzißtische Reflexivität" nur auf die eigene persönliche Erfahrung abhebe, objektiviere nämlich diese Art der „wissenschaftlichen Reflexivität" die sozialen Bedingungen dieser Erfahrung und damit den Akt des Objektivierens selbst (ebd.: 365).

---

1 Im Kontext postmoderner Wendungen in den Sozialwissenschaften sind Bemühungen festzustellen, Formen der Gegenstandsdarstellung zu finden, die den individuellen Erkenntnisgang und den eigenen Standpunkt transparent machen und auch alternative Lesarten ermöglichen (vgl. Berg & Fuchs 1993), sowie dialogische, reflexive und kreative Formen des Schreibens zu entwickeln (vgl. Richardson 2000).

Der Gegenstand wissenschaftlicher Reflexivität ist nach Bourdieu nicht die Forschungstätigkeit einzelner Akteure des akademischen Feldes, sondern „das in die wissenschaftlichen Werkzeuge und Operationen eingegangene soziale und intellektuelle Unbewusste" (Wacquant 1996: 63). Als *Akteure* interessieren ihn weniger Einzelpersonen, sondern Felder mit ihrer spezifischen Logik. Das *Ziel* wissenschaftlicher Reflexivität – hierin unterscheidet sie sich auf markante Weise von der narzisstischen Reflexivität – besteht somit in dem Versuch, auch jene Grenzen, welche der theoretischen Erkenntnis gesteckt sind, noch zu überschreiten und die Aufklärung der für das wissenschaftliche Feld typischen Formen des Unbewussten zu betreiben. Statt den eigenen Narzissmus zu befriedigen, komme es darauf an, auch jene, welche die Objektivierung professionell betreiben, noch zu objektivieren, und auf diesem Wege die „Verfeinerung und Verstärkung der Erkenntnismittel" anzuleiten (Bourdieu 1993: 366). Es geht um die Objektivierung der Stellung des Forschers im universitären Bereich und der Verzerrungen, die der Organisationsstruktur der Disziplin innewohnen, die unbewussten Vorurteile, die in die Theorien eingeschrieben sind, die Fragestellungen, aber auch die Kategorien des Wissenschaftsverständnisses. Der Versuch, schrittweise das akademische Unbewusste aufzuklären, lenkt das Augenmerk auf drei Momente der reflexiven Analyse bzw. die drei Formen der „Verzerrungen". Zum einen gilt es, die soziale Herkunft der/des Forschenden zu berücksichtigen und auf diese Weise – etwa mit Blick auf die Kategorien von Klasse, Geschlecht und Ethnizität – die Bedingungen zu objektivieren, denen er oder sie, meist ohne sich dessen bewusst zu sein, bei der wissenschaftlichen Tätigkeit unterliegt. Zum anderen muss auch die Position in Rechnung gestellt werden, die der Wissenschaftler im Geflecht der sozialen Beziehungen einnimmt, über das sich die *scientific community* – und insbesondere: die einzelnen Disziplinen und Spezialdiskurse – konstituiert. Schließlich muss auch die Stellung in systematischer Weise berücksichtigt werden, die die Forscherin/der Forscher innerhalb des sozialen Raumes und im Verhältnis zu anderen sozialen Feldern einnimmt.

　　Dieses kurz erwähnte Verständnis der methodologischen Reflexivität, das auf Fähigkeiten des Beobachtens und Darstellens hinweist, mündet letztendlich in dem Appell, sich der eigenen Wahrnehmungs-, Denk- und Bewertungsmuster sowie des eigenen Erlebens und Handelns als Forschende bewusst zu werden und Selbstaufmerksamkeit, Sensibilität, Empathie sowie Reflexionsbereitschaft zu entwickeln.

　　Im vorliegenden Beitrag soll die methodologische und metatheoretische Reflexivität nicht in Bezug auf die Forschungssubjekte, sondern hinsichtlich der Explizierung und Erweiterung der methodologischen Annahmen am Beispiel der Konversationsanalyse diskutiert werden. Sie zielt darauf ab, Aspekte der sprachlichen Formgebung systematisch auf interaktionslogische gegründete Anforderungen zu beziehen, die aus der Herstellung der geordneten Reihenfolge entstehen sollen. Dieser Methode wird in diesem Sinne methodologisch eine Differenz von Gegenstand und Erscheinungsform zugrunde gelegt. Hausendorf (1992) verbindet das Selbstverständnis der Konversationsanalyse als einer konstruktivistisch fundierten und *zugleich* rekonstruktiv vorgehenden Forschungspraxis mit einer systemtheoretischen Vorgehensweise. Anhand von Übergangsgesprächen in die Sekundarstufe I in Hessen soll aufgezeigt werden, welche Erkenntnisse durch diese methodologische Verbindung gewonnen werden können.[2] Abschließend wird der Zugewinn diskutiert, der durch die Reflexion der Methode im Unterschied zu dem oben erwähnten Verständnis der methodologischen Reflexivität entsteht.

2   Konversationsanalyse: Der Einsatz der Systemtheorie

Innerhalb der deutschsprachigen Rezeption der Konversationsanalyse wird die Fragestellung diskutiert, wie in Unterhaltungen eine mögliche dauerhafte Gleichzeitigkeit des Sprechens verschiedener Personen zugunsten des tatsächlichen Nacheinanders bzw. der tatsächlichen Reihenfolge des Sprechens verschiedener Personen ausgeschlossen wird. Die aufgefundene „einfachste Zug-um-Zug Systematik für Unterhaltungen" (Sacks, Schegloff & Jefferson 1978) ist die Quelle für weitere Fragen, die um Spezialprobleme des *turn taking* im Rahmen der Beendigung von Gesprächen (Schegloff & Sacks 1973), der Einbettung von „Nebensequenzen" (Jefferson 1972) oder des Erzählens von Geschichten in Gesprächen (Sacks 1992) kreisen. In der konversationsanalytischen Forschungspraxis wird dann die Interaktion rekonstruiert im Sinne der Herstellung einer geordneten Reihenfolge bzw. der Herstellung von Anschlussbedingungen interaktiver Fortsetzungsmöglichkeiten. Das Problem des Abschließens von Gesprächen ergibt sich in der Forschungspraxis nicht aus der Sichtweise der beteiligten Personen, sondern im Rahmen einer analytischen Vorgehensweise, die sprachliche Erscheinungsformen systematisch und konsequent auf eine Spezialaufgabe des Sich-Abwechselns (die notwendige Außer-Kraft-Setzung des Sprecherwechselmechanismus zum Ende des Gespräches) bezieht. Hausendorf (1992) verweist auf die methodologischen Implikationen einer solchen Herangehensweise. Dafür gelte die theoretische Prämisse der *(Notwendigkeit der) Herstellung einer geordneten Reihenfolge,* die der Beschäftigung mit dem empirischen Material immanent ist – unabhängig davon, ob sie im Gang der Forschung aus den Analysen

---

2   Diese Gespräche wurden im Rahmen einer Vorstudie im Fachbereich Erziehungswissenschaften an der Johann Wolfgang Goethe-Universität im Jahr 2008 in zwei Grundschulen in Frankfurt am Main aufgenommen. Zwei davon wurden exemplarisch transkribiert und analysiert.

von Tonaufzeichnung und Transkript allmählich hervorgeht oder ob sie von vornherein diese Analysen anleitet und steuert. Dabei sei eine Differenz von *Gegenstand* und *Erscheinungsform* wirksam: Tonbandaufzeichnungen von Unterhaltungen werden vorgenommen als sinnlich wahrnehmbare *Erscheinungsformen* eines aufgrund bestimmter Annahmen konstituierten *Gegenstandes*.

Die Konversationsanalyse konstituiert bereits ihren Gegenstand im Sinne eines *selbstreferentiellen (Interaktions-)Systems*, was in der Rezeption von Goffman (1964: 134) festzustellen ist. Darin wird häufig ein deskriptiver Begriff von *face-to-face Interaktion* angenommen und das Kriterium der *Anwesenheit* („presence") von Personen zumeist in einem physikalischen Sinn verwendet (vgl. z. B. Dittman 1979: 2ff.). Hausendorf hebt hervor, dass in der konversationsanalytischen Vorgehensweise Sprache entsprechend als ein Medium von Abwechslungsprozessen, nicht aber als ein Gegenstand *sui generis* in Betracht kommt. Als Gegenstand *sui generis* fungiere die unter der Prämisse wechselseitiger Anwesenheit anlaufende Interaktion – ein, wie Goffman formuliert, „kleines System gegenseitig abgestimmter und rituell organisierter Gesichtsfeldhandlungen" (1964: 136). Die konversationsanalytische Vorgehensweise folge einer fundamentalen Unterscheidung im Bereich dessen, was als Gegenstand der Analyse gilt: der Unterscheidung von Kommunikation/Interaktion und Bewusstsein. Konversationsanalytiker, so Hausendorf, umschrieben diese Unterscheidung gern mit der Formulierung, dass es auf die Interaktion *zwischen* den Beteiligten ankomme. Aus diesem interaktionssoziologischen Sachverhalt leitet er eine konversationsanalytische Konstitution des Gegenstands ab, die sich an die systemtheoretischen Überlegungen von Luhmann anschließen lässt. Nach Hausendorf kann Interaktion im Rahmen der Konversationsanalyse als ein „einfaches Sozialsystem" bzw. „Interaktionssystem" betrachtet werden (vgl. Luhmann 1976; 1984b). Entsprechend ist es möglich, schon die *Anwesenheit* von Personen als ein genuin soziales Phänomen zu bestimmen. *Anwesenheit* kann nicht als physikalisch gegeben, sondern muss als sozial (wieder-)hergestellt betrachtet werden. Die Annahme der sozialen (Wieder-)Herstellung von Anwesenheit konstituiert den Gegenstand *Interaktion.*

Mit dieser Annahme der sozial (wieder-)hergestellten Anwesenheit von Personen verlagert Hausendorf die Frage der Definition von Interaktion in den Gegenstandsbereich selbst: Anwesenheit von Personen (wieder-)herzustellen, erscheint als ein *interaktive Aufgabe*. In und durch Interaktion muss festgelegt werden, wer als anwesend gilt. Die Interaktion öffnet sich damit gleichermaßen rückbezüglich selbst. Demnach müssen Phänomene der Gesprächseröffnung und -beendigung als sinnlich wahrnehmbare Erscheinungsformen *interaktiver* Festlegungen analysiert werden. Diese Vorgehensweise führt dazu, dass in ihrer Alltäglichkeit wie selbstverständlich auftretende Phänomene, wie etwa das Sich-Zueinander-Hinwenden, Sich-Anblicken oder Sich-Grüßen, als grundlegende Erscheinungsformen der interaktiven Festlegung von Anwesenheit ausgewiesen und somit in ihrer Relevanz überhaupt erst *entdeckt* werden können. Die konversationsanalytische Forschungspraxis definiert alltägliche Gesprächsaktivitäten als Erscheinungsformen interaktiver Selbstfestlegung und als Gegenstand eines sozialen Interaktionsgeschehens, dessen Einheiten und Strukturen durch dieses und mit diesem Geschehen rück- bzw. selbstbezüglich hergestellt werden. Mit dieser Form der Gegenstandskonstitution verbindet Hausendorf Konzepte von *Selbstreferenz* bzw. *Autopoiesis* (vgl. z. B. Maturana & Varela 1990; v. Foerster 1985), die erklären und im Einzelnen zeigen können, wie eine selbst- und rückbezügliche Festlegung im Interaktionssystem zu verstehen ist. Mit Hilfe dieser Konzepte werden Systeme definiert,

> die die Elemente, aus denen sie bestehen, durch die Elemente, aus denen sie bestehen, selbst produzieren und reproduzieren. Alles, was solche Systeme als Einheit verwenden: ihre Elemente, ihre Prozesse, ihre Strukturen und sich selbst, wird durch eben solche Einheiten im System erst bestimmt. Oder anders gesagt: Es gibt weder Input von Einheit in das System, noch Output von Einheit aus dem System. Das heißt nicht, daß keine Beziehungen zur Umwelt bestehen, aber diese Beziehungen liegen auf anderen Realitätsebenen als die Autopoiesis selbst (Luhmann 1985: 403).

Bei Luhmann werden diese Konzepte auf soziale Systeme, in Ansätzen auch auf psychische Systeme, übertragen (vgl. Luhmann 1984a, 1985). Die Unterscheidung der Systemarten setzt diese Konzepte um, zum einen insofern sie impliziert, dass man kommunikative Vorgänge ohne Rückgriff auf die bei den Beteiligten jeweils ablaufenden mentalen bzw. kognitiven Prozesse analysieren kann, zum anderen indem sie annimmt, dass Kommunikation und Bewusstsein jeweils eigenständig zum Gegenstand zu erhebende Ebenen der Emergenz sozialer vs. psychischer Realität darstellen:

> Was immer die Beteiligten in ihrem je eigenen selbstreferentiell-geschlossenen Bewußtsein davon halten mögen: [...] Ein Kommunikationssystem ist [...] ein vollständig geschlossenes System, das die Komponenten, aus denen es besteht, durch die Kommunikation selbst erzeugt [...], das alles, für das System als Einheit fungiert, durch das System produziert und reproduziert (Luhmann 1987: 6ff.).

Deshalb kann

> nur Kommunikation [...] kommunizieren. [...] Was nicht kommuniziert wird, kann dazu nichts beitragen. Nur Kommunikation kann Kommunikation beeinflussen. [...] Nur Kommunikation kann Kommunikation kontrollieren und reparieren (ebd.: 4; 8).

Die methodologische Konsequenz lautet: Die Rekonstruktion *des* Interaktions-
prozesses kann (und muss) ohne Rückgriff auf externe Parameter erfolgen, weil
jede tatsächlich *erfolgte* Einflussnahme auf die Interaktion an der Interaktion
selbst, d. h. auf der Ebene ihrer sinnlich wahrnehmbaren Erscheinungsformen,
ablesbar ist.

Für Erscheinungsformen von Interaktion muss man – wie für die in Unterhaltungen auftretenden Erscheinungsformen auch – vor diesem theoretischen
Hintergrund davon ausgehen, dass jedwede Einflussnahme als ein innerhalb und
mit den „Bordmitteln" (Luhmann) des Interaktionssystems ablaufender Vorgang
zu vergegenwärtigen ist. Die Analyse kann sich auch in diesen Fällen auf die
sinnlich wahrnehmbaren Erscheinungsformen der Interaktion verlassen. Den
empirischen Zugewinn dieser Form der Gegenstandskonstitution verdeutlicht
Hausendorf am Beispiel der institutionellen Kommunikation und bringt Luh-
manns Begriff der *Semantik* (vgl. Luhmann 1982: 21) ein, dem er eine besondere
Bedeutung beimisst: Institutionen i.S. sozialer (Sub-)Systeme manifestieren sich
nicht nur nonverbal, etwa über spezifische Kleiderordnungen und spezifische
bauliche Arrangements, sondern auch sprachlich in Form von „Spezialsemantiken". An der Oberfläche sprachlicher Erscheinungsformen interaktiver Festlegungen können derartige „Kommunikationscodes", die auf ein spezifisches soziales (Sub-)System verweisen, zitiert bzw. verwendet werden, um dieses auch
außerhalb von Interaktionen bestehende System interaktiv wiederherzustellen.
Empirisch müsste man zudem häufig vom Nebeneinander der Verwendung unterschiedlicher Kommunikationsressourcen ausgehen. Interaktionssysteme können sprachlich konstituierte Spezialsemantiken und nichtsprachliche, z. B. archi-
tektonisch konstituierte Kommunikationscodes, gleichzeitig in Anspruch nehmen. In Bezug auf die Steuerung der Interaktionsfortsetzung kann das eine Wirkung entfalten, die die Interaktion als geradezu unstörbar bzw. vorab festgelegt
erscheinen lässt: Personen treffen sich vor Gericht, im Krankenhaus oder in der
Kirche. An der sprachlichen Oberfläche werden Elemente der Spezialsemantiken
Recht, Gesundheit oder Glauben (vgl. dazu Luhmann 1982: 21ff.) zitiert. Die
hohe Erwartbarkeit des Interaktionsverlaufes ist also auch in solchen Fällen auf
den interaktiven Mitvollzug bzw. die interaktive Wiederherstellung der Institution – und zwar in Form der Inanspruchnahme von Spezialsemantiken und Kommunikationscodes – gegründet.

> In theoretischer Hinsicht macht das Konzept der interaktiven Wiederherstellung von
> Umwelt explizierbar, wie innerhalb selbstreferentiell geschlossener Interaktionssys-
> teme an nicht-interaktionsgebundene Aspekte sozialer Wirklichkeit angeknüpft wer-
> den kann. Das wiederum ermöglicht eine innerhalb der Konversationsanalyse bis-
> lang kaum systematisch erfolgte Miteinbeziehung globaler bzw. makrostruktureller
> gesellschaftstheoretischer Konzepte (Hausendorf 1992: 91).

Wie sich diese methodologische Prämisse empirisch durchsetzen lässt, soll im Folgenden am Beispiel der Übergangsgespräche in die Sekundarstufe I veranschaulicht werden.

3   Die Umweltherstellung am Beispiel von Übergangsgesprächen in die Sekundarstufe I

Beim Übergang von der Grundschule in die Sekundarstufe I werden SchülerInnen auf unterschiedliche Bildungsgänge und Schulformen verteilt, die den Zugang zu den gesellschaftlichen Ressourcen wie Bildung und Wohlstand regeln. Es lassen sich zwei Forschungsstränge nachzeichnen, welche die Faktoren in diesem Prozess zu erfassen versuchen: Der eine bezieht sich auf die familiären Bedingungen (das unter diesen Bedingungen erworbene ökonomische, kulturelle und soziale Kapital; vgl. dazu Ditton 2006, Maaz et al. 2006), der andere bezieht sich auf den schulischen Faktor *Leistungsüberschneidungen* (Prenzel et al. 2008) und die *Kompositionseffekte*[3] (vgl. Tiedemann & Billmann-Mahecha 2007, Trautwein & Baeriswyl 2007) eines möglichen höheren Bildungsgangs. Der hier behandelte Forschungsansatz geht der Frage nach, wie sich im Raum des Beratungsgesprächs die schulischen und familiären Bedingungen für den Übergang Sequenz für Sequenz aktualisieren und anordnen, d. h. wie die Bildungsentscheidung prozessiert wird. Dabei ist jedoch von einem schulpolitisch angelegten Grundwiderspruch in der Übergangsberatung in die Sekundarstufe I in Hessen auszugehen. Die Lehrkräfte haben nämlich in ihrer Mitgliedsrolle für die Organisation Schule den Selektionsauftrag der Schule gemäß dem meritokratischen Prinzip durchzuführen und zwar unter den Bedingungen des freien Elternwillens der Schulwahl.[4] Den Eltern ist die Freiheit des Elternwillens bekannt, trotzdem erleben sie die Macht der Schule, denn nur die Lehrkräfte können die Eignung aussprechen.

Im Folgenden werden als eine institutionelle Interaktionsform die Anfangssequenzen von zwei Übergangsgesprächen, die einmal mit autochthonen Eltern

---

3   So haben Schülerinnen und Schüler in leistungsstarken Klassen eine geringere Chance auf eine Gymnasialempfehlung als vergleichbar leistungsfähige Schülerinnen und Schüler aus leistungsschwachen Klassen. Vergleichbare Kompositionseffekte sind auch für die soziale Zusammensetzung der Klasse sowie für die Übergangsentscheidungen der Eltern nachweisbar (vgl. Neumann et al. 2010).

4   Nach einer Grundschulzeit von vier Jahren wechseln Kinder in Hessen auf die weiterführende Schule. In Hessen ist seit der Novellierung des Schulverwaltungsgesetzes (1990) und dem Gesetz zur Einführung der freien Wahl der Bildungswege (1991) der Elternwille gänzlich freigegeben worden.

und einmal mit einem Vater mit Migrationshintergrund geführt wurden, vergleichend dargestellt. Diese qualitative exemplarische Analyse der Beratungsgespräche diente dem Ziel, den institutionellen, organisatorischen und professionellen sowie den familiären Beitrag zur Bildungsentscheidung schärfer zu konturieren und vor allem ihre wechselseitige Bedingung zu verdeutlichen. Besonderes Augenmerk richtet sich in der Vorstudie darauf, ob und – wenn ja – wie sich die Beratungsgespräche zwischen den autochthonen Eltern und den Migranteneltern unterscheiden. Die Methode orientiert sich an dem oben kurz skizzierten Ansatz von Hausendorf an. Vor dem theoretischen Hintergrund von Hausendorf gilt die Übergangssemantik des schulischen Teilsystems als konstitutiver Bestandteil des Interaktionssystems der Übergangsberatung. Darauf muss Bezug genommen werden. Das Interaktionssystem entlastet sich dadurch, dass es den Ablauf des Übergangsverfahrens als Spezialsemantik des Teilsystems der Schule zitiert. Ihre Verwendung sichert Beginn, Dauer und Auflösung der Beratungsinteraktion. Die unten dargestellten Anfangssequenzen der Beratungsgespräche werden auf die Frage beschränkt, welche Formen der interaktiven Selbstfestlegungen in diesen Episoden zur Bewältigung des genannten strukturellen Widerspruchs auftreten. An zwei Beispielen wird illustriert, welche Umwelten im jeweiligen Gespräch auf welche Weise hergestellt werden.

Die Herstellung von Umwelt bzw. Makrostrukturen in der Übergangsberatung: ein Vergleich

Beispiel 1: Anfangssequenz eines Übergangsberatungsgesprächs mit autochthonen Eltern:

> L2: jetzt ist die frage an sie (.) was haben sie sich überlegt, was haben sie für vorstellungen? wie das mit der xx-
> E(w): wir sind noch unentschlossen.
> L2: mhm.
> E(m): ja.

Die Äußerung der Lehrkraft im Gespräch mit autochthonen Eltern „*jetzt ist die frage an sie (.) was haben sie sich überlegt, was haben sie für vorstellungen? wie das mit der xx-*" beruft sich auf die Spezialsemantik. Bei der Analyse dieser Äußerung kann es aus konversationsanalytischer Sicht zunächst um die Frage gehen, ob diese Äußerung mit erhöhter Lautstärke, gleichsam in autoritärem Tonfall realisiert wird. Wenn dies der Fall ist, wird den Eltern unmittelbar der Eindruck vermittelt, dass sie es hier mit einer Einrichtung zu tun haben, die sich schon entschieden hat, und zwar zugunsten aller Beteiligten. Die weiterführende analytische Frage heißt dann: Werden auf diese Weise die Eltern gleich zu Be-

ginn ermahnt und gedrängt, sich auf keinen Fall gegen diese Entscheidung zu
wehren? Dieses Interesse verfolgend müsste es den KonversationsanalytikerIn-
nen auf die genaue Beschreibung eines Gesprächssegments ankommen. Für den
vorliegenden Fall stellt sich die Frage, ob sich die Eltern formal verhalten, nachdem sie die autoritäre und strenge Schulsemantik gehört haben. Die gesamte
Situation wird in diesem Sinne dahingehend betrachtet, wie sich eine einzelne
Äußerung auf den Fortgang der Interaktion auswirkt. Die Antwort der Mutter im
Beratungsgespräch *„wir sind noch unentschlossen"* würde im Kontext der formellen Ablaufkonstitution eine Bedeutung haben.

Diese Orientierung der Analyse auf den Verlauf der Interaktion sieht, wie
im ersten Teil dieses Beitrags erläutert, nicht vor, die wiederhergestellten gesellschaftlichen Umwelten zu erfassen. Die Analyse konzentriert sich auf die Her-
ausarbeitung der erzeugten Ordnung im Beratungsgespräch, die als allgemeine
Regel und als Verfahren angesehen wird. Der Analyse liegt die Annahme zugrunde, dass dieses Gespräch formell geführt und beendet werden sollte.

Wenn die durch diese Äußerung *„jetzt ist die frage an sie (.) was haben sie
sich überlegt, was haben sie für vorstellungen?"* hergestellte Umwelt bzw. dieser
Wissensbereich ins Zentrum der Analyse gestellt wird, müsste unter der Kontin-
genzperspektive betont werden, dass die Eltern vor die Wahl einer möglichen
Interaktionsfortsetzung gestellt werden: das Artikulieren ihrer Bildungsvorstel-
lung. Die Mutter nimmt jedoch keinen Bezug auf die vorgegebenen Kontexte,
wie Wünsche oder Vorstellungen. Der Beitrag der Mutter führt den Kontext der
Entscheidungsfindung in die Interaktion ein. Die Äußerung *„wir sind noch unentschlossen"* bezieht sich auf einen festgeschriebenen Kontext, der das Vorhan-
densein verschiedener Wahlmöglichkeiten und das Entscheidungsrecht impliziert. Durch die Aussage „Wir sind noch unentschieden" macht die Mutter
gleichzeitig ein Angebot, damit eine professionelle Stellungnahme bzw. Hilfe
erstellt werden kann. Der erwartbare Anschluss wäre, konkret nachzufragen,
worin die Entscheidungsschwierigkeit besteht. Dieser Anschluss erfolgt nicht.
Die geäußerten Interjektionen, „mhm" und „ja" von beiden Lehrkräften, die
damit signalisieren, dass sie das Gesagte wahrgenommen haben, dokumentieren
höchstwahrscheinlich die Schwierigkeit einer angemessenen Interaktionsfortsetzung, die auf die erwähnte Semantik eingeht.

Kurz zusammengefasst lässt sich im Hinblick auf die Fragestellung: *Wie
werden die strukturellen Widersprüche im vorgestellten Beratungsgespräch
bearbeitet?* festhalten, dass gleich zu Beginn des Beratungsgesprächs von den
Eltern – auf die Frage nach ihrem Bildungswunsch – ihre *Unentschiedenheit* als
Beratungsthema angegeben wird. Die Lehrkräfte lassen sich darauf ein. Dass in
der Schlussepisode das Thema der Unentschiedenheit erneut aufgegriffen wird,
bietet die Möglichkeit, die Unentschiedenheit als einen Umgang seitens der El-

tern zu definieren. Die letzte Interaktionsepisode wird von der Lehrkraft eingeleitet. Die Lehrkräfte fordern den Vater und die Mutter auf, noch einmal alles zu durchdenken. Der Vater gibt an, dass er diese Aufforderung realisieren wird, und erklärt, dass er eine Entscheidung treffen wird. Er möchte aber nicht das Formular, in dem die Schulauswahl der Eltern dokumentiert wird, selbst unterschreiben, sondern will, dass es seine Frau macht. Diese Episode wird von Lachen begleitet. Der darauf folgende Beitrag der Mutter, die den Vater verpflichtet, ebenso zu unterschreiben, zeigt, dass das Gespräch in einer entspannten Atmosphäre verläuft. Es ist nicht mehr der Bildungsgang von Merle das Thema, sondern die Prinzipien der Familie bei der Entscheidungsfindung und die Rollen- und Aufgabenverteilung der Eltern. Das Gespräch verlässt den formellen Charakter, repräsentiert durch die Aussagen, die sich nunmehr ausschließlich auf die familiäre Umwelt beziehen. Die Mutter betont, dass in der Familie eine gemeinsame Entscheidung durch Diskutieren getroffen werden soll. Eine amüsierte Stimmung herrscht, die sich noch steigert, als die Mutter äußert, dass die Entscheidung bei einer Flasche Wein gefällt werden sollte. Durch die Zustimmung der Lehrkräfte zu diesem Vorschlag und durch erneutes Lachen setzt sich die Interaktion fort und mündet in die Verabschiedung.

Beispiel 2: Anfangssequenz eines Übergangsberatungsgesprächs mit Eltern mit Migrationshintergrund

> L2: [ja, ja o.k. wir sind ja jetzt zusammen gekommen, weil wir über (.) den schulwechsel sprechen wollen; und jetzt ist die frage an sie, was haben sie sich mit ihrer frau zusammen überlegt, was sie äh für aylin möchten?
> E: aylin möchte nur (.) musterschule mit seine schwester zusammen.
> L2: ja.
> L1: hat sich aylin überlegt [oder <<lacht>>?
> L1: [ja
> L2: [gu(h)t
> L1: hat sich aylin überlegt.

Auch das Beratungsgespräch mit dem Migranten-Vater wird durch die Lehrkraft im Sinne einer interaktiven Selbstfestlegung eröffnet, indem sie wie beim ersten Gespräch die Spezialsemantik des Übergangs von der Grundschule zur Sekundarstufe einführt. Mit der Äußerung *„jetzt ist die frage an sie, was haben sie sich mit ihrer frau zusammen überlegt, was sie äh für aylin möchten?"* wird der Vater aufgefordert, den Bildungswunsch der Familie zu äußern. Eine mögliche Antwort wäre, dass der Bildungswunsch der Familie artikuliert wird. Der Vater legt sich in unerwarteter Form interaktiv fest, indem er mit seiner Äußerung *„aylin möchte nur (.) musterschule mit seine schwester zusammen"* den Wunsch des

Kindes hervorhebt. Der vorangehende Beitrag der Lehrkraft lässt im Grunde diese Anschlussmöglichkeit nicht zu. Als Steuerungsinstanz des Gesprächs schlägt die Lehrkraft die Übergangssemantik vor, die die Artikulation des *Elternwunsches* fordert. Welche Folgen diese unerwartete Selbstfestlegung des Vaters für den Ablauf des gesamten Interaktionssystems haben kann, lässt sich noch nicht beantworten. Eines ist sicher festzustellen: Es wird nicht die Beratungssemantik als Steuerungsinstanz in Anspruch genommen. Stattdessen wird der Wunsch von Aylin dem Interaktionssystem des Gesprächs zur Verfügung gestellt und konkurriert in diesem Sinne mit der schulischen Übergangssemantik. Diese Aussage des Vaters eröffnet neue Anschlussmöglichkeiten, zu denen sich die weitere Interaktion verhalten muss. In besonderem Maß anschlussfähig sind die Erscheinungsformen, die weiterhin auf den Wunsch von Aylin eingehen würden. Das Interaktionssystem setzt zunächst mit einer Selbstfestlegung ein, die das Aufnehmen im Sinne der Bestätigung oder des Verstehens des Gesagten signalisiert: „Ja". Und dann erfolgt die wörtliche Wiedergabe des Gesagten: *„hat sich aylin überlegt"*. Die Lehrkraft signalisiert dann ein zweites Mal die Rezeption des Gesagten: *„mhm"*. Diese Stellen, an denen keine wörtlichen Ausführungen auftreten, deuten darauf hin, dass die Interaktion weder an die vorangehenden Äußerungen anschließen noch eine neue Referenz herstellen kann. Der Grund kann darin liegen, dass unterschiedliche Steuerungsinstanzen in Anspruch genommen werden und darüber noch keine Verständigung hergestellt werden konnte.

Der Vater hebt im Anschluss den Ehrgeiz von Aylin hervor und begründet die Schulformwahl von Aylin, und zwar aus *ihrer* Sicht: Sie möchte nicht wie Klassenkameradin Melina in die IGS gehen, sondern in die Musterschule (ein Gymnasium) wie die Schwester und genauso erfolgreich sein wie diese. Ein anderes Thema, das der Vater in die Interaktion einführt, ist die Hausaufgabenpraxis der älteren Schwester: Sie sitzt lange bei den Hausaufgaben und sieht viel fern. Die Interaktion wird mit den Äußerungen der Interjektionen *„mhm"* und *„oh"* fortgesetzt, die verhaltene Kenntnisnahme bzw. Irritation signalisieren. Die Möglichkeit des unmittelbaren Anschlusses im Sinne des Kommentierens der familiären Erziehungspraxis wird von den Lehrkräften zunächst nicht wahrgenommen. Die Interjektionen *„mhm"* und *„oh"* werden wiederholt. Daraufhin sagt der Vater *„aber fernsehen an"*. An dieser Aussage wird die Interaktion erst sprachlich angeschlossen, die bis dahin still gelegt war. Mit der Äußerung *„Das darf aber nicht sein"* wird die Stellungnahme zur Erziehungspraxis geleistet. Für den Vater bestehen unterschiedliche Möglichkeiten, um mit diesem professionell pädagogischen Vorschlag umzugehen: Akzeptieren, ablehnen oder begrenzt akzeptieren oder begrenzt ablehnen. Er lehnt ab, und zwar mit der Begründung, dass die ältere Schwester von Aylin mit zwölf selber die Verantwortung dafür

tragen soll. So wird die Entscheidung für die Steuerungsinstanz des Beratungsgesprächs in die Sekundarstufe für Aylin bzw. die Verständigung darüber ver-
schoben: Kann der Bildungswunsch von Aylin im Übergangsgespräch leitend
sein? Oder wie wird sich das Leitbild der „Elternvorstellung" zum Bildungsgang
des Kindes als Steuerungsinstanz durchsetzen?

Die Sequenz legt jedoch den Schluss nahe, dass der erste Versuch des Vaters, eine andere Steuerungsinstanz für das Gespräch zu definieren, nämlich den
Bildungswunsch des Kindes, gescheitert ist. Während man sich im ersten kon-
sensuellen Gespräch schnell darauf einigt, was das Beratungsthema sein könnte,
müssten beim zweiten Gespräch mehrere Interventionen notwendig sein. Dreimal ist dieser Versuch im Gespräch von Seiten der Lehrkräfte zu konstatieren,
dreimal wird nämlich zur Artikulation des Bildungswunsches der Familie aufgefordert. Erst in der Mitte des Gesprächs realisiert sich dieser lange provozierte
und erwartete Anschluss, nämlich der Bildungswunsch der Eltern. In der letzten
Episode wird in den Äußerungen der Lehrkraft das Thema „Fernsehverbot" aktualisiert und für die Durchsetzung dieses Verbots in der Familie plädiert. Die
Kinder müssten die Regeln akzeptieren. Diese Aufforderung wird nicht angenommen, die Interaktion setzt sich fort, indem der Vater das Problem der begrenzten Zeit anspricht. Er hätte keine Zeit für die Erziehung. Die Interaktion
wird unterbrochen. Die Lehrkraft nimmt anschließend nicht das pädagogische
professionelle Wissen in Anspruch, sondern sie bringt sich interaktiv mit Alltagswissen in die Interaktion ein: „*nicht einfach mit den Kindern, gell?*". Der
Vater gibt zu, dass das Fernsehen vorteilhaft für die Familie sein kann, die Eltern
haben dann ihre Ruhe. Die Lehrkraft zeigt Verständnis dafür und argumentiert
erneut nicht durch das pädagogische professionelle Wissen, sondern durch das
alltägliche Wissen. In der letzten Äußerung des Vaters „*aber sie weiß schon
risiko, kann nix schaffen, geht realschule, sie weiß schon*" ist es ersichtlich, dass
sich Aylins Bildungswunsch bis zum Ende des Gesprächs als Steuerungsinstanz
behauptet hat. Abschließend zu diesem Gespräch mit dem Vater lässt sich sagen,
dass er seinen Bedarf zur Erziehungsberatung in einem der Übergangssemantik
fremden Feld (Fernsehkonsum) herstellt, worauf sich die Lehrkräfte einlassen.
Auch in der Schlussepisode endet das Gespräch mit dieser Beratungsthematik.
Es wird deutlich, dass die Konstruktion des Beratungsbedarfs über den Fernsehkonsum bzw. die Erziehungspraxis der Familie der Übergangssemantik fremd
erscheint. Die Anfangssequenz legt jedoch den Schluss nahe, dass der erste Versuch des Vaters, eine andere Steuerungsinstanz für das Gespräch zu definieren,
nämlich den Bildungswunsch des Kindes, gescheitert ist. Es erfolgte keine
sprachliche Fortsetzung. Gleichzeitig ist dieser Versuch als ein Umgang mit dem
Widerspruch (Freier Elternwille versus Durchsetzungsmacht der Schule) zu
beschreiben.

Die Forschungsfrage, wie mit der Interkulturalität[5] in Zusammenhang mit der Selektionsfunktion der Organisation Schule umgegangen wird, kann durch diese methodologischen Prämissen beantwortet werden. Die pädagogische Kommunikation wird dabei als ein offener Prozess beschrieben. Herauszuarbeiten ist, wie auf die unterschiedlichen Semantiken (die Sprache des Selektionswissens, die der Interkulturalität, der gesellschaftlichen Erwartungen etc.) von den Beteiligten Bezug genommen wird, und in welchem Verhältnis die Semantiken zueinander stehen. Die so angelegte Beobachtung der Kommunikation geht von der Annahme aus, dass die Kommunikation über die formale Ordnung hinaus von grundlegenden Spannungen vor allem zwischen der Interaktion und Organisation durchzogen ist. In der Organisation Schule, die in der liberalen Rechtsordnung (des Wohlfahrtsstaates) die Bildungsansprüche der BürgerInnen verwaltet und das öffentliche Gut „Bildung" verteilt, könnte die Handlungskompetenz von Professionellen im Kontext der Begegnung mit der migrationsbedingten Heterogenität dahingehend hinterfragt werden, in welchem Zusammenhang die Semantik des Selektionswissens und die Semantik der Interkulturalität angewendet werden. Im Hinblick auf das Ziel der gesamten Untersuchung, die ihr Forschungsinteresse auf den Prozess der ungleichen Bildungsbeteiligung richtet, sind dem Vergleich der angeführten Gesprächssequenzen die verfügbaren Ressourcen von Migranten- und Nicht-Migrantenfamilien in diesem Aushandlungsprozess zu entnehmen. Die Nicht-Migrantenfamilie thematisiert ihre Unentschiedenheit und bringt in diesem Sinne die ganze Bildungssemantik ins Gespräch. Der Migrantenvater bringt demgegenüber einen der Übergangssemantik fremden Kontext ein, nämlich den Bildungswunsch des Kindes. Es bleibt dabei offen, inwieweit die unterschiedliche Ausstattung mit Kapitalien und der Habitus der Eltern in den Beratungsgesprächen die Selektionsentscheidungen von Lehrerinnen und Lehrern zu beeinflussen vermögen.

4   Resümee

Die Reflexion der konversationsanalytischen Vorgehensweise durch die Systemtheorie, wie sie von Hausendorf unternommen wird, ermöglicht, die Gespräche zum Übergang in die weiterführenden Schulen als geschlossene Interaktionssysteme zu konstruieren und hinsichtlich der Widerspiegelung von Makrostrukturen bzw. im Hinblick auf die Frage zu beobachten, wie diese als Wissensbereiche von Akteuren in Anspruch genommen werden. Solchen methodologischen

---

5   Der Begriff der Interkulturalität wird dabei auch als eine Semantik definiert, die von InteraktionsteilnehmerInnen durch die Begriffe der Herkunft, des kulturellen Hintergrunds und der Zugehörigkeit wiederhergestellt werden können.

Prämissen kommt eine besondere Bedeutung zu, wenn es sich zu diesem Beispiel um die Verteilung von Bildungschancen im Kontext des professionellen Handelns in der Organisation Schule handelt. Die Ergebnisse solcher Beobachtungen haben als Reflexionswissen für die Lehrkräfte Bedeutung.

An dieser Stelle stellt sich die Frage, wie sich die hier vorgestellte Reflexion der Methode zu der favorisierten Forscherreflexivität verhält. Die angenommene Autopoiesis des Gegenstandes (hier die Beratungsgespräche) kann auf den wissenschaftlichen Vorgang der Beobachtung übertragen werden, so dass dieser Vorgang seinerseits als autopoietisch geschlossener Prozess in Erscheinung tritt. Dazu gehört auch die Annahme, dass es Gegenstände und Erscheinungsformen für die Beobachtung nur im Sinne selbsterzeugter, d. h. im Analysevollzug erst selbst- bzw. rückbezüglich hervorgebrachter Entitäten gibt. Dies widerspricht der gängigen Gewissheit in der deutschsprachigen Rezeption der Konversationsanalyse, die audiovisuelle Aufzeichnung von Gesprächen als einen rein „registrierenden Konservierungsmodus" sozialer Wirklichkeit zu betrachten (vgl. dazu Bergmann 1985). Die Annahme der selbstreferentiellen Geschlossenheit der Beobachtung – derzufolge auch *die Elemente, Strukturen und Einheiten der Beobachtung durch diese Elemente, Strukturen und Einheiten der Beobachtung produziert und reproduziert werden* – impliziert demgegenüber, dass die Beobachtung die Wirklichkeit ihres Gegenstandes entdeckend wiederherstellt, wodurch auch andere Möglichkeiten der Reflexion eröffnet werden. In der Eigentümlichkeit dieser Wiederherstellung von Welt- und Wirklichkeitsaspekten, die auf der Differenz von Beobachtung und Gegenstand basiert, liegt die Charakteristik des Beobachtungssystems.[6] Das bedeutet, dass dieses Beobachtungssystem auf seine Prämissen hin erneut reflektiert werden kann. Diese Reflexion basiert in diesem Fall nicht auf den persönlichen Eigenschaften der Forschenden, sondern auf den theoretischen Unterscheidungen bezüglich der Definition des Gegenstandes sowie auf den Unterscheidungen, welche die Methode bzw. den Beobachtungsvorgang betreffen. Diese Unterscheidungen setzen immer die blinden Flecken voraus, die zum einen im Rück-Blick von der Beobachterin selbst oder unmittelbar von einem anderen Beobachter beobachtet werden (Beobachter zweiter Ordnung), wobei der andere Beobachter selbst wiederum seine eigenen blinden Flecken nicht sieht. „Eine Beobachtung liegt immer dann vor, wenn eine Unterscheidung gemacht wird, um die eine (aber nicht die andere) Seite der Unterscheidung zu bezeichnen" (Luhmann 1984a: 126). Dem systemischen Ansatz geht es um standpunkt-und methodenabhängige Beobachtungen, die den scheinbar objektiven Gegenstand für den Betrachtenden erst konstituieren. So erschaffen die Forschersubjekte nicht die Wirklichkeit, sondern haben zu einer

---

6 Derartige Positionen finden sich gegenwärtig unter dem Stichwort *Konstruktivismus* (vgl. Knorr-Cetina 1989).

unerkennbaren Wirklichkeit einen vermittelten Zugang, der offensichtlich sowohl durch bewusste als auch unbewusste Entscheidungen geprägt ist. Sie sind
jedoch nicht durch den Anspruch der Forscherreflexivität einzulösen bzw. zu
vermeiden.

Literatur:

Beck, Ulrich, Giddens, Anthony, Lash, Scott (1996). *Reflexive Modernisierung. Eine Kontroverse.* Frankfurt/M.: Suhrkamp.
Bergmann, von Jörg R. (1985). Flüchtigkeit und methodische Fixierung sozialer Wirklichkeit. Aufzeichnungen als Daten der interpretativen Soziologie. In Hartmann, Heinz & Bons, Wolfgang (Hrsg.), *Entzauberte Wissenschaft. Zur Reflexivität und Geltung soziologischer Forschung.* Göttingen: Schwartz, 299-320.
Bourdieu, Pierre (1993). Narzißtische Reflexivität und wissenschaftliche Reflexivität. In Berg, Eberhard & Fuchs, Martin (Hrsg.), *Kultur, soziale Praxis, Text. Die Krise der ethnographischen Repräsentation.* Frankfurt/M.: Suhrkamp, 365-374.
Devereux, Georges (1984). *Angst und Methode in den Verhaltenswissenschaften.* Frankfurt/M.: Suhrkamp.
Ditton, Hartmut & Krüsken, Jahn (2006). Der Übergang von der Grundschule in die Sekundarstufe I. *Zeitschrift für Erziehungswissenschaft, 9*(3), 348-372.
Dittmann, Jürgen (1982). *Konversationsanalyse – Eine sympathische Form des Selbstbetrugs? Zur Methodologie der neueren Gesprächsforschung.* Trier: L.A.U.T (=Series B, Paper Nr. 75).
Goffman, Ervin (1964). The neglected Situation. In John Gumperz, John,Hymes, Dell (Hrsg.), *Directions in Sociolinguistics: The Ethnography of Communication. Special Issue of American Anthropologist.* New York: Blackwell, 133-136.
Foerster, Heinz von. (1985). *Sicht und Einsicht. Versuche zu einer operativen Erkenntnistheorie.* Braunschweig & Wiesbaden: Vieweg.
Hausendorf, Heiko. (1992). *Gespräch als System. Linguistische Aspekte einer Soziologie der Interaktion.* Opladen: Westdeutscher Verlag.
Jefferson, Gail. (1972). Side Sequences. In Sudnow, David (Hrsg.), *Studies in Social Interaction.* New York: The Free Press, 294-338.
Knorr-Cetina, Karin. (1989). Spielarten des Konstruktivismus. Einige Notizen und Anmerkungen. *Soziale Welt 40,* 86-96.
Langenohl, Andreas (2009). Zweimal Reflexivität in der gegenwärtigen Sozialwissenschaft: Anmerkungen zu einer nicht geführten Debatte. *Forum Qualitative Sozialforschung/Forum: Qualitative Social Research, 10*(2). Abgerufen am 21.4.2013 von URL http://nbn-resolving.de/urrunbn:de:0114-fqs090297.
Luhmann, Niklas (1976). Einfache Sozialsysteme. In Auwärter, Manfred, Kirsch, Edit, Schröter, Klaus (Hrsg.), *Seminar: Kommunikation, Interaktion, Identität.* Frankfurt/M.: Suhrkamp, 3-34.
Luhmann, Niklas (1984a). Doppelte Kontingenz In ders., *Soziale Systeme. Grundriß einer allgemeinen Theorie.* Frankfurt/M.: Suhrkamp, 148-190.

Luhmann, Niklas (1984b). Gesellschaft und Interaktion. In ders., *Soziale Systeme. Grundriß einer allgemeinen Theorie.* Frankfurt/M.: Suhrkamp, 551-592.

Luhmann, Niklas (1985). Die Autopoiesis des Bewußtseins. *Soziale Welt, 36,* 402-446.

Luhmann, Niklas (1987). Die Richtigkeit soziologischer Theorie, *Merkur 41,* 36-49.

Lynch, Michael (2000). Against reflexivity as an academic virtue and source of privileged knowledge. *Theory, Culture & Society 17* (3), 26-54.

Maaz, Kai & Nagy, Gabriel (2010). Der Übergang von der Grundschule in die weiterführenden Schulen des Sekundarschulsystems: Definition, Spezifikation und Quantifizierung primärer und sekundärer Herkunftseffekte. In Maaz, Kai, Baumert, Jürgen, Gresch, Cornelia, McElvany, Nele (Hrsg), *Der Übergang von der Grundschule in die weiterführende Schule. Leistungsgerechtigkeit und regionale, soziale und ethnisch-kulturelle Disparitäten.* Bonn: BMBF, 151-180.

Maturana, Humberto R., Varela, Francisco J. (1990). *Der Baum der Erkenntnis. Die biologischen Wurzeln des menschlichen Erkennens.* München: Goldmann.

Prenzel, M. (2008). Ergebnisse des Ländervergleichs bei PISA 2006 im Überblick. In Prenzel, Manfred, Artelt, Cordula, Baumert, Jürgen, Blum, Werner, Hammann, Marcus, Klieme, Eckhard, Pekrun, Reinhard (Hrsg.), *PISA 2006. Die Ergebnisse der dritten internationalen Vergleichsstudie.* Münster: Waxmann,15-30.

Neumann, Marko, Milek, Anne, Maaz, Kai & Gresch, Cornelia (2010). Zum Einfluss der Klassenzusammensetzung auf den Übergang von der Grundschule in die weiterführenden Schulen. In Maaz, Kai, Baumert, Jürgen, Gresch, Cornelia & McElvany, Nele (Hrsg.), *Der Übergang von der Grundschule in die weiterführende Schule - Leistungsgerechtigkeit und regionale, soziale und ethnisch-kulturelle Disparitäten.* Bonn: BMBF, 229-252.

Sacks, Harvey & Schegloff, Emanuel (1978). Zwei Präferenzen in der Organisation personaler Referenz in der Konversation und ihre Wechselwirkung. In Quasthoff, Uta M. (Hrsg.), *Sprachstruktur - Sozialstruktur. Zur linguistischen Theorienbildung.* Königstein/Ts.:Scriptor-Verlag, 150-157.

Sacks, Harvey (1992). *Lectures on Conversation.* Hrsg. von Gail Jefferson. Oxford & Cambridge: Blackwell.

Schegloff, Emanuel & Sacks, Harvey (1973). Opening up Closings. *Semiotica, 8,* 289-327.

Tiedemann, Joachim & Billmann-Mahecha, Elfriede (2010). Wie erfolgreich sind Gymnasiasten ohne Gymnasialempfehlung? Die Kluft zwischen Schullaufbahnempfehlung und Schulformwahl der Eltern. *Zeitschrift für Erziehungswissenschaft, 13*(4), 649-660.

Trautwein, Ulrich & Baeriswyl, Franz (2007). Wenn leistungsstarke Klassenkameraden ein Nachteil sind: Referenzgruppeneffekte bei Übergangsentscheidungen. *Zeitschrift für Pädagogische Psychologie, 21,* 119-133.

Forschungspraktische Zwischenräume. Von methodologischen Ansprüchen und praktischen Widersprüchen[1]

Bettina Schmidt

Zusammenfassung: In diesem Beitrag spreche ich über methodologische Ansprüche, die mich in meiner Forschung begleitet haben, über Bemühungen um ihre Realisierung und entstandene Wirklichkeiten. Mein Forschungsprojekt ist angesiedelt im Schnittfeld von außerschulischer und schulischer Bildungsarbeit, die sich thematisch mit Vielfalt, Demokratie und Diskriminierung beschäftigt. Ich führte eine subjektwissenschaftliche Begleitung eines Projektes durch, welches an mehreren Grundschulen mit dem Anti-Bias-Ansatz (Anti-Diskriminierungsansatz) und dem Betzavta-Konzept (Demokratielernprogramm) arbeitete. Nach einer knappen Vorstellung meines Forschungsprojektes und der methodologischen Rahmungen greife ich Überlegungen und Fragen aus einer ausführlichen Forschungsreflexion auf, die sich auf die Ansprüche Reflexivität und Partizipation beziehen. Ich diskutiere bewusst nicht nur erfolgreiche, sondern gerade auch suchende und widersprüchliche Erfahrungen. Dabei leitet mich der Gedanke, dass die Thematisierung von Erfahrungen, die als Scheitern erlebt wurden, zu einer Klärung dessen beitragen kann, was mit den formulierten Ansprüchen Reflexivität und Partizipation gemeint ist, und wie diese method(olog)isch berücksichtigt werden können.

> *„Utopische Visionen schaffen Räume,*
> *in denen Un-Mögliches*
> *gedacht und gelebt werden kann"*
> *(Castro Varela 2002: 47).*

Maria do Mar Castro Varela (2002) weist auf die Produktivität von Utopien hin: In der Diskrepanz von utopischer Vision und Wirklichkeit entstehen Zwischenräume, „die *anders* besetzbar sind" (ebd.: 47). Auch Forschung realisiert sich zum Teil in eben solchen Zwischenräumen, wobei methodologische Ansprüche als leitende Orientierung oder als nachträgliche Legitimation dienen, allerdings

---

1   In diesem Artikel reproduziere ich Dichotomien, wie Anspruch/Wirklichkeit, Theorie/Praxis, schulisch/außerschulisch, gerade um Zwischenräume, Zusammenwirken und Überschreitungen thematisierbar zu machen.

nicht immer etwas mit den entstehenden Wirklichkeiten zu tun haben (vgl. Haraway 1995: 74). In diesem Beitrag spreche ich über Ansprüche, die mich in meiner Forschung begleitet haben, über Bemühungen um ihre Realisierung und entstandene Wirklichkeiten – geleitet von dem Gedanken des Austauschs über eigene Erfahrungen als Bestandteil „raumschaffender Bewegung" (ebd.). Dabei gehe ich zunächst auf mein Forschungsprojekt und die methodologischen Rahmungen ein, bevor ich meine forschungspraktischen Erfahrungen mit den Ansprüchen Partizipation und Reflexivität diskutiere.

1   Das Forschungsprojekt

Mein Forschungsprojekt ist angesiedelt im Schnittfeld von außerschulischer und schulischer Bildungsarbeit, die sich thematisch mit Vielfalt, Demokratie und Diskriminierung beschäftigt. Konkret begleitete ich ein Projekt, welches über drei Jahre an mehreren Grundschulen in einer Großstadt in Deutschland mit dem Anti-Bias-Ansatz ('bias' wird aus dem Englischen mit 'Schieflage' oder 'Voreingenommenheit' übersetzt) und dem Betzavta-Konzept ('betzavta' wird aus dem hebräischen mit 'miteinander' übersetzt) arbeitete. Während der in den USA und Südafrika entwickelte Anti-Bias-Ansatz einen thematischen Zugang zu Differenz- und Machtverhältnissen sowie Diskriminierung ermöglicht (vgl. u.a. Derman-Sparks 1989; ELRU 2007; Schmidt 2010), fokussiert sich der in Israel entstandene Betzavta-Ansatz auf das Einüben von Demokratie und auf Menschenrechtsbildung (vgl. Wolff-Jontofsohn 2005). Ziel des Projektes war es, Kinder in ihrem demokratischen Bewusstsein und ihren Handlungskompetenzen gegen Diskriminierung zu stärken, Beteiligungsstrukturen in Grundschulen auszubauen und eine schulübergreifende Vernetzung anzuregen.

Das Projektteam – festangestellte und freiberufliche Mitarbeitende, die auch das Konzept entwickelt hatten – arbeitete im Rahmen der Projektlaufzeit mit einzelnen Klassen und Hortgruppen an verschiedenen Schulen sowie mit in den Schüler_innengruppen tätigen Pädagog_innen. Während sie zunächst wöchentlich gemeinsam mit den Lehrer_innen Unterrichtseinheiten durchführten, wurde die gemeinsame Praxis mit den Lehrer_innen und Hortmitarbeiter_innen zum Ende des Projektes eher in Form von Projektschultagen oder standortübergreifenden Projektwochen umgesetzt. Für die beteiligten Pädagog_innen wurde darüber hinaus eine begleitende Fortbildungsreihe angeboten.

Meine Begleitforschung war kein offizieller Bestandteil des Projektkonzeptes. Vielmehr war ich vom Projektteam für eine kritische Begleitung zusätzlich zur Evaluation von Seiten der Geldgeber angefragt. Die Konzeption des Forschungsvorgehens lag in meiner Verantwortung, entwickelte sich aber in engem

Austausch mit dem Projektteam. So war es auch nicht zuletzt ihrer Prozessorientierung in der pädagogischen Praxis geschuldet, dass (s)ich auch mein(en) Forschungsprozess dementsprechend offen gestaltete – die zunächst vagen Zielformulierungen konkretisierten sich im Verlauf des etwa eineinhalbjährigen Forschungsprozesses.

Ein erstes Ziel war die Umsetzung der *kritisch-unterstützenden Begleitung des Projektes*. Im Anschluss an teilnehmende Beobachtungen bei Projekteinheiten in den Schulen, initiierte ich Reflexionsgespräche mit den jeweils beteiligten Pädagog_innen zur gemeinsamen Analyse von Handlungsproblematiken in der Praxis. Konkret arbeiteten wir mit Auszügen aus meinen Beobachtungsprotokollen zur Rekonstruktion und Reflexion von Praxissituationen, die als problematisch wahrgenommen wurden, um anschließend über Handlungsmöglichkeiten für eine darauffolgende gemeinsame Praxis ins Gespräch zu kommen. Diese Reflexionsgespräche ermöglichten einen Austausch zu Themen, wie der Zusammenarbeit von schulischen und außerschulischen Pädagog_innen, den strukturellen Möglichkeiten und Grenzen der Beteiligung von Kindern in der Schule oder wieden Bildern über Kinder, mit denen eigenes pädagogisches Handeln begründet wird.

Ein zweites Anliegen meiner Forschung ist es, verallgemeinernde Überlegungen, *Schlussfolgerungen und Fragen für eine anti-diskriminierende Bildungsarbeit an Schulen* formulieren zu können. Zu diesem Zweck initiierte ich zwei halbtägige Reflexionssessions ausschließlich mit dem Projektteam als tatsächlich Mitforschende[2] in meinem Projekt (weglassen geht eher nicht). In der ersten Session gingen wir erneut von konkreten Handlungsproblematiken sowie von Erfahrungen aus den Reflexionsgesprächen mit den beteiligten Pädagog_innen aus und fragten nach Begründungen für das je eigene Handeln. Auf diese Weise konnten wir erarbeiten, welche Bedingungen (schulstrukturelle Rahmenbedingungen, Projektvorgaben und -ansprüche, vorherrschende Interpretationsangebote, Bilder vom Kind etc.) in den konkreten Situationen bedeutungsvoll wurden. So war es möglich, Widersprüche herauszuarbeiten, die wir in einer zweiten Session verallgemeinernd in den Blick nahmen und an Fragen der eigenen Involviertheit in bestehende Differenz- und Machtverhältnisse als Ausgangspunkt für Handlungsmöglichkeiten anknüpften.

---

2   Mitforschen bedeutet in der Kritisch psychologischen Subjektwissenschaft, die beteiligten Menschen als Erkenntnis*subjekte* in Reflexion und Analyse einzubeziehen (vgl. 2.1 und 3.3). Das Ausmaß der Beteiligung von unterschiedlichen Gruppen – Projektteam, Lehrer_innen/Erzieher_innen, Kinder – hing in meiner Forschung von einem mehr oder weniger ausgeprägten gemeinsamen Interesse und zeitlichen/finanziellen Ressourcen ab.

Eine dritte Absicht meiner Forschung ist es, mit der Diskussion von gerade auch schwierigen und als Scheitern[3] erlebten Erfahrungen in meinem konkreten Projekt zur *Weiterentwicklung von (subjektwissenschaftlicher) Forschung* beizutragen. In diesem Sinne arbeitete ich im Anschluss vorwiegend an der Rekonstruktion und Darstellung, Begründung und kritischen Reflexion meines Forschungsprozesses.

Auch wenn meinem Projekt keine Entwicklung eines theoretischen Rahmens vorausging, begleiteten mich sensibilisierende Konzepten (vgl. Blumer 1954) im Feld, die meine Aufmerksamkeitsrichtungen mitbestimmten: Als ein solches sensibilisierendes Konzept sei zum einen auf Kritisch-psychologische (die Großschreibung ist feststehend, Abgrenzung zu anderen kritischen Psychologien) Kategorien verwiesen, auf die ich in meiner Wahrnehmung von Wirklichkeit und Aufschlüsselung von Erfahrungen zurückgreife. Insbesondere mein Subjektverständnis orientiert sich an dem Konzept subjektiver Möglichkeitsräume, die durch gesellschaftliche Bedingungen unterschiedlich stark eingeschränkt sind (vgl. Holzkamp 1985a: 368). Das Subjekt erscheint nicht losgelöst von gesellschaftlichen Verhältnissen oder diesen gegenüberstehend, sondern in diese verstrickt und an diesen beteiligt (vgl. Leiprecht 2001: 17; 2013).

Als sensibilisierendes Konzept zähle ich zum anderen auch die spezifische Perspektive des Anti-Bias-Ansatzes, die mich in politischen, bildungspraktischen, wissenschaftlichen und persönlichen Kontexten begleitet und auch im Rahmen meines qualitativen Forschungsprozesses eine wesentliche Rolle einnahm – nicht zuletzt weil ich diese Perspektive mit den Mitforschenden teilte und zumindest darüber die Richtung eines gemeinsamen Interesses bestimmt war. Diese Perspektive ist durch Sensibilität für Herstellungsprozesse von Differenz/verhältnissen, für kontextuell bedeutungsvolle Machtkategorien und Ausschließungspraxen sowie durch eine Selbstverständlichkeiten hinterfragende Haltung gekennzeichnet. Dabei wird immer von der eigenen Involviertheit in Differenz- und Machtverhältnisse, gerade auch in Hinblick auf Handlungs- und Veränderungsmöglichkeiten ausgegangen (vgl. Batts 2005).

Das Projekt und die unmittelbare Begleitung des Projektes sind abgeschlossen. Erste verallgemeinernde Überlegungen aus der Auswertung in und von Reflexionsgesprächen beziehen sich auf die Notwendigkeit von *Räumen zur Reflexion* der eigenen (pädagogischen) Praxis. Diese bieten Distanzierungsmöglichkeiten, um erlebte Widersprüche nicht als individuelle Handlungsproblema-

---

3   In der Kritischen Psychologie wird der Begriff des Scheiterns verwendet, um Prozesse zu beschreiben, die nicht dem idealtypischen Forschungsverlauf, wie er in der Entwicklungsfigur (vgl. 3.1) beschrieben wird, entsprechen. Ich greife diesen Begriff in diesem Beitrag auf, da meines Erachtens auf interessante Fragen nach gesellschaftlichen und subjektiven Bewertungsmaßstäben sowie Verwertungslogiken (Scheitern als Chance?!) verweist.

tiken aufzufassen, sondern zu erkennen, inwiefern hier gesellschaftliche Bedingungen zum Ausdruck kommen, und um Verbündete (innerhalb und außerhalb von Schule) finden und gemeinsame Handlungsperspektiven entwickeln zu können. Gerade auch zusammen mit Schüler_innen braucht es Räume, in denen die bestehenden Widersprüche der gemeinsamen Lehr-Lern-Praxis thematisiert werden können.

Eine weitere Auswertungslinie richtete sich auf die Notwendigkeit, vermeintliche *Selbstverständlichkeiten in den je eigenen Denk- und Handlungsmustern und in institutionellen Praxen im Kontext Schule zu hinterfragen.* Diesbezüglich rückten die Differenzierungskategorie Alter (Differenzierung von Kindern und Erwachsenen) und die Differenzierungskategorie Leistung/Entwicklung (Differenzierung von leistungsstärkeren und -schwächeren Kindern) in ihrer selten hinterfragten Wirkmächtigkeit in der Schule in den Blick.

Erste forschungsbezogene Schlussfolgerungen basieren auf einer ausführlichen Reflexion und Auswertung meines Forschungsprozesses, des methodischen Vorgehens und meines Forschungshandelns.

In diesem Beitrag greife ich Überlegungen und *Fragen zu den Ansprüchen der Reflexivität und Partizipation* auf und diskutiere sie mit der Absicht, dass nicht nur erfolgreiche, sondern gerade auch suchende, widersprüchliche und als Scheitern erlebte Erfahrungen in der (subjektwissenschaftlichen) Forschung verhandelbar werden. In Anlehnung an Bernd Hackl scheint mir eine so verstandene Entmystifizierung von Wissenschaft (vgl. Hackl 1994: 7f) Voraussetzung und Konsequenz einer kritischen (Selbst)Reflexion des eigenen Forschens zu sein. Diese stellt meines Erachtens wiederum eine nicht zu verachtende Quelle für die Weiterentwicklung methodologischer und methodischer Fragen dar.

Zunächst aber sollen die zentralen methodologischen Bezugspunkte meiner Forschung skizziert werden, welche der darauffolgenden Diskussion der konkreten Erfahrungen mit Partizipation und Reflexivität zugrunde liegen.

2   Methodologische Rahmungen

2.1 Subjektwissenschaft

Die Subjektwissenschaft versteht sich in Abgrenzung zu experimentell-statistischen Untersuchungsverfahren der traditionellen Psychologie als Wissenschaft vom Standpunkt des Subjekts, deren Gegenstand nicht die Subjekte selbst sind, sondern „die Welt, wie das Subjekt sie – empfindend, denkend, handelnd – erfährt" (Markard 2000: Abs. 18). Nicht die unmittelbare Wirkung von Bedingungen auf Subjekte wird untersucht, sondern die subjektive Bedeutung, die konkrete Lebensumstände für die Subjekte erhalten und ihre Möglichkeiten der (bewussten) Einflussnahme (vgl. Osterkamp 2000: 36). Ein so gefasster Gegenstand kann nicht durch einen Außenstandpunkt erforscht, sondern nur in einem gemeinsamen Forschungsprozess mit den Subjekten als Mitforschende analysiert werden.[4]

Das Kriterium der Gegenstandsadäquatheit wird dem Kriterium der wissenschaftlichen Objektivierbarkeit in der subjektwissenschaftlichen Forschung vorangestellt. Es setzt neben dem Standpunkt des Subjektes eine Beziehung der Intersubjektivität zwischen Forschenden und Mitforschenden voraus. Aufgrund der gemeinsamen Lebensbedingungen von Menschen wird davon ausgegangen, dass die vorhandenen Handlungsgründe von Menschen in einem intersubjektiven Prozess nicht nur kommunizierbar, sondern nachvollziehbar und verständlich sind (vgl. Holzkamp 1983, 1985: 350). Wissenschaftliche Objektivierbarkeit wird als „Objektivierung des Subjektiven" (Holzkamp 1985b: 11) also mit der Verständigung über Handlungsgründe im intersubjektiven Beziehungsniveau umgesetzt (vgl. Holzkamp 1983: 23). Konkret realisiert sich die Verbindung von Gegenstandsadäquatheit und Objektivierbarkeit in einer Bedingungs-Bedeutungs-Begründungsanalyse durch Forschende und Mitforschende. Ausgehend von konkreten Handlungsproblematiken wird nach subjektiven Handlungsgründen gefragt, die auf bedeutungsvolle Bedingungen für das eigene Handeln verweisen. Entsprechend dieser subjektwissenschaftlichen Grundlagen versuchte ich gemeinsam mit den beteiligten Subjekten, ausgehend von konkreten Praxisproblematiken, Handlungsspielräume in Schulen zu erkunden.

2.2 Grounded Theory Methodology

Mein Forschungsprozess entwickelte sich in Abgrenzung bzw. Übereinstimmung zu verschiedenen Ansätzen der qualitativen Sozialforschung, die teilweise Parallelen aufwiesen – partizipative Forschung, Aktions-/Praxisforschung, Ethnographie etc. Insbesondere orientierte ich mich in meinem Vorgehen an der reflexiven Grounded Theory Methodology (GTM) nach Franz Breuer (2009). Trotz nicht zu verachtender Differenzen[5] ergab sich für mich die Anschlussfähigkeit

---

4   Damit unterscheidet sich die Subjektwissenschaft auch von subjektorientierter Forschung, die
      zwar das Erleben der Subjekte fokussiert, diese aber nicht in die Forschung einbezieht (vgl. Os-
      terkamp 2001: 8f).
5   Morus Markard arbeitet grundlegende Differenzen zur qualitativen Sozialforschung am Beispiel
      der GTM heraus (vgl. Markard 1993; Markard 2009). Seine Kritik nimmt insbesondere Bezug
      auf den entpolitisiert-unkritischen Alltagsbezug (Markard 1993: 143) die Suspendierung von
      Vorwissen (vgl. ebd.: 176), Verallgemeinerung entlang von Häufigkeiten (vgl. ebd.: 165f) so-
      wie die ungeklärte Bezugnahme auf Subjektivität (vgl. ebd.: 143). Weiterentwicklungen der
      GTM gerade hinsichtlich der kritisierten Aspekte (vgl. Breuer 2009) sind in dieser Kritik aller-

der GTM an die subjektwissenschaftliche Forschung aus der gemeinsamen Betonung der Gegenstandsadäquatheit, der Bedeutung der aktiven und produzierenden Rolle des (forschenden) Menschen sowie der Prozessorientierung durch die Verzahnung von Theorie, Methodologie und Praxis. Konkret war für mich erstens die Gestaltung eines zirkulären Forschungsprozesses relevant, wie er in der GTM als Wechsel von Datenerhebung, Datenauswertung und Theoriebildung beschrieben wird (Breuer 2009: 55). Zweitens nutzte ich die differenzierten Kodierverfahren als Anregungen für mein Vorgehen im ersten Zugang zum Material. Drittens bestärkte mich das Konzept der „reflektierten Offenheit" (ebd.: 29) darin, eigene Voraus-Setzungen zu explizieren und auf ihre Bedeutung für den Forschungsprozess zu befragen.

2.3 Angemessenheit der Methode?

Die Auswahl der Methode für das Feld und der Fokus auf die Perspektive der Subjekte versuchen, den widersprüchlichen Anforderungen an Handelnde im Feld Schule Rechnung zu tragen (vgl. Schmidt 2011: 195). Mithilfe subjektwissenschaftlicher Kategorien konnten konkrete Widersprüche gemeinsam mit den handelnden Subjekten aufgeschlüsselt und auf den Begriff gebracht werden (vgl. Babel & Hackl 2004). Damit war es möglich, Tendenzen der Individualisierung gesellschaftlicher Widersprüche gerade auch im Kontext von Schule – etwa in Form von vereinfachten Verantwortungszuweisungen an Lehrende oder Eltern – etwas entgegen zu setzen. Darüber hinaus erwies sich die Anti-Bias-Perspektive auf die je eigene Eingebundenheit in Herrschaftsverhältnisse als anschlussfähige Ergänzung subjektwissenschaftlicher Kategorien.[6] Gleichzeitig näherte ich mich auf diese Weise der in der Anti-Bias-Arbeit beanspruchten Einheit von Inhalt und Form (vgl. Wagner 2003: 41) dadurch an, dass ich die thematisierten Inhalte auch in mein Forschungsvorgehen integrierte.

---

dings nicht berücksichtigt. Auch wird von einer lehrbuchartigen Umsetzung ausgegangen, wobei die GTM Grundsätze und Prinzipien für qualitative Forschung bereitstellt, die „ein hohes Maß an Allgemeinheit aufweisen" (Strübing 2008: 7) und damit für die Anpassung an die konkreten Bedingungen der eigenen Forschung geeignet ist (vgl. Mey & Mruck 2007: 34; Truschkat, Kaiser & Reinertz 2005: Abs.2f).

6   Für die Implementierung einer Anti-Bias-Perspektive in eigene Forschungsprojekte nehme ich Bezug auf den Ansatz der Intersektionalität, der sich in Europa zunehmend nicht nur in der femi-nistischen Forschung etabliert; die Verknüpfung mit einem subjektwissenschaftlichen Vorgehen wurde hier bereits als sinnvoll bzw. notwendig herausgestellt (vgl. Riegel 2010; Winker 2012).

3   Forschungspraktische Erfahrungen – Reflexivität und Partizipation

Im Folgenden fokussiere ich mich auf den Anspruch an Reflexivität und den Anspruch an Partizipation als wichtige Kriterien subjektwissenschaftlicher und qualitativer Forschungsprozesse generell, die in meinem Prozess handlungsleitend waren. Auffällig schien zunächst, dass über die Adressat_innen dieser Ansprüche in der Regel wenig gesprochen wird: Reflexivität bezieht sich scheinbar selbstverständlich auf die Forschenden, so wie es im Sprechen über Partizipation kaum einer Erwähnung bedarf, dass es um die Partizipation der Mit-Forschenden an der Forschung geht.

Da ich in meinem Projekt an der Praxis der Mitforschenden durchaus beteiligt war und sie als Mitforschende auch mit dem Reflexionsanspruch konfrontiert wurden, differenziere ich im Folgenden drei Perspektiven: Nach einer Betrachtung meines Einflusses auf die Praxis im Feld (3.1) und meiner Suche nach einem geeigneten Maß an Reflexion des eigenen Forschungshandelns (3.2) diskutiere ich aus differenz- und machtfokussierender Perspektive das subjektwissenschaftliche Konzept des Mitforschens, welches ich als die gleichzeitige Realisierung der Ansprüche an Reflexion und Partizipation der Beteiligten (3.3) verstehe. Ich gehe dabei von meinen Forschungserfahrungen als Realisierungsbemühungen methodologischer Ansprüche aus und konzentriere mich insbesondere auf Schwierigkeiten, die sich für mich im Feld und in der Reflexion ergeben, um auch diese besprechbar und für methodische Entwicklungen nutzbar zu machen.

3.1   Partizipation als Forschende im Feld

Im Rahmen der Reflexion meiner kritisch-unterstützenden Begleitung des Projektes traten (mindestens) drei Dimensionen meiner Einflussnahme auf das Projekt hervor. *Erstens* beeinflusste ich die fokussierte Projektpraxis in dem Maße, wie es aus zum Teil sehr unterschiedlichen Perspektiven für jede Forschung und ebenso jede (teilnehmende) Beobachtung als unumgänglich beschrieben wird (vgl. Devereux 1984: 29; zit. nach Breuer 2009: 124). Forschende sind nicht unsichtbar, sie sind präsent und beteiligt an der Herstellung von Ergebnissen – in Interaktion mit den Beteiligten konstruieren sie Wirklichkeiten (vgl. Winter 2011: 78); ihre Interessen sind nicht unabhängig, ihre Beobachtungen sind selektiv und lokalisiert (vgl. ebd.: 77), ihre Beschreibungen wertend und ihre Interpretationen subjektiv und situiert (vgl. Breuer 2009: 120; Breidenstein & Kelle 2002: 140f.): Jedes Wissen bleibt partiell, jede Sichtweise unvollständig (vgl. Winter 2008: 82; Haraway 1995: 80).

Zweitens beeinflusste ich die Projektpraxis im Rahmen der teilnehmenden Beobachtungen in ungeplanten Situationen und Interaktionen, wo ich meine

Forscher_innenrolle überschritt. Zwar war mit den beteiligten Erwachsenen abgesprochen, dass ich mich nicht in die Projektpraxis einmische, sondern mich mit meiner Beobachtung nach einer kurzen Vorstellung im Hintergrund halte. Doch nicht nur die Schüler_innen sprachen mich regelmäßig als mitverantwortliche Erwachsene an. Auch die Pädagog_innen adressierten mich immer wieder in dieser Rolle. Trotz des theoretischen Wissens um die Bedeutung von Rollenklärungen, grenzte ich mich von solchen Adressierungen nur selten ab. Viel zu sehr entsprachen sie meinem Interesse, teilzunehmen, dazuzugehören und anerkannt zu werden. Die Befriedigung dieser Interessen ging mit einer Vernachlässigung meiner Forschungsinteressen einher. Wenn beispielsweise Schwierigkeiten in der Zusammenarbeit von Pädagog_innen aus Schule oder Hort und dem Projektteam zum Gegenstand der von mir initiierten Reflexionsgespräche wurden, befand ich mich schon im Rahmen der Vorabsprachen und Interessenklärung in einer vermittelnden Position. Die Bedeutung der Reflexionsgespräche verschob sich zum Teil weg von der Erkundung subjektiver Handlungsmöglichkeiten hin zu einem zentralen Ort des klärenden Austausches im Rahmen einer vor- und nachbereitenden Reflexion der Praxisphasen. Wegen meiner ausgeprägten Nähe zum Feld – als meinem eigenen Handlungsfeld der politischen Bildungsarbeit, u.a. an Schulen – konnte hier ein Raum geschaffen werden, der durch Vertrauen und gegenseitige Wertschätzung gekennzeichnet war.[7] Eine solche soziale Nähe der Forschenden zu den Beteiligten wird oft als erstrebenswert und (erkenntnis)gewinnbringend dargestellt und motiviert beispielsweise Ansätze der Peer-Forschung (vgl. Kühner & Langer 2010).[8]

In Bezug auf meine Forschung scheint mir meine Nähe zum Feld allerdings auch problematisch. So wie sich meine Empathie mit den Mitforschenden teils als Überidentifikation mit ihren Interessen bei gleichzeitigem Verlust eigener Forschungsinteressen darstellte, so führte die von mir durchaus gesuchte Nähe zu den Mitforschenden zu einer Diffusität in Bezug auf Rollen, Interessen und Loyalitäten. Trotz gegenteiliger Absicht und Selbsteinschätzung war diese Diffusität in dem Maße problematisch, wie ich in der machtvollen Position war, zu entscheiden, wann sich die Rollenverhältnisse wie ändern, wann die Forschungs-

---

7   Bergold und Thomas sprechen von sicherem oder geschütztem Raum (vgl. Thomas & Bergold 2012: Abs. 12ff), wobei ich damit eher einen Anspruch beschrieben finde. Weder kann ich Verletzungen durch andere in diesem Raum verhindern, noch bin ich mir immer der Effekte meiner Handlungen gewahr.

8   Rainer Winter formuliert auch für die Kritische Ethnografie, dass es darum geht, sich auf die Erfahrungswelt der Beteiligten einzulassen, um einen objektivierenden und voyeuristischen Blick zu vermeiden (vgl. Winter 2008:, 86). Winter führt die Möglichkeit ein, dass Forschende eigene Erfahrungen einbringen und damit einen Dialog eröffnen. Gleichzeitig warnt er vor einer „empathischen Versenkung" (ebd.), welche es Forschenden möglicherweise erschwert, das Vermittlungs-Verhältnis von Diskursen und Erfahrungen zu thematisieren.

interessen wieder in den Vordergrund rücken und wann die Praktiker_innen mit ihren Problemen zurückbleiben sollten. Klarheit und Transparenz von Rollen und Interessen scheint mir, gerade bei einer solchen Nähe zu den Beteiligten, Teil eines notwendig verantwortungsvollen Umgangs mit der eigenen Machtposition, der zwar keinen geschützten/sicheren, aber einen solchen Raum zu schaffen vermag, dessen Rahmenbedingungen für alle klar und die Konsequenzen möglichst absehbar sind.[9]

Drittens beeinflusste ich die Projektpraxis im Bemühen um die Realisierung der Entwicklungsfigur, welche die subjektwissenschaftliche „Orientierung am Zusammenhang vom Erkennen und Verändern" (Markard 2000: Abs. 21) idealtypisch fasst und vier Instanzen im Forschungsvorgehen differenziert (vgl. Holzkamp 1990; Geffers 2008: 264ff; Markard 2009: 282ff): (1) Der Identifizierung von Handlungsproblematiken in der Praxis folgt (2) eine theoretische Aufschlüsselung durch die Forschenden und die gemeinsame Analyse mit den mitforschenden Praktiker_innen, welche (3) die entwickelten alternativen Handlungsmöglichkeiten an der Praxis erproben und (4) die veränderte Lebenspraxis rückblickend mit den Forschenden analysieren. Diesen Instanzen folgend, nahm ich die Rolle der Initiatorin und Moderatorin von und die Rolle als Gesprächspartnerin in Reflexionsgesprächen ein und stellte als Reflexionsgrundlage Auszüge aus meinen Beobachtungsprotokollen zur Verfügung, in denen (teilweise sogar von mir) Situationen als problematisch/widersprüchlich markiert und aus meiner Perspektive auf die Praxis beschrieben waren. Veränderungsperspektiven und Handlungsmöglichkeiten für konkret folgende Projekteinheiten wurden nur in einzelnen Gesprächen entwickelt und selten rückblickend analysiert, was mit der Verschiebung von Projektplanungen, personellen Besetzungen und einem Missverhältnis von Interesse und zeitlichen Kapazitäten zusammenhing.

Vor dem Hintergrund des in der Entwicklungsfigur konzipierten Anspruches der Einheit von Praxisbezug und Erkenntnisgewinn (vgl. Holzkamp 1983) und der Idee, nicht Theorien über, sondern *für* die beteiligten Subjekte zu entwickeln, die sie zur Aufschlüsselung und Veränderung ihrer Lebenspraxis praktisch gebrauchen (vgl. Holzkamp 1985b: 11; Markard 2009: 277),[10] hielt ich die Veränderungsperspektive und ihre praktische Umsetzung für zentral, um meine

---

9   Wenn Nähe und ein Gefühl der Gleichgesinnung mit der Verschleierung existierender Forschungsinteressen und vorhandener Machtverhältnisse einhergehen, kann das die Mitforschenden möglicherweise auch dazu veranlassen, für ein Forschungsgespräch subjektiv angemessene Grenzen zu übergehen (vgl. Langer & Kühner 2010: 74), was dem beanspruchten sicheren oder geschützten Raum widerspricht (vgl. Bergold & Thomas 2012: Abs 12ff ; Kessl & Maurer 2012: 46).

10 Die partizipative Forschung wird demgegenüber weder als eine Forschung *über,* noch eine Forschung *für,* sondern eine „Forschung *mit* Menschen" (vgl. Bergold & Thomas 2010: Abs. 20) beschrieben.

Forschung als subjektwissenschaftlich ausweisen und einem Scheitern entkommen zu können (vgl. Holzkamp 1990: 4f).[11]

Mit der an meine Forschungserfahrungen anschließenden schriftlichen Reflexion stellte ich diesen (nicht nur) subjektwissenschaftlichen Forschungsanspruch an praktische Veränderungen zunehmend in Frage. Wann ist von Instrumentalisierung und/oder Funktionalisierung von Wissenschaft durch politische und/oder praktische Interessen zu sprechen? Wie kann sich Wissensproduktion dem Bedarf nach pragmatischer Verwertbarkeit entziehen (vgl. Bergold & Thomas 2012: Abs. 9)? Sind Forschende (auch) dafür verantwortlich, die praktische Umsetzung/politische Realisierung erzielter Erkenntnisse auf den Weg zu bringen? Ist Forschung nicht immer von politischen/praktischen Interessen begleitet (vgl. Winter 2008: 85)? Was ist die Verantwortung der Forschenden? Bedarf es einer klareren politischen Positionierung in der Forschung (vgl. Haraway 1995: 87)? …

In Bezug auf meine konkreten Erfahrungen mit der Veränderungsabsicht in der subjektwissenschaftlich orientierten Forschung fragte ich mich zum einen, was mit einer Forschung *für* die Menschen konkret gemeint ist (für *andere* oder für *je mich* als Mit/Forschende). Zum anderen wurde ich insbesondere zum Nachdenken darüber angeregt, was es bedeutet, wenn der Gegenstand (hier: die subjektive Wahrnehmung von Möglichkeiten und Behinderungen) durch die Forschung selbst beeinflusst wird (hier: durch die vorgegebenen theoretischen Kategorien, Begriffe und Perspektiven).

Eine relative Beeinflussung des Feldes durch Forschung, wie ich sie im ersten Abschnitt darstellte, halte ich für forschungsimmanent; mir erscheint es notwendig, sie *anzuerkennen* und *zum Thema zu machen*. Das im zweiten Abschnitt thematisierte Ein- bzw. Mitwirken ist meines Erachtens durch eine fortwährende, explizite *Klärung von Rollen, Interessen, Beziehungen und Machtverhältnissen* zumindest zum Teil bewusster gestaltbar. Hinsichtlich der unter drittens vorgestellten gezielten Einflussnahme und Veränderungsabsicht scheint mir die nicht nur nachträgliche, sondern einer Forschung vorangestellte *Reflexion* des eigenen Interesses und der eigenen Forschungsfrage zentral, die es kontinuierlich im Forschungsprozess fortzusetzen gilt. Markard sieht die „Reflexion (der Genese) der Fragestellung" (vgl. Markard 1993: 224) als Möglichkeit einer distanzierten Perspektive auf die Begründung der eigenen wissenschaftlichen Problemstellung

---

11   In der Subjektwissenschaft wird der nicht idealtypisch verlaufende Problemlöseprozess in der Stagnationsfigur gefasst. Markard weist darauf hin, dass die Frage der Relevanz forschungspraktischer Lösungsorientierung in der KP nicht eindeutig oder endgültig geklärt ist (vgl. auch Huck 2006; zitiert nach Markard 2009:, 285f). So stellte schon Holzkamp die konkreten Veränderungserwartungen an die Praktiker_innen im Rahmen der Entwicklungsfigur grundsätzlich in Frage (Holzkamp 1996:, 159ff).

„mit dem Ziel zu klären, warum ein vorfindlicher Sachverhalt frag-würdig wurde" (ebd.).

Damit ist bereits auf einen direkten Zusammenhang der Teilnahme im Feld
durch Forschende und die Notwendigkeit ihrer Reflexion verwiesen, wie er auch
von Breuer hervorgehoben wird: „Es handelt sich mithin um zweierlei Operationen, wobei die eine empathische und engagierte Nähe zum Feldgeschehen, die
andere eine reflektierende Distanznahme beinhaltet bzw. verlangt" (Breuer 2009:
30). Erst die distanzierte Reflexion ermöglicht Transparenz hinsichtlich der eigenen Beteiligung an Erkenntnisgewinn und Bedeutungsproduktion (vgl. Kühner
& Langer 2010: 70). Darüber hinaus bedarf es meines Erachtens Möglichkeiten
(wie z. B. diesen Sammelband), auch solche Forschungserfahrungen der (unbe-
absichtigten) Einflussnahme und Mitwirkung thematisieren zu können, um die
Bedeutung von Subjektivität in der Forschung nicht nur theoretisch zu verhan-
deln, sondern über ihre Konsequenzen in einen Austausch zu kommen.[12]

3.2 Reflexionen in der eigenen Forschungspraxis

Meine Forschung war in besonderer Weise durch eine reflexive Forschungshaltung und -praxis gekennzeichnet. Ich dokumentierte während des eineinhalbjährigen Aufenthaltes im Feld das Beobachtete und Gesprochene und fokussierte
mich dabei auch auf mein Handeln und mein Befinden. Im Anschluss rekonstruierte ich ausführlich mein methodisches Vorgehen, den Prozess sowie mein/e
Forschungshandeln/-haltung. Ziel war es, die Begründungen für mein Handeln
und meine Entscheidungen zu explizieren, das Zustandekommen meiner
Schlussfolgerungen transparent zu machen und der Begrenzung und Subjektivität meiner Perspektive Rechnung zu tragen.

Die Notwendigkeit der ausführlichen Reflexion ergab sich für mich aus den
Grundlagen der Kritischen Psychologie wie aus der reflexiven GTM und den
zentralen Gedanken des Anti-Bias-Ansatzes.

Der Kritischen Psychologie hatte ich insbesondere den Anspruch entnommen, sich als Forschende ihre Kategorien zur Selbstklärung der eigenen Befind-
lichkeiten anzueignen – als Voraussetzung für die Weitergabe dieser Konzepte
an die Mitforschenden (vgl. Holzkamp 1985a: 541ff; Holzkamp 1985b: 11).
Markard (2009) betont außerdem, dass es der kontinuierlichen (Selbst)Reflexion

---

12   Ein Aspekt in diesem Zusammenhang ist die Frage nach alternativen Legitimationsformen
     eigener Erkenntnisse. Winter stellt Formen alternativer Validität vor, die sich in den USA zu-
     nehmend etablieren und auf die Entfaltung demokratischer partizipatorischer und emanzipatori-
     scher Perspektiven zielen: dekonstruktive, kontextuelle und dialogische Validität (vgl. Winter
     2011: 80f).

Forschender bedarf, um die Verbindung von Intersubjektivität und Objektivierung in der Forschungsbeziehung auszutarieren (ebd.: 268). Demzufolge etablierte ich mithilfe subjektwissenschaftlicher Kategorien für mich ein Nachdenken über die Funktionen und Effekte meines Handelns und fragte in der anschließenden Reflexion explizit nach meinen Handlungsbegründungen in konkreten (Entscheidungs)Situationen, so dass die dargestellte Diffusität von Rollen und Interessen sichtbar werden konnte.

Das Konzept der reflektierten Offenheit aus der GTM nach Franz Breuer (2009: 29) „bezieht sich in diesem Sinn auf ein aufmerksames und überlegtes Umgehen mit den eigenen Erkenntnisvoraussetzungen, auf ein achtsames Registrieren ihrer Auswirkungen auf die eigenen Erlebnisse und Anschauungen sowie auf den eigenen 'Reizwert' und dessen Auslösungen im Untersuchungskontakt" (ebd.). Dementsprechend rekonstruierte ich mein wissenschaftliches/theoretisches Vor-Wissen, meine bildungspraktischen Vor-Kenntnisse sowie biografischen Vor-Erfahrungen im Feld Schule, um mit den scheinbar selbstverständlichen gegenstandsbezogenen Annahmen und ihren (potentiellen) Auswirkungen auf den Forschungsprozess bewusst umgehen zu können.

Mit der Anti-Bias-Perspektive verbunden ist der Blick auf Differenz- und Machtverhältnisse und die eigene Verstricktheit in und Beteiligung an diesen Verhältnissen. Für meine Haltung als Forschende bedeutet das, nicht nur Wahrnehmungen, Interaktionen und Handlungen auf implizite Macht- und Differenzordnungen hin zu befragen, sondern gerade auch meine eigenen Vorstellungen, Annahmen und Erwartungen sowie meine Machtposition und Verstrickung im Feld zu reflektieren. Mit einer solchen Reflexion verbunden war das Anliegen, mich einem Bewusstsein über Einseitigkeiten, Voreingenommenheiten, Auslassungen und Schieflagen in meiner Perspektive und der Macht in meiner Position als Forschende anzunähern und mich um einen verantwortungsvollen Umgang zu bemühen – beispielsweise durch bewusste Gegenfragen und -blickrichtungen oder die Anerkennung und Transparenz von Subjektivität.

Auch in weiteren für mich bedeutungsvollen Wissenschaftskontexten qualitativer Forschung sah ich mich mit der Anforderung an eine angemessene Reflexivität konfrontiert. Diese Notwendigkeit wird beispielsweise begründet mit Prinzipien des interpretativen Paradigmas, demnach „soziale Wirklichkeit immer schon interpretierte Wirklichkeit ist und die Deutungen in einer interaktiven Praxis konstruiert werden" (Dausien 2007: Abs. 4) (das ist eine Aufzählung, daher macht der Punkt hier keinen Sinn) mit Verweis auf Foucaults Machtbegriff und die Einsicht in die eigene Verwobenheit in die untersuchten Verhältnisse (vgl. Foucault 1992; Kessl & Maurer 2012: 43) oder aber mit der Einsicht in die methodologische Differenzkonstruktion als konstitutiven Bestandteil von Prozessen des Erkenntnisgewinns (vgl. Kühner & Langer 2010: 76). In diesem Sinne erklären Paul Mecheril und Claus Melter eine „systematische Reflexion der sozialen und gesellschaftlichen Eingebundenheit des jeweiligen Untersuchungsprozesses" als „grundlegende Anforderung wissenschaftlicher Praxis" (Mecheril & Melter 2012: 271).

Zur Konkretisierung der Reflexionsanforderung werden auf verschiedene Weise Reflexionsformen unterschieden (vgl. Breuer 2009: 117ff; Borg et al. 2012: Abs. 32ff; Bergold & Thomas 2012: Abs. 54ff). Bergold und Thomas erachten Selbstreflexion und dialogische Reflexion (vgl. auch Winter 2008: 82) als Notwendigkeiten partizipativer Forschung, für die sie vier Reflexionsperspektiven vorschlagen: Erstens bedarf es eines Blickes auf personale Voraussetzungen, wie sie auch von Breuer (2009) ausgeführt werden. Der Fokus richtet sich auf Forschende als alltagsweltliche Personen, auf ihre individuell-persönliche Bedingtheit. Zweitens muss sich der Blick auf die sozialen Beziehungen der an der Forschung Beteiligten richten, d. h. auf die miteinander potenziell in Konflikt geratenen unterschiedlichen Interessen (vgl. Bergold & Thomas 2012: Abs. 58). Drittens ist ein Blick auf die Struktur des Feldes im Sinne von Bourdieus soziologischer/wissenschaftlicher Reflexivität (1995) gefordert. Diese Perspektive umfasst die Möglichkeiten und Grenzen im Rahmen der politischen, ökonomischen und sozialen Kontextbedingungen der Forschung. Und viertens sollte der Blick auf den Prozess der Forschung gerichtet werden, wie von Borg et al. (2012) als epistemologische Reflexion bezeichnet. Diese Perspektive fordert Forschende zur Auseinandersetzung mit den Entscheidungssituationen im Forschungsprozess, mit der Angemessenheit der gewählten Methode, mit Machtverhältnissen in den Forschungsbeziehungen sowie zur Frage nach den Konsequenzen und der Reichweite der Ergebnisse heraus (vgl. Borg et al. 2012: Abs. 34).

Neben einem solchen „systematischen, reflexiven Einbezug und [der B.S.] Fruchtbarmachung der sozialen Kontextualität des Wissenschaftsprozesses" (Mecheril 1999: 237) differenziert Paul Mecheril zwei weitere Umgangsweisen mit der theoretisch-rhetorischen Einsicht in die Begrenztheit der eigenen Perspektive und der eigenen Produktivität im Erkenntnisprozess: das Streben nach einer „Minimierung des Einflusses sozialer Kontexte" (ebd.) und die „Formulierung der Einsicht der Gebundenheit auf wissenschaftstheoretischer Ebene" bei gleichzeitiger „Ignorierung der Einsicht im Alltag des theoretischen und empirischen Wissenschaftshandelns" (ebd.). Mit diesem dritten Typ markiert er eine „Kluft zwischen der wissenschaftstheoretischen Rhetorik und dem konkreten wissenschaftlichen Tun" (ebd.: 241), die sich meines Erachtens zwar in ihrer Form verändert, mit dem zunehmenden (rhetorischen) Hype um Reflexivität nicht aber überwunden ist. Daher spreche ich mich in Bezug auf Reflexivität dafür aus, die Zwischenräume eigener Rhetorik und eigener Erfahrungen zu thematisieren. Ich plädiere dafür, gerade auch über Erfahrungen in einen wissenschaftlichen Austausch zu kommen, wo Reflexivitätsansprüche schwer umzusetzen waren, möglicherweise nicht ‚gereicht' haben oder wo sie sich hinderlich auf den Forschungsprozess bzw. den Erkenntnisgewinn ausgewirkt haben. Die bemühte Realisierung von Reflexivität in meinem Forschungsprozess warf für mich Fragen nach den konkreten Möglichkeiten sowie den Grenzen und Konsequenzen von Reflexivität auf, von denen ich hier einzelne Überlegungen andeuten werde, in der Absicht, zu einer begrifflichen und methodischen Klärung des Reflexivitätspostulats durch den Austausch über Schwierigkeiten, Widersprüche und Grenzen beizutragen.

Paul Mecheril (1999) betont zwar die Notwendigkeit von Reflexivität und Standortbestimmung in der sozialwissenschaftlichen Forschung (vgl. ebd.: 241), nimmt aber auf die Unterscheidung von Bourdieu (1995) in wissenschaftliche und narzisstische Reflexivität Bezug, um Grenzen erkenntnisförderlicher Reflexivität zu markieren. Während er sich von einer narzisstischen, „individualistischen Form von Reflexivität" und der Beschränktheit der von Devereux (1984; zitiert nach ebd.: 244) vorgebrachten psychoanalytischen „Reflexivitätsempfehlung" abgrenzt, plädiert er für eine wissenschaftliche Reflexion auf „die sozialen Bedingungen, die Absichten, Annahmen, Interessen und Zielsetzungen zur Folge haben" (ebd.: 245). Mecheril betont, dass es mit Reflexivität nicht um einen Subjektivismus geht, wo die individuellen Voraussetzungen von Erkenntnisprozessen als Ausgangspunkt genutzt und die Verantwortung der einzelnen Person mit moralischem Zeigefinger in den Vordergrund gerückt wird (vgl. ebd.: 247).

In meiner Forschungsprozessreflexion fragte ich explizit nach meinem Mitwirken und meiner Verantwortung. Dabei setzten sich durchaus moralische Fragen durch, die mich zum Teil in der Produktivität als Wissenschaftssubjekt mehr gebremst als angeregt haben (vgl. ebd.). Ist eine solche Reflexionsperspektive auf personale Voraussetzungen (vgl. Thomas & Bergold 2012) immer narzisstisch/individualistisch? Wann ist (der Blick auf) das eigene Befinden bedeutungsvoll? Wo sind die Grenzen zur narzisstischen Reflexivität, vor der als „psychotherapeutische Selbsterfahrung, Selbstbespiegelung und Nabelschau" (Breuer 2009: 119) gewarnt wird?

Ebenso wie die ausführliche Reflexion meiner Voraus-Setzungen (s.o.) stellte die selbstkritische Reflexion meines Handelns und meiner Sprecher_innen-Position Aussagekraft und Geltungsanspruch meiner Überlegungen und Schlussfolgerungen radikal in Frage. Wie kann mit Erkenntnissen des eigenen selbstkritischen Reflexionsprozesses umgegangen werden, wenn sie die eigene Involviertheit deutlich machen, die eigene Mitwirkung an Ergebnissen sowie die Beteiligung an kritisch fokussierten Praxen und Diskursen? Was bewirkt und wohin führt kritische Selbstreflexion – wenn sie *nicht* auf „wahreres

Wissen" zielt (vgl. Haraway 1997; zitiert nach Winter 2008: 87)? Inwiefern
macht sie un- bzw. angreifbar?

3.3 Anspruchsrealisierungen im Mitforscher_innenkonzept?

Das subjektwissenschaftliche Mitforschendenkonzept stelle ich hier als Integration der Ansprüche an Reflexion und Partizipation mit den Mitforschenden als
Adressat_innen vor. Die an der Forschung Beteiligten partizipieren als reflexi-
onsfähige Subjekte am Prozess der Erkenntnisgewinnung. Markard bezeichnet
den subjektwissenschaftlichen Mitforschendenansatz als „Gegengedanke zur
Hierarchie, nicht zur Differenz" (Markard 2009: 275), wobei es darum geht, „das
Deutungsprivileg der WissenschaftlerInnen" (Eichinger 2009: 98; vgl. Markard
2000: 232) zu mindern.

Da in der subjektwissenschaftlichen Forschung die beteiligten Subjekte
selbst nicht Gegenstand der Forschung sind, sondern ihre Wahrnehmung ihrer
Lebensumwelt, werden sie nicht als *Be*forschte oder zu *Er*forschende, sondern
als *Mit*forschende einbezogen (s.o.). Dabei wird von einer gegenseitigen Qualifi-
zierung gesprochen: Die Mitforschenden führen die Forschenden in den jeweiligen Praxiszusammenhang ein (vgl. Schneider 1980: 23); die professionell Forschenden schaffen einen Rahmen, in dem die Beteiligten selbst die Bedingungen,
unter denen sie leben, verallgemeinert erfassen können (vgl. Markard 2009:
276). Ein gemeinsames Interesse sowie das Beziehungsniveau der Intersubjektivität (s.o.) werden vorausgesetzt und ein Standpunkt der Metasubjektivität angestrebt, welcher durch die Einführung wissenschaftlicher Theorien sowie die Reflexion des eigenen Tuns gekennzeichnet ist. Im gemeinsamen Prozess sozialer
Selbstverständigung geht es um die Objektivierung gesellschaftlicher Zwänge
und die Berücksichtigung der gesellschaftlichen Vermitteltheit individueller
Existenz. Es geht um die Entwicklung einer Wissenschaftssprache, die es ermöglicht, sich zur eigenen Unterwerfung zu verhalten (Osterkamp 2008: 18).

In der Rekonstruktion meines Forschungsprozesses nahm ich einige Momente und Aspekte in dem Forschenden-Mitforschenden-Verhältnis rückblickend als machtvoll und schwierig wahr. Ich erklärte mir diese nicht nur als
individuelles Versagen meinerseits oder Schwächen in der Anlage meines Vor-
habens. Vielmehr vermutete ich eine Verbindung zu der mangelnden Berücksichtigung von Machtasymmetrien in der subjektwissenschaftlichen Forschung,
welche in jeder Forschungsbeziehung angelegt sind und auch durch den Mitforschendenansatz nicht hinfällig werden. Im Folgenden möchte ich auf solche
Machtasymmetrien im Mitforschendenansatz im Allgemeinen und am konkreten
Beispiel meiner Forschung hinweisen, wo ich als Forschende in einer selten
explizierten Machtposition war. Wie bereits angemerkt, geht es mir weniger

darum, den Ansatz der Einbeziehung der Beteiligten als Mitforschende durch eine kritische Reflexion zu verwerfen, sondern vielmehr darum, zu dessen Weiterentwicklung beizutragen. ***Wessen Praxis?*** Dem Mitforschendenansatz liegt die Idee der gemeinsamen Reflexion und Analyse einer Praxis zu Grunde, die verändert werden soll. Eine erste wirkmächtige Schieflage ergibt sich daraus, dass es sich um die *Praxis der Beteiligten* handelt. Im Zuge der zweiten Instanz der Entwicklungsfigur werden sie an der wissenschaftlichen Reflexion dieser Praxis beteiligt – auch um die Umsetzung gemeinsam erarbeiteter Handlungsalternativen in der dritten Instanz möglich zu machen. Die Beteiligten stehen im Fokus, ihr Handeln soll auf Restriktivität und Involviertheit untersucht und verändert werden, wohingegen das Handeln der Forschenden, also ihre forschende Praxis nicht gemeinsam reflektiert wird. Aus der dominanten Position realisierte ich die Bedeutung dieser Schieflage nur sehr langsam. Ich wurde nach und nach sensibel dafür, was es für die Mitforschenden bedeuten mochte, mir über die teilnehmenden Beobachtungen in die eigenen Praxisproblematiken Einblick zu gewähren. Um der Einseitigkeit des „Einblickgewährens" entgegenzuwirken, legte ich den Beteiligten in den Reflexionsgesprächen explizit unzensierte Ausschnitte aus meinen Beobachtungsprotokollen vor, um immerhin in dieser begrenzten Form einen Einblick in meine (Beobachtungs-/Schreib-)Praxis zu geben. Selbstverständlich konnte ich damit die Schieflage nicht auflösen – *ich* beschrieb weiterhin *ihre* Praxis. Allerdings öffnete ich damit einen Raum, in dem Wertungen in meinem Schreiben problematisiert und meiner Schreibperspektive andere Sichtweisen gegenübergestellt werden konnten. In abschließenden Rückkopplungsgesprächen stand für mich ebenfalls im Vordergrund, Einblicke in meine Praxis zu ermöglichen und diejenige zu sein, die befragt und kritisiert werden kann.

Die Einseitigkeit der Perspektive auf die Praxis der Mitforschenden kulminiert in der Entwicklungsfigur mit der Umsetzungszumutung an die Beteiligten in der dritten Instanz, die auch schon von Holzkamp wegen der Unterberücksichtigung von institutionellen Verflechtungen kritisiert wurde. Er folgerte daraus, dass die Umsetzung den Praktiker_innen nicht abverlangt werden dürfe, sondern die Reflexion von strukturellen Möglichkeiten und Beschränkungen im Vordergrund stehen sollte (vgl. Holzkamp 1996: 159ff). Diese Kritik scheint mir angemessen und sollte auch in eine gemeinsame Metaperspektive auf die Forschungspraxis einfließen – auf deren (institutionelle) Eingebundenheiten, strukturelle Möglichkeiten und Begrenzungen. Damit würde auch die Anfälligkeit der Entwicklungsfigur und ihrer idealtypischen Charakteristik transparenter werden. ***Welche Erkenntnismittel?*** Subtil wirkungsmächtig erlebte ich die strukturelle Dominanz durch die Vorgabe von Forschungsseite von sozialer Selbstverständigung als Erkenntnisinteresse, von wissenschaftlicher Reflexion als Er-

kenntnismittel, der Forschungsfigur als Erkenntnisrahmen und der subjektwissenschaftlichen Kategorien als angemessen zur Aufschlüsselung der Subjekt-
Welt-Verhältnisse. Meine Bemühungen zur Einführung, Transparenz und Begründung dieser methodischen und kategorialen Vorgaben verstärkten eher die
bestehenden Dominanzverhältnisse, da sie keine Diskussion der Erkenntnismittel
initiierten, sondern den gemeinsamen Reflexions(zeit)raum besetzten.

Mir selbst fiel es ebenfalls schwer, die subjektwissenschaftlichen Instru-
mente und Kategorien als Anregungen mit Orientierungsfunktion, und nicht als
dogmatische Prinzipien zu verstehen, deren Nicht-Einhalten als subjektives
Scheitern zu bewerten sei. Ich deute/te das Abweichen von subjektwissenschaftlichen Prämissen mitunter als Konfliktvermeidung/Harmoniebedürfnis oder
Vereinnahmung durch die Institution Schule, welche in meiner ausgeprägten
Empathie hinsichtlich der institutionellen Beschränkungen der Handlungsspielräume der Beteiligten zum Ausdruck kommt. Um meine spezifische Aneignung
der subjektwissenschaftlichen Forschungsmethode nicht nur als gescheitert,
sondern auch als "angemessen" zu bewerten, waren aktuellere Forschungsarbei-
ten für mich hilfreich, die eine spezifische Aneignung und Modifizierung der
subjektwissenschaftlichen Methode ebenfalls für sich geltend machten (vgl.
Reimer 2011: 23ff; auch Eichinger 2009).

Welches Wissen? Weiterhin ist in der Abfolge der Entwicklungsfigur die
(Re)Produktion einer Wissensdifferenz angelegt. Forschende sollen die Mitforschenden qualifizieren, subjektwissenschaftliche Kategorien in ihre Perspektive
auf die Welt so zu übernehmen, dass diese für sie handlungsleitend werden.
Dieser Wissensvorsprung der Forschenden liegt dem Verhältnis von Forschenden und Mitforschenden bereits zugrunde und wird im zweiten Schritt der Entwicklungsfigur verstärkt, wenn Forschende die zu analysierende Situation theoretisch aufbereiten und erste Interpretationsangebote vorlegen. In meiner Praxis
konnte ich zum einen dem in der ersten Instanz der Entwicklungsfigur formulierten Anspruch nicht immer gerecht werden, dass die Mitforschenden selbst eine
Problematik für die Analyse auswählen. Zwar wurden die Probleme durchaus in
der Praxis von einzelnen Beteiligten markiert, die Verständigung über den
Schwerpunkt der gemeinsamen Reflexion erfolgte aber erst im Gespräch selbst,
auf der Grundlage von verschiedenen Sequenzen aus meinen Beobachtungsprotokollen, die ich zur Erinnerung und zur Auswahl vorlegte.

Zum anderen erschien mir das Einbringen meiner Interpretationsangebote
als widersprüchlich zur angestrebten hierarchiedistanzierten Beziehung in einem
subjektwissenschaftlichen Forschungsprozess. Diese nicht thematisierten
Asymmetrien verursachten sowohl Dynamiken, wo ich nach Bestätigung / Falsifikation eigener Deutungen suchte, als auch Momente, in denen die Mitforschenden versuchten, meine zurückgehaltenen Deutungsideen zu erraten. Um der

zugrundeliegenden Wissenshierarchie etwas entgegenzusetzen und einen zusätz-
lichen Deutungsvorsprung der Forschenden zu vermeiden, bedürfte es der Möglichkeit, von Forschenden und Mitforschenden gleichermaßen erste Interpretati-
onsmöglichkeiten einzubringen (vgl. Babel & Hackl 2004: 15f), etwa im Rahmen einer gemeinsamen Analyse von Videomaterial. Gleichzeitig gilt es, Hierar-
chien und Machtverhältnisse im Forschenden-Mitforschenden-Verhältnis zu
thematisieren.

   Theorie-Praxis-Verhältnisse? Auch wenn die Dichotomisierung von Wissenschaft und Praxis im gemeinsamen Forschen überschritten wird, stellt sie eine
wirkmächtige Asymmetrie im Mitforschendenansatz dar, deren Thematisierung
mir bedeutungsvoll erscheint. Denn ihre Nicht-Thematisierung legt nahe, in der
Forschenden-Mitforschenden-Beziehung seien instrumentelle Aspekte nicht zu
erwarten. Allerdings verfügen die Forschenden, neben dem gemeinsamen Erkenntnisinteresse an sozialer Selbstverständigung, auch über spezifische Forschungsinteressen, welche die Beteiligten zwar nicht zum Gegenstand objektivieren, sie aber zur Mitwirkung an der Reputation der Forschenden motivieren
(sollen). Ich habe in meiner Forschung meine Interessen als Forschungssubjekt
immer wieder aus den Augen verloren, was ich nicht zuletzt als Ausdruck ver-
deckt hierarchischer Verhältnisse begreife und damit als das Ausbleiben einer
Verantwortungsübernahme meinerseits. Im Rahmen der bereits dargestellten
Rollendiffusität kam in konkreten Forschungssituationen mehrfach die Frage auf,
wer hier eigentlich was für wen tut. Handelte es sich nun um eine wissenschaftliche Reflexion im Dienst der Praxis oder um eine Reflexion von Praxis im Diens-
te der wissenschaftlichen Erkenntnis? Sowohl ich als Forschende wie auch einzelne Mitforschende stellten es dabei gerne so dar, dass ihre Beteiligung dem
Gelingen des Projektes der je anderen dienlich sein soll, was mitunter zu absur-
den Situationen führte.

   Weitere Machtdifferenzen? Abschließend möchte ich darauf hinweisen,
dass in der subjektwissenschaftlichen Forschung die Bedeutung und die möglichen Auswirkungen von verschiedenen Differenzierungs- und Machtkategorien
nicht thematisiert werden. So erlebte ich mich auch nicht ausschließlich in der
machtvollen Position, wie die vorangegangene Diskussion möglicherweise ver-
muten lässt: Vielmehr wirkten Machtasymmetrien entlang von Kategorien wie
Gender, Alter, Sprache (in mehrfacher Hinsicht), Bildung, aber auch unterschiedliche Bekanntheitsgrade, Erfahrungen in der Anti-Bias-Arbeit, Sprache,
Redeverhalten u.a. in die konkreten Beziehungen hinein. Für die Mitforschenden
und mich war dabei die Anti-Bias-Perspektive sehr hilfreich, um einen achtsa-
men Umgang miteinander zu etablieren und Wege zu finden, Machtasymmetrien
und ihr Zusammenwirken zu thematisieren. Auch in der Subjektwissenschaft
halte ich es für notwendig, sich dem erklärten Ziel der Distanzierung von Hierar-

chie nicht durch die Ausblendung der Relevanz existierender Herrschaftsverhältnisse, sondern durch ihre Thematisierung und Konfrontation anzunähern.

Mit meinen Erfahrungen kann ich an eine Kritik von Ute Osterkamp an der
kritisch-psychologischen Vernachlässigung der Reflexion eigener Eingebundenheit anschließen, die ebenfalls die Gefahr sieht, dass subjektwissenschaftliche
Forschung zur Verschleierung der Verhältnisse beiträgt, um deren Aufdecken sie
sich eigentlich bemüht (vgl. Osterkamp 2008: 9). Der von Holzkamp formulierten Frage, „wieweit es wirklich gelingt, im intersubjektiven Verständigungspro-
zeß das »verdeckte Verhältnis« zwischen Forschern und Betroffenen aufzuhe-
ben" (Holzkamp 1990: 5), lässt sich meines Erachtens nur mit dem Verweis auf
die Notwendigkeit der Einbeziehung existierender Schieflagen in die Reflexion
mit den Mitforschenden begegnen. Damit wäre sowohl ein gemeinsam bewusst
gemachter Umgang als auch eine Befragung der subjektwissenschaftlichen For-
schungsmethodologie hinsichtlich einer konsequenten Umsetzung erklärter Ansprüche möglich. Eine weiterführende Anregung diesbezüglich geben Kühner
und Langer, die über die Einbeziehung von Mitforschenden nicht nur bei Inter-
views/Gesprächen und deren Auswertung, sondern darüber hinaus bei der Darstellung und Veröffentlichung nachdenken (vgl. Langer & Kühner 2010: 75).

4   Fazit

Nach der Vorstellung meiner methodologischen Grundlagen, habe ich die Ansprüche an Partizipation und Reflexivität und meine Erfahrungen in der Bemühung um ihre Realisierung in den Blick genommen. Dabei habe ich zunächst
mich mit diesen Ansprüchen konfrontiert und Erfahrungen und Fallstricke als an
der Praxis partizipierende und das eigene Tun reflektierende Forscherin thematisiert. Anschließend fokussierte ich das subjektwissenschaftliche Mitforschendenkonzept als Realisierung der Ansprüche an Partizipation und Reflexivität mit
den an der Forschung Beteiligten als Adressat_innen. Insbesondere diskutierte
ich den Umgang mit in meiner Forschung wirksamen, aber methodisch nicht
berücksichtigten Machtkategorien. Ausgehend von meinen Erfahrungen wurde
deutlich, dass sich die Asymmetrie in der Forschungsbeziehung im Mitforschendenansatz nicht etwa auflöst, schon gar nicht durch ihre Verschleierung. Dementsprechend scheint mir eine methodische und methodologische Berücksichtigung existierender Machtasymmetrien notwendig, die – im Sinne einer wissenschaftlichen Reflexivität – die eigenen Grenzen, die eigene Involviertheit in die
kritisierten Verhältnisse reflektiert.

Außerdem stellt meine Diskussion hier eine Möglichkeit der Selbstthemati-
sierung vor, die sicher ebenso Elemente einer individualistischen/personalen wie

einer wissenschaftlichen Reflexion beinhaltet. Inwiefern sie der „Verfeinerung der Erkenntnismittel" dienlich scheint oder doch die „Nabelschau", „der moralische Zeigefinger" oder die Entkräftung jeglichen Geltungsanspruches überwiegt, sei dem Urteil der Lesenden überlassen. In jedem Fall ist diese „Reflexionsvorführung" ein Versuch, die Kommunikation und Verständigung über (auch widersprüchliche und misslungen erlebte) Forschungserfahrungen nicht nur zu fordern, sondern ihr Potenzial zu raumschaffenden Bewegungen zu erproben.

Literatur:

Babel, Helene & Hack, Bernd (2004). Deliberative Erkenntnisgewinnung. Wie kann Schulentwicklungsforschung an Komplexität und Widersprüche der schulischen Handlungssituation angepasst werden? In Ackermann, Heike & Rahm, Sybille (Hrsg.), *Kooperative Schulentwicklung*. Wiesbaden. VS Verlag, 103-126.

Batts, Valerie (2001). Is Reconciliation Possible? Lessons From Combating "Modern Racism". Abgerufen am 6.3.2013 von URL http://www.visions-inc.org/Is%20Reconciliation%20Possible.pdf.

Bergold, Jarg & Thomas, Stefan (2012). Partizipative Forschungsmethoden: Ein methodischer Ansatz in Bewegung. *Forum Qualitative Sozialforschung, 13*(1), Art. 30. Abgerufen am 6.3.2013 von URL http://nbn-resolving.de/urn:nbn:de:0114-fqs1201302.

Blumer, Herbert (1954). What is wrong with social theory?. *American Sociological Review, 19*(1), 3-10.

Borg, Marit, Karlsson, Bengt, Hesook, Suzie Kim & McCormack, Brendan (2012). Opening up for Many Voices in Knowledge Construction. *Forum Qualitative Sozialforschung, 13*(1), Art. 1. Abgerufen am 6.3.2013 von URL http://nbn-resolving.de/urn:nbn:de:0114-fqs120117.

Bourdieu, Pierre (1995). Narzißtische Reflexivität und wissenschaftliche Reflexivität. In Berg, Eberhard & Fuchs, Martin (Hrsg.), *Kultur, soziale Praxis, Text. Die Krise der ethnografischen Repräsentation*. Frankfurt/M.: Suhrkamp, 365-374.

Breidenstein, Georg & Kelle, Helga (2002). *Geschlechteralltag in der Schulklasse: ethnographische Studien zur Gleichaltrigenkultur*. Weinheim: Juventa.

Breuer, Franz (2009). *Reflexive Grounded Theory. Eine Einführung für die Forschungspraxis*. Wiesbaden: VS Verlag für Sozialwissenschaften.

Castro Varela, Maria do Mar (2002). Interkulturelle Kompetenz. Ein Diskurs in der Krise. In: Georg Auernheimer (Hrsg.), *Interkulturelle Kompetenz und pädagogische Professionalität* (S. 35-48). Wiesbaden: VS Verlag.

Dausien, Bettina (2007). Reflexivität, Vertrauen, Professionalität. Was Studierende in einer gemeinsamen Praxis qualitativer Forschung lernen können. *Forum Qualitative Sozialforschung, 8*(1). Abgerufen am 6.3.2013 von URL http://nbn-resolving.de/urn:nbn:de:0114-fqs0701D4Da3.

Derman-Sparks, Louise (1989). *Anti-bias curriculum: tools for empowering young children*. Washington DC: National Association for the Education of Young Children.

Eichinger, Ulrike (2009). *Zwischen Anpassung und Ausgrenzung. Perspektiven der Beschäftigung im Kontext der Neuordnung Sozialer Arbeit*. Wiesbaden: VS Verlag.

Early Learning Resource Unit (1997). *Shifting Paradigms. Using an anti-bias strategy to challenge oppression and assist transformation in the South African context*. Lansdowne.

Elverich, Gabriele (2011). *Demokratische Schulentwicklung: Potenziale und Grenzen einer Handlungsstrategie gegen Rechtsextremismus*. Wiesbaden: VS Verlag.

Foucault, Michel (1992). *Was ist Kritik*. Berlin: Merve.

Geffers, Johannes (2008). Alles typisch? Typus, Typologie, Typen der Verallgemeinerung, empirische Typenbildung und typische Möglichkeitsräume. In Huck, Lorenz et al. (Hrsg.), *Abstrakt negiert ist halb kapiert. Beiträge zur marxistischen Subjektwissenschaft. Morus Markard zum 60. Geburtstag*. Marburg: BdWi-Verlag, 349-368.

Hackl, Bernd (1994). *Forschung für die pädagogische Praxis*. Innsbruck: Österreichischer Studien-Verlag.

Haraway, Donna (1995). *Die Neuerfindung der Natur. Primaten, Cyborgs und Frauen*. Frankfurt/M.: Campus.

Holzkamp, Klaus (1983). *Der Mensch als Subjekt wissenschaftlicher Methodik*. Vortrag auf der ersten internationalen Ferienuni in Graz, März 1983. Abgerufen am 6.3.2013 von URL http://www.kritische-psychologie.de/texte/kh1983a.html.

Holzkamp, Klaus (1985a). *Grundlegung der Psychologie*. Frankfurt/M. & New York.: Campus.

Holzkamp, Klaus (1985b). Selbsterfahrung und wissenschaftliche Objektivität: Unaufhebbarer Widerspruch? Grundsatzreferat beim 3. Internationalen Kongreß Kritische Psychologie, Marburg 1984. In Karl Heinz Braun & Klaus Holzkamp (Hrsg.), *Subjektivität als Problem psychologischer Methodik*. Frankfurt/M.: Campus, 16-36.

Holzkamp, Klaus (1990). *Über den Widerspruch zwischen Förderung individueller Subjektivität als Forschungsziel und Fremdkontrolle als Forschungsparadigma*. Vortrag in Leipzig. Abgerufen am 6.3.2013 von URL http://www.kritische-psychologie.de/texte/kh1990a.html.

Holzkamp, Klaus (1996). Vorbereitende Überlegungen zum methodischen Vorgehen im Projekt Subjektwissenchaftliche Lernforschung (PSL). Nachgedanken zum Projekttag vom 28. Februar 1993. *Forum Kritische Psychologie, 36*.

Kessl, Fabian & Maurer, Susanne (2012). Radikale Reflexivität als zentrale Dimension eines kritischen Wissenschaftsverständnisses Sozialer Arbeit. In Schimpf, Elke & Stehr, Johannes (Hrsg.), *Kritisches Forschen in der Sozialen Arbeit*. Wiesbaden: VS Verlag, 43-56.

Kühner, Angela & Langer, Phil (2010). Dealing with Dilemmas of Difference – Ethical and Psychological Considerations of 'Othering' and 'Peer Dialogues' in Research Encounter. *Migration Letters, 7*(1), 69-78.

Leiprecht, Rudolf (2013). ‚Subjekt' und ‚Diversität' in der Sozialen Arbeit. In Wagenblass, Sabine & Spatscheck, Christian (Hrsg.), *Bildung, Teilhabe und Gerechtigkeit – Gesellschaftliche Herausforderungen und Zugänge Sozialer Arbeit*. Weinheim & Basel, 184-199.

Leiprecht, Rudolf (2001). *Alltagsrassismus. Eine Untersuchung bei Jugendlichen in Deutschland und den Niederlanden*. Münster: Waxmann.

Markard, Morus (1993). *Methodik subjektwissenschaftlicher Forschung. Jenseits des Streits um quantitative und qualitative Methoden*. Hamburg & Berlin: Argument.

Markard, Morus (2000). *Die Entwicklung der Kritischen Psychologie zur Subjektwissenschaft. Theoretische und methodische Fragen*. Vortrag an der Universität Erlangen am 24.02.2000. Abgerufen am 1.1.2011 von URL www.kritische-psychologie.de/wasist.html.

Markard, Morus (2009). *Einführung in die Kritische Psychologie*. Hamburg.

Mecheril, Paul (1999). Wer spricht und über wen? Gedanken zu einem (re-)konstruktiven Umgang mit dem anderen des Anderen in den Sozialwissenschaften. In Bukow, Wolf-Dietrich & Ottersbach, Markus (Hrsg.), *Fundamentalismusverdacht. Plädoyer für eine Neuorientierung der Forschung im Umgang mit allochthonen Jugendlichen*. Opladen, 231-266.

Mecheril, Paul & Melter, Claus (2012). Gegebene und hergestellte Unterschiede – Rekonstruktion und Konstruktion von Differenz durch (qualitative) Forschung. In Schimpf, Elke & Stehr, Johannes (Hrsg.), *Kritisches Forschen in der Sozialen Arbeit*. Wiesbaden: VS Verlag, 264-273.

Mey, Günter & Mruck, Katja (2007). Grounded Theory Methodologie – Bemerkungen zu einem prominenten Forschungsstil. In dies. (Hrsg.), *Grounded Theory Reader*. Köln: Zentrum für historische Sozialforschung, 11-42.

Osterkamp, Ute (2000). Anmerkungen zur kritischen Psychologie als Subjektwissenschaft. *Sonderpiranha. Kampagne für die Kritische Psychologie*, Heft SoSe 2000, 36-39.

Osterkamp, Ute (2001). Lebensführung als Problematik von Subjektwissenschaft. *Forum Kritische Psychologie, 43*, 4-35.

Osterkamp, Ute (2008). Soziale Selbstverständigung als subjektwissenschaftliches Erkenntnisinteresse. *Forum Kritische Psychologie, 52*, 9-28.

Reimer, Katrin (2011). *Kritische politische Bildung gegen Rechtsextremismus und die Bedeutung unterschiedlicher Konzepte zu Rassismus und Diversity. Ein subjektwissenschaftlicher Orientierungsversuch in Theorie- und Praxiswidersprüchen*. Dissertation. Abgerufen am 27.4.2013 von URL http://www.diss.fu-berlin.de/diss/servlets/MCRFileNodeServlet/FUDISS_derivate_000000010403/Reimer_Dissertation__UB_digital-1.pdf?hosts=

Riegel, Christine (2010). Intersektionalität als transdisziplinäres Projekt: Methodologische Perspektiven für die Jugendforschung. In: Riegel, Christine, Scherr, Albert & Stauber, Barbara (Hrsg.), *Transdisziplinäre Jugendforschung*. Wiesbaden: VS Verlag, 65-89.

Schmidt, Bettina (2010). *Den Anti-Bias-Ansatz zur Diskussion stellen – Beitrag zur Klärung theoretischer Grundlagen in der Anti-Bias-Arbeit*. Oldenburg: BIS.

Schmidt, Bettina (2011). Brüche, Brüche, Widersprüche... Subjektwissenschaftliche Begleitforschung emanzipatorischer politischer Bildung in der Schule. In Leiprecht, Rudolf (Hrsg.), *Diversitätsbewusste Soziale Arbeit*. Schwalbach/Ts.: Wochenschau-Verlag, 195-216.

Schneider, Ulrike (1980). *Sozialwissenschaftliche Methodenkrise und Handlungsforschung – Methodische Grundlagen der Kritischen Psychologie*. Frankfurt/M.

Strauss, Anselm & Corbin, Juliet (1996). *Grounded Theory. Grundlagen Qualitativer Sozialforschung*. Weinheim: Psychologie Verlags Union.

Strübing, Jörg (2008). Pragmatismus als epistemische Praxis. Der Beitrag der Grounded Theory zur Empirie-Theorie-Frage. In Kalthoff, Herbert, Hirschauer, Stefan & Lindemann, Gesa (Hrsg.), *Theoretische Empirie. Zur Relevanz qualitativer Forschung*. Frankfurt/M.: Suhrkamp, 279-311.

Truschkat, Inga, Kaiser, Manuela & Reinartz, Vera (2005). Forschen nach Rezept? Anregungen zum praktischen Umgang mit der Grounded Theory in Qualifikationsarbeiten. *Forum Qualitative Sozialforschung / Forum: Qualitative Social Research, 6*(2), Art. 22. Abgerufen am 27.4.2013 von URL http://nbn-resolving.de/urn:nbn:de:0114-fqs0502221.

Wagner, Petra (2003). „Anti-Bias-Arbeit ist eine lange Reise..." Grundlagen vorurteilsbewusster Praxis in Kindertageseinrichtungen. In: Preissing, Christa & Wagner, Petra (Hrsg.), *Kleine Kinder – keine Vorurteile? Interkulturelle und vorurteilsbewusste Arbeit in Kindertageseinrichtungen*. Freiburg: Herder, 34-62.

Winker, Gabriele (2012). Intersektionalität als Gesellschaftskritik. *Widersprüche, 32*, Heft 126, 13-26.

Winter, Rainer (2008). Reflexivität, Interpretation und Ethnographie: zur kritischen Methodologie von Cultural Studies. In Hepp, Andreas & Winter, Rainer (Hrsg.), *Kultur – Medien – Macht. Cultural Studies und Medienanalyse*. Wiesbaden: VS Verlag, 81-92.

Winter, Rainer (2011). Kritik, soziale Gerechtigkeit und Intervention. Qualitative Forschung in der amerikanischen Tradition. In ders. (Hrsg.), *Die Zukunft der Cultural Studies. Theorie, Kultur und Gesellschaft im 21. Jahrhundert*. Bielefeld: Transcript, 75-94.

Wolff-Jontofsohn, Ulrike (2005). *Internationale Trainingsprogramme zur Demokratieerziehung in der Schule 1: Betzavta*. Abgerufen am 27.4.2013 von URL http://blk-demokratie.de/fileadmin/public/fortbildung_extern/betzavta/training_betzavta.pdf.

TEIL 4
HERAUSFORDERUNGEN DER VERMITTLUNG

Kritische Methodologie an der Universität. Überlegungen aus studentischer Perspektive

Alexandra Ivanova

Zusammenfassung: In diesem Beitrag werden aus studentischer Perspektive Erfahrungen mit der Organisation und Realisation zweier Panels der dem Band zugrunde liegenden Tagung reflektiert. Daraus geht exemplarisch hervor, dass der Anspruch auf (Selbst-)Reflexivität in qualitativer empirischer Sozialforschung im Hinblick auf ihre Methoden in wissenschaftlicher Kommunikation produktiv bearbeitet werden kann. Dahingegen führt die Formulierung eines Anspruches auf gesellschaftliche Kritik als methodische Implikation zu uneindeutigen und widersprüchlichen Positionierungen. Deshalb wird zunächst auf mögliche Kritikmodelle verwiesen, um anschließend Beispiele kritischer Methodologie in aktueller Sozialforschung zu umreißen. Weiterhin wird die Vermittlung eines Kritikbegriffs in der soziologischen Methodenausbildung an der Universität diskutiert, wobei die eigene akademische Sozialisation als Hintergrund dient. Dem Postulat Adornos folgend, soziologische Methoden sollten in Einheit mit dem Forschungsgegenstand entwickelt werden, wird für die Einbindung einer gesellschaftskritischen Haltung in die Methodenlehre plädiert, um kritische Theorie und ihre empirische Forschungspraxis miteinander zu verknüpfen.

Dieser Beitrag wird aus einer studentischen Perspektive geschrieben.[1] Er befasst sich mit den aus der Organisation und Durchführung der diesem Band zugrunde liegenden Tagung gewonnenen Erkenntnissen und Erfahrungswerten und versteht sich als hochschulpolitischer Kommentar, in dem sich für eine kritische empirische Sozialforschung und ihre bewusste Vermittlung durch eine engagierte universitäre Methodenlehre in der Soziologie ausgesprochen wird.

---

1   Ideen zum vorliegenden Artikel wurden gemeinsam mit Vesna Glavaški, Katharina Hoppe und Constanze Oth entwickelt.

1   Erfahrungen: Das Panel „Kritik und Reflexivität – method(olog)ische Konvergenzen"

Die Hauptorganisator_innen der Tagung waren darum bemüht, ein antihegemoniales Arbeitsbündnis zu schaffen, das die maximale Einbindung von Studierenden des Fachbereiches in die Tagungsvorbereitung gewähren würde. So sind zwei Panels von einer Studentinnengruppe konzipiert und durchgeführt worden, zu denen auch die Autorin dieses Beitrags gehört. Außerdem erfolgten eine von zwei Selbstreflexionsrunden sowie ein einführender Vortrag am zweiten Tag der Konferenz durch Studierende. Den Bemühungen der Organisator_innen zum Trotz zeigte sich im Verlaufe der Tagung, dass es nicht ohne weiteres möglich ist, die im universitären System angelegte hierarchische Trennung zwischen wissenschaftlichem Nachwuchs und wissenschaftlichem Establishment zu überwinden. Das Panel, das studentischen Arbeiten gewidmet war, zog etwa bemerkenswert wenig Besucher_innen an. Antihegemonie im Rahmen einer eingeübten Form der wissenschaftlichen Kommunikation, wie sie Konferenzen darstellen, tatsächlich durchzusetzen, scheint somit weiterer, umgreifender Strukturwandel im wissenschaftlichen Betrieb zu bedürfen. Für den Moment lässt sich jedoch positiv festhalten, dass sich aus der studentischen Praxis der Panelkonzeption und -realisation ein Diskussionsfeld ergab, das zur Kernfrage dieses Beitrages führt, wie sie auch von den Panel-Sprecher_innen adressiert wurde. Sie bleibt für die Autorin zugleich eine der dringlichsten Fragen der Gesamtwissenschaft der Soziologie: Wie ist nun eine kritische qualitative empirische Sozialforschung möglich? Zunächst soll dieses Diskussionsfeld anhand der zwei Beiträge des Panels *Kritik und Reflexivität – method(olog)ische Konvergenzen* nachgezeichnet werden. Anschließend werden eigene Überlegungen zum Kritikbegriff in der Sozialforschung und der soziologischen Methodenlehre angestellt.

„Was ist Kritik?" dient wiederholt als Titel für Vorträge (vgl. etwa Judith Butler und Gayatri Ch. Spivak mit *What is Critique?* an der Universität Frankfurt am Main im May 2011) und Publikationen – prominent etwa Rahel Jaeggi/Tilo Wesche 2009 mit ihrem Band *Was ist Kritik?*. Darin fragen die Herausgeber_innen unter anderem nach aktuellen Möglichkeiten kritischer Praxis – der Möglichkeit und Bedeutung von Transformationen bestehender und kritisierter Verhältnisse zu normativ legitimierten Alternativen (vgl.: 7ff.). Ferner setzen sich einzelne Beiträge aus historischer und philosophischer Sicht mit Kritikbegriffen und -modellen auseinander. Der Sammelband richtet den Blick somit primär auf den begrifflich-theoretischen Gehalt von Kritik. Konferenzen wie die diesem Band vorangegangene sowie Publikationsorgane wie das *Forum Qualitative Sozialforschung* mit seinen regelmäßigen Methodentreffen belegen die Bedeutung der Ausweitung von Überlegungen zum Kritikbegriff in der qualitativen

Sozialforschung über den begriffstheoretischen Diskurs hinaus auf den Bereich der Methodologie. Auch das Panel *Kritik und Reflexivität* verweist gleich im Titel auf den Anspruch der Organisatorinnen, deren Mitglied die Autorin selbst gewesen ist. Die zwei Vorträge des Panels hießen dementsprechend *From criticism to reflexivity (and back?)*. *Wie (wir als) Soziologen wissenschaftliches Wissen produzieren und wir ~~sie~~ uns dabei ~~kritisieren~~ beforschen können* (Björn Krey, Mainz) sowie *Was haben eigene Affekte in der Forschungspraxis zu suchen? Psychoanalytische Methoden in der Sozialforschung, um sich dem zu nähern, was wir nicht wissen wollen...* (Katharina Rothe, Leipzig/New York). Welches Kritikverständnis richtungsweisend sein sollte, hatten weder die Organisatorinnen noch die Vortragenden geklärt. Am eigenen Beispiel wurde so deutlich, wie herausfordernd sich das Operieren mit dem Schlagwort „Kritik" gestalten kann.

Beide Vorträge boten vor ihrem jeweils spezifischen Hintergrund interessante Einblicke in (selbst-)reflexive Methodologie. Während Björn Krey nach konkreten rhetorischen und textualen Praktiken soziologischer Arbeit fragte und so Prozesse der Wissensproduktion einer gegenwärtigen Soziologie reflektieren konnte, legte Katharina Rothe dar, inwiefern mithilfe psychoanalytischer Verfahren im Sinne einer Annäherung an (kollektiv) Unbewusstes Erkenntnisse in der qualitativen Sozialforschung gewonnen werden können. Beide Ansätze zeigten ein hohes Maß an Reflexivität, sofern damit ein Selbstbezug gemeint ist, der eine Metaebene über dem Gegenstand analytisch zugänglich macht. So wurde zum Beispiel von Krey plausibel argumentiert, dass die Praktiken, mithilfe derer ein soziologischer Text entsteht, unmittelbaren Einfluss auf die Forschungsergebnisse haben können. In einem ähnlichen Paradigma schloss Rothe die Affekte der Forschenden exemplarisch in sozialwissenschaftliche Analysen ein. In beiden Fällen macht sich die Forschende selbstreflexiv die Umstände ihrer Forschung bewusst: sei es konzeptionell abstrahiert als konkrete Praxis (etwa Tippen am Computer) oder als eigene Verwicklungen in das Forschungsthema (was Rothe anhand ihrer Affekte während einer Untersuchung zur Shoah exemplifizierte). Gleichzeitig bleiben jedoch die Fragen bestehen, inwiefern die präsentierten reflexiven Methoden mit einem (latenten?) Kritikbegriff operieren und wie sich dieser Kritikbegriff konkret bestimmen ließe. Diese Fragen sind zunächst im Panelplenum gestellt worden, aber genauso auch vom studentischen Organisationsteam nach Abschluss der Tagung mit Björn Krey und Katharina Rothe besprochen worden. Es hat sich herausgestellt, dass es keineswegs eindeutige Ansprüche an *reflexive* Methoden gibt, auch *kritische* Methoden zu sein.

2   Sozialwissenschaften und Kritik

Dass ein klares Kritikverständnis gerade für die Soziologie unumgänglich ist, haben Vertreter_innen der Frankfurter Schule in Antwort auf den Positivismusstreit bereits hinreichend belegt. Hierzu sind beispielsweise Theodor W. Adornos einführende Vorlesungen in die Sozialwissenschaften aus dem Jahr 1968 überliefert. Dieser sprach nicht nur von der Soziologie als der „Wissenschaft vom Überleben" (2003: 30) und dem soziologischen Interesse als eine der Fragen, die „für die Freiheit der Gattung Mensch wesentlich" sind (ebd.: 47). Mehr noch äußerte Adorno, er wolle in seinen Studierenden ein „gewisses Mißtrauen gegen den Begriff der wissenschaftlichen Neutralität" wecken, denn indem

> eine solche Theorie sich scheinbar neutral verhält, also von dem spezifischen Inhalt des gesellschaftlichen Streites absieht, in den konkreten gesellschaftlichen Streitigkeiten keineswegs auch etwa Partei ergreift, sondern sagt, der Streit an sich, ganz unabhängig von seinen besonderen Inhalten, ist ein Gutes, wird – und trotz dieser scheinbaren gesellschaftlichen Neutralität und gerade durch die hindurch – eine gesellschaftliche Entscheidung vollzogen, nämlich eben für den antagonistischen Zustand, der den Streit hervorbringt [...] (ebd.: 117).

Selbst knapp ein halbes Jahrhundert später formulieren Sozialtheoretiker wie Zygmunt Bauman (2002) mit ähnlicher Dringlichkeit, das Anliegen einer Soziologie der „flüssigen Moderne" müsse das Voranbringen von Autonomie und Freiheit sein (ebd.: 367). Bauman hält daran fest, dass die Diagnose einer Krankheit noch keine Heilung mit sich bringe und diese allgemeine Regel auf soziologische Verdikte ebenso anzuwenden sei wie im medizinischen Sektor (ebd.: 368). Die soziologische Praxis, so Bauman, ziele auf die Aufdeckung einer Möglichkeit des Zusammenlebens mit geringerem oder gar ganz ohne Elend (ebd.: 369). Für ihn ist eine unverbindliche, das heißt nicht engagierte, neutrale Soziologie eine *Unmöglichkeit* (ebd.). Und diese beiden Positionen, Adorno und Bauman, sind verständlicherweise nur die der Autorin am prägnantesten erscheinenden Kritikmodelle. Diese Modelle sind entscheidend für meinen eigenen Kritikbegriff, wobei ich mich als Autorin auch demjenigen von Rahel Jaeggi und Tilo Wesche beschriebenen Lager anschließen möchte, welches „von der Kritik ein konstruktives Moment" fordert, „weil die Kritik des Bestehenden, um wirksam zu werden, die motivierende Kraft eines positiven Gegenbildes zu diesen in Anspruch nehmen müsse" (2009: 8).

Parallel zur Erschließung des Kritikbegriffes in der Theorie werden als kritisch ausgewiesene Methoden debattiert. Aktuelle Beispiele solcher Diskussionen kritischer Methoden sind etwa Phil C. Langers (2009) Studie zu HIV-positiven Männern mit den Verfahren partizipativer Forschung oder Rainer Winters *Plädoyer für kritische Perspektiven in der qualitativen Forschung* (2009), die in diesem Band sowie in dem oben bereits erwähnten *Forum Qualitative Sozialforschung erschienen.* Winter formuliert unter anderem auch mit Bauman seinen konkreten Kritikbegriff und stellt anschließend drei Methoden vor, mithilfe derer er meint, diesem Kritikbegriff am besten gerecht werden zu können (vgl. ebd.). In ähnlicher Weise verbinden die Autor_innen des Bandes *Kritik mit Methode?* (2008) gesellschaftskritische Ansprüche. So zum Beispiel wollen Vertreter_innen Kritischer Diskursanalyse mithilfe ihrer Methode „dazu beitragen, Machtstrukturen offen zu legen und soziale Exklusionsprozesse zu skandalisieren" (Bartel et al. 2008: 53). Auf der Ebene der Forschung zu soziologischer Theorie und Methodologie lassen sich somit vielerlei Beiträge vorfinden, welche sich mit Möglichkeiten konkreter Kritik in der empirischen Gesellschaftsforschung befassen. Auf der Ebene der universitären Methodenlehre bestehen aus studentischer Perspektive allerdings noch einige Schwierigkeiten, die Herausforderungen kritischer Sozialforschung zu reflektieren und in die Lehre einzubinden.

3 Kritische Methodenlehre in studentischer Erfahrung

Während des sozialwissenschaftlichen Studiums habe ich den Theorie-Praxis-Transfer einer kritischen Soziologie besonders in der Methodenausbildung als herausfordernd erfahren. Das Transferproblem scheint mitunter gerade in der soziologischen Lehre als ein hartnäckiges und nur schwer zu beseitigendes auf. Während in theoretischen Seminaren die Diskussion von Kritikmodellen zu spürbarem Wissenszuwachs führen kann, ist die Begegnung mit „kritischen Methoden" innerhalb der akademischen Sozialisation in der soziologischen Disziplin keine Selbstverständlichkeit. Mit meinen Ausführungen schließe ich mich somit Constanze Oth an, die als studentische Co-Organisatorin der Tagung in ihrem Vortrag am zweiten Konferenztag Einblick in studentisches Erleben der Methodenausbildung gewährte. Sie verwies auf das Verhältnis von Gegenstand und Methode, das Adorno in seiner Einführungsvorlesung nach den Grundsätzen einer kritischen Soziologie herausgearbeitet hat (vgl. Oth 2012), wonach in der Soziologie die Methode „im weitesten Maß durch den Gegenstand vermittelt" werde und diese Vermittlung von der Disziplin selbst einzufangen sei (Adorno 2003: 121). „Methodenprobleme" sind für Adorno letztlich „Sachprobleme", und der Inhalt der soziologischen Erkenntnis durch die Methodenwahl bereits mitbestimmt (ebd.: 139). Dieses Methodenverständnis findet, wie Oth anhand eigener Erfahrungen schilderte, in der universitären Lehre der Soziologie nur erschwert Eingang. Etwas weiter ausgeführt lässt sich vielleicht festhalten, dass man in der

Methodenausbildung die Verflüchtigung eines im Idealfall immerhin theoretisch recht klar umrissenen Kritikverständnisses für die Methodenausbildung bestätigt. Es stellt sich also die Frage, wie die Einbindung eines Kritikbegriffs in die soziologische Methodenlehre gelingen kann, noch bevor man als Student_in aus einer Fülle von unterschiedlichen, eventuell „kritisch" genannten Methodologien zu wählen lernen soll. Die Vorstellung, eine Methode am Gegenstand entwickeln zu können, anstatt zunächst die Methode als isoliert angebotenes Modul gefasst zu sehen, zählt vermutlich eher zu den Raritäten des soziologischen Studiums. Gesetzt den Fall, dass man sich mit einem Begriff von kritischer Forschung für die eigene (nachwuchs)wissenschaftliche Praxis vertraut machen konnte: Wie wird man methodologisch der gegenständlichen Frage gerecht? Denn wenn die Methodenwahl und das „Forschungsdesign" idealtypisch aufs Engste mit dem Forschungsgegenstand verkoppelt ist, kann es wohl folgerichtig keine „kritische Methodologien" geben, ohne dass sie aus einem „kritischen Gegenstand" oder aus einer „kritischen Frage" entstehen. Methodenlehre erscheint somit als eben diejenige Ebene, die der Vermittlung zwischen kritischer sozialwissenschaftlicher Theorie und ihrer Praxis dienen muss. Sie gelingt aus studentischer Perspektive, wenn sie das Transferproblem reflektiert und so die Schwierigkeit Studierender, eine Einheit von kritischen Modellen und Methoden bilden zu wollen, ernst nimmt. Dies ist selbstverständlich aufwendig und wird im akademischen Betrieb nicht immer honoriert, was sich zum Beispiel an bereitgestellten Tutorien entsprechender Methodenseminare bemessen lässt. Problematisch ist zudem, dass überhaupt auf einen besonderen Kritikanspruch bestimmter Methoden aufmerksam gemacht wird oder werden muss – etwa bereits in der Seminarbetitelung (alle Methoden der Soziologie sollten kritische Methoden sein). Mit Constanze Oth teile ich den Eindruck, dass engagierte Methodenlehre erfahrbar machen kann, was nicht aus dem Lehrbuch erlernbar ist (vgl. Oth 2012). Und wie für Oth ist auch für mich das positive Erlebnis eines einjährigen Forschungspraktikums, in dem zunächst in einem Plenum, dann in kleinen Forschungsteams eigenständig empirische Forschungsfragen von der Themenfindung über die Methodendiskussion bis zur Datenproduktion und -interpretation und Publikation erarbeitet worden sind, entscheidend für eine Forschungshaltung gewesen, von der ich hoffe, dass sie in empirischer Arbeit meinem theoretisch skizzierten Kritikmodell gerecht werden kann. Ähnlich positive Erfahrungen Studierender mit dem Erlernen qualitativer Forschungsmethoden in praktischen Seminaren finden sich auch in dem Lernerfahrungsbericht Barbara Dieris' (2007), wenngleich sie sich darin nicht auf ein mögliches Kritikverständnis bezieht. In Debatten zur soziologischen Methodenlehre werden Konzepte zur Vermittlung etwa von Subjektivität und Reflexivität verhandelt, wie dies zum Beispiel Angela Kühner vom Standpunkt einer Lehrenden des von mir besuchten

Forschungspraktikums aus unternimmt (2012). Auch Bettina Dausiens spricht in ihrem Beitrag zum Erlernen von „Reflexivität, Vertrauen, Professionalität" von der Fähigkeit, „Methoden kritisch anzuwenden" oder Interpretationen „kritisch in den Blick zu nehmen" (2007). Damit meint Dausien primär selbst-kritische, also den eigenen Forschungsprozess reflektierende, Praxen. Wie auch für die Referent_innen und Organisator_innen des oben umrissenen Panels zu Kritik und Reflexivität scheint kritische Selbstreflexivität in der qualitativen empirischen Sozialforschung mittlerweile einen artikulierbaren Anspruch für soziologische Methodenlehre zu bilden. Für die künftige Auseinandersetzung mit Methodendidaktik lässt sich nunmehr die Frage formulieren, wie zusätzlich zu einer selbstkritischen die Vermittlung einer gesellschaftskritischen Position realisierbar sein kann. Aus dem zunächst frustrierenden Erlebnis im Rahmen des studentisch organisierten Panels, einen Kritikbegriff „im Nachhinein" an Methoden herantragen zu wollen, möchte ich also den Schluss ziehen, dass die Debatte um Forschungsmethoden und Gesellschaftskritik um den Punkt einer gesellschaftskritischen Methodenlehre erweitert werden muss. Diese Überlegungen aus studentischer Perspektive möchte ich deshalb mit dem Zukunftswunsch für die Disziplin beenden, dass Studierende bereits im Soziologiestudium lernen, aus Modellen der Kritik Fragen *und* Methoden für empirische qualitative Forschung zu entwickeln, ohne die kritische Selbstreflexivität zu vernachlässigen.

Literatur:

Adorno, Theodor W. (2003). *Einleitung in die Soziologie.* Frankfurt/M.: Suhrkamp.
Bartel, Daniel & Ullrich, Peter (2008). Kritische Diskursanalyse – Darstellung anhand der Analyse der Nahostberichterstattung linker Medien. In Ulrike Freikamp et al. (Hrsg.), *Kritik mit Methode? Forschungsmethoden und Gesellschaftskritik.* Texte rls 42. Berlin: Dietz, 53-72.
Bauman, Zygmunt (2002). Afterthought: On Writing; On Writing Sociology. *Cultural Studies –Critical Methodologies, 2*(3), 359-370.
Dausien, Bettina (2007). Reflexivität, Vertrauen, Professionalität. Was Studierende in einer gemeinsamen Praxis qualitativer Forschung lernen können. Diskussionsbeitrag zur FQS-Debatte ‚Lehren und Lernen der Methoden qualitativer Sozialforschung'. *Forum Qualitative Sozialforschung / Forum: Qualitative Social Research,* 8(1). Abgerufen am 02.03.2012 von URL http://nbn-resolving.de/urn:nbn:de:0114-fqs0701D4Da3.
Dieris, Barbara (2007). Was ist qualitative Forschung? – Eine studentische Lernerfahrung. Diskussionsbeitrag zur FQS-Debatte ‚Lehren und Lernen der Methoden qualitativer Sozialforschung'. *Forum Qualitative Sozialforschung / Forum: Qualitative Social Research,* 8(1). Abgerufen am 02.03.2013 von URL http://nbn-resolving.de/urn:nbn:de:0114-fqs0701D4Di2.

Jaeggi, Rahel & Wesche, Tilo (Hrsg.). 2009. *Was ist Kritik? Philosophische Positionen.* Frankfurt/M.: Suhrkamp.

Kühner, Angela (2012). Subjektivität und Reflexivität im Erkenntnisprozess. Drei Thesen zur Vermittlung einer adäquaten Forschungshaltung in der qualitativen Methoden-Lehre. *Freie Assoziation. Zeitschrift für das Unbewusste in Organisation und Kultur,* 151, 71-73.

Langer, Phil C. (2009). *Beschädigte Identitäten. Dynamiken des sexuellen Risikoverhaltens schwuler und bisexueller Männer.* Wiesbaden: VS Verlag.

Oth, Constanze (2012). Student's Introduction. Abgerufen am 10.10.12 von URL http://methodenkritik.de/programm/introduction-2/.

Winter, Rainer (2009). „Ein Plädoyer für kritische Perspektiven in der qualitativen Forschung." *Forum Qualitative Sozialforschung / Forum: Qualitative Social Research,* *12*(1). Art. 7. Abgerufen am 10.10.12 von URL http://nbn-resolving.de/urn:nbn:de 0114-fqs110171.

Reflexion als Verführung? Fünf Thesen zu den Ambivalenzen des Reflexivitätsanspruchs in qualitativer Forschung und Methodenausbildung

Panja Schweder, Phil C. Langer & Angela Kühner

Zusammenfassung: Der folgende Beitrag stellt einen Versuch dar, dem im Titel und der Einleitung des Bandes formulierten Anspruch auf Reflexivität in der Wissensproduktion gerecht zu werden, indem dieser Anspruch auf den vielfältigen Rekurs auf den Reflexivitätsbegriff in qualitativer Sozialforschung – und auch im Sammelband selbst – einer (selbst-)kritischen Betrachtung unterzogen werden soll. Er gründet auf der Lektüre der Beiträge und ihrer Diskussion mit den Autor*innen sowie Gesprächen mit Kolleg*innen am Institut für Soziologie der Goethe-Universität Frankfurt.[121] Er spiegelt die Ambivalenz der Herausgeber*innen des Sammelbandes wider, die Bedeutung einer reflexiven Haltung in der qualitativen Sozialforschung zu lancieren und zugleich einem gewissen Unbehagen an den Folgen von als entgrenzend wahrgenommener Reflexionsweisen Raum geben zu wollen. Die dazu formulierten Thesen, die letztlich auf die Frage einer angemessenen Vermittlung von Reflexivität als Haltung in der qualitativen Methodenausbildung hinauslaufen, sind mitnichten vollends zu Ende gedacht, sondern als durchaus kontroverse, vorläufige Diskussionsansätze zu verstehen.

1   Zur Konjunktur der Reflexivitätsrekurse

Affirmative Bezugnahmen auf und programmatische Einforderungen von Reflexivität haben in den Methodendebatten in qualitativer Sozialforschung seit einigen Jahren eine bemerkenswerte Konjunktur erfahren (vgl. z. B. Friebertshäuser, Rieder-Ladich & Wigger 2009). Sie verweisen dabei zum Teil auf sehr unter-

---

121 Die konkrete Produktionsweise dieses Beitrages bringt es mit sich, dass sie die im Prozess kollegialer Diskussion gemeinsam und situativ entwickelten Überlegungen zu Aussagen verfestigt, deren individueller Ursprung oft nur schwer identifizierbar (und damit auch nachweisbar) gemacht werden kann. Auch wenn der Beitrag den aktuellen wissenschaftlichen Konventionen folgend bestimmte Autor*innen aufweist, so soll damit dennoch keine ursprüngliche Autorschaft über das darin Formulierte eingefordert werden. Geschulte Leser*innen werden in vorhandenen Stilwechseln Einsprengsel insbesondere des für den Beitrag Mitte April 2013 in Frankfurt geführten Gesprächs mit Rolf Haubl finden, der an der dortigen Goethe-Universität den Lehrstuhl für Soziologie und psychoanalytische Sozialpsychologie innehat.

schiedliche Verständnisse des Begriffs, die sich in einem Spannungsfeld zwischen einer Begründung der Notwendigkeit von Reflexion zur methodischen Kontrolle der für qualitative Forschung konstitutiven Subjektivität im Sinne eines Objektivierungsanspruches auf der einen und einer Lancierung der Bedeutung von (Selbst-)Reflexion zur methodischen Nutzbarmachung dieser Subjektivität als erkenntnisleitendes Datum im Kontext einer generellen Objektivitäts- bzw. Objektivierungskritik auf der anderen Seite verorten lassen. Die beiden Pole dieses Spannungsverhältnisses werden mitunter durch die von Pierre Bourdieu (1993) eingeführten Begriffe der „wissenschaftlichen Reflexivität" und der „narzißtischen Reflexivität" markiert, auch wenn diese Zuschreibungen dem Selbstverständnis der sich auf Reflexivität berufenden Forscher*innen oftmals nicht gerecht werden. In dieser Hinsicht bildet sich in der Konjunktur der Bezugnahmen und Einforderungen eine sowohl produktive als auch diffuse Anschlussfähigkeit des Begriffs für sehr unterschiedliche Ziele ab, der ihn einem wissenschaftlichen „Plastikwort" (Pörksen 1998) verwandt macht. So deutlich sich ein Konsens über die Bedeutung von Reflexivität im Forschungsprozess in der Methodenliteratur abbildet, so wenig klar ist, inwieweit sich dieser Konsens letztlich auf einen gemeinsamen Signifikanten bezieht.

Der Begriff der reflexiven Wissensproduktion erhält insofern seine Schärfe erst, wenn man ihn abgrenzt gegenüber Erkenntnisformen, die als nicht reflexiv begriffen werden. In der Weber'schen Tradition würde man sagen: Eine nicht-reflexive Wissensproduktion ist eine Wissensproduktion, die über Routinen geht. Denn das Merkmal der Routine ist: Ich reproduziere das, was ich bereits kenne, und in dem Sinne denke ich nicht nach. In vieler Hinsicht mag es gut sein, routiniert und eben nicht reflexiv zu entscheiden, weil routinierte Entscheidungen effektiv sind und schneller gehen, auch wenn damit ein bestimmtes Risiko einhergeht, weil man unterstellt, dass die Situation, wie sie gestern und vorgestern war, dieselbe ist wie heute.

„Wissenschaftliche Reflexivität" erscheint in qualitativer Sozialforschung damit in gewissem Sinn trivial, insofern sie dem qualitativen Paradigma selbstverständlich eingeschrieben ist (Keupp 1993) und Bezugnahmen auf sie als Bemühen um Routinisierung des Einbezugs von Subjektivitätseffekten in die Interpretation von Daten verstanden werden können. Erklärungsbedürftig sind demgegenüber insbesondere die forcierten Ansprüche auf Reflexion als Zugang zur erkenntnisleitenden Subjektivität im Forschungsprozess, die auch in vielen Beiträgen des vorliegenden Bandes aufscheinen.

2 Reflexion als Sehnsucht nach Tiefe und Versprechen von Wahrheit

Reflexion ist in diesem zweiten Sinn ein verführerisches Versprechen eingeschrieben: Einen privilegierten Zugang zum Gegenstand des Erkenntnisinteresses durch die Nachverfolgung der eigenen Subjektivitätsspur im Forschungsprozess und in dem in diesem erhobenen Material zu erhalten. Als methodologisches Fundament dieses Versprechens wird nicht selten eine bestimmte Lesart des Buches *Angst und Methode* des Ethnopsychoanalytiker George Devereux (1967) in Anschlag gebracht, der zufolge Forschung stets etwas mit einem selbst zu tun habe und aufgrund der unhintergehbaren „Überschneidung von Objekt und Beobachter" (ebd.: 17) Angst erzeuge, die vielfache Irritationen und Störungen produziere und oft durch Wahl von standardisierten Methoden abgewehrt werde; demgegenüber wird mit Devereux betont, dass „jede taugliche verhaltenswissenschaftliche Methodologie diese Störungen als die signifikantesten und charakteristischsten Daten der Verhaltenswissenschaft behandeln" und „sich die aller Beobachtung inhärente Subjektivität als den Königsweg zu einer eher authentischen als fiktiven Objektivität dienstbar machen" müsse (ebd.: 18). In dieser Hinsicht wird die Reflexion der eigenen subjektiven Involviertheit in die Forschung, die sich über die Irritationen, schwierigen Gefühle und Ängste zeigt, als Wegweiser für den Erkenntnisprozess verstanden. Bildlich gesprochen: In Aussicht gestellt wird ein Weg, der es erlaubt, „näher" an die „Wahrheit" zu kommen, „tiefer" in die Daten einzutauchen, indem das, was gesucht wird, (nur) in einem selbst entdeckt werden kann. Dem liegt – bei aller expliziten Kritik an einer Metaphysik der Substanz und einem Positivismus der Wahrheit – mitunter eine Sehnsucht zugrunde, Forschung lasse etwas Substanzielles, etwas Tiefes über sich und sein/ihr Verhältnis zur Welt zu erfahren.

Diese bestimmte Form „narzißtischer Reflexivität", in der die Produktion von Erkenntnissen über das zu beforschende Fremde durch (Rück-)Spiegelung im subjektiven Eigenen avisiert wird, geht mitunter mit einer gewissen Verachtung von routinisierten, „konventionellen" Weisen von empirischer Forschung einher. Sie erlaubt die Aufwertung der eigenen Position als „reflexive Haltung" durch Abwertung von nicht-reflexiv und „naiv" belächelten Positionen Anderer. Die Fetischisierung von Reflexivität avanciert so zu einem (forschungs- und/oder gruppen-)identitätsstiftenden Statusmerkmal.

3 Der infinite Regress und der Verlust des Gegenstands von Forschung

So verführerisch dieser (selbst-)reflexive Drive, die Reflexion des Eigenen als Königsweg zum Verständnis des Fremden zu nehmen, so folgenreich ist er zu-

gleich, tendiert er doch dazu, in einem infiniten Regress den eigentlichen Forschungsgegenstand aus den Augen zu verlieren. *In extremis* führt etwa die reflektierende Nachverfolgung von affektiven Störungen von der bestimmten Forschungssituation über die Lektüre des daraus resultierenden Transkriptes in die
Interpretation in der Forschungsgruppe, deren Dynamik wiederum aufs Neue im
Hinblick auf erkenntnisleitende Irritationen zu reflektieren sind und in der selbst
das Fehlen entsprechender Irritationen als Irritation – Abwehr! – im Interpretati-
onsprozess reflexiv aufzuschließen sind etc. In diesem Punkt treffen sich im
Übrigen psychoanalytische und konstruktivistische Ansätze, sofern man Konstruktivismus versteht als Bewusstsein der Fabrikation von Erkenntnissen, von
Wirklichkeitsbildern. Denn was die Konstruktivisten ihrerseits gerne ausblenden,
ist, dass, wenn man konstruktivistisch denkt, auch anfangen muss zu sagen, wie
die Konstruktion verläuft – aber man wird nie an den Punkt kommen (und das ist
ja das konstruktivistische Credo), an dem keine weiteren Konstruktionen und
Dekonstruktionen mehr möglich sind. Die Ebenen der Reflexion der Reflexion
sind prinzipiell unendlich, die Lust am Prozess ersetzt den Zwang der Fixierung
von Ergebnissen.

Dieser Verführung nachzugeben geht mit einem verkürzten Verständnis von
dem einher, was in der Psychoanalyse Gegenübertragungsanalyse heißt und in
der Methodologie Devereux' eine zentrale Rolle spielt. Gegenübertragungsanalyse ist ja eine psychoanalytisch konzipierte Form von Selbstreflexion oder von
Reflexivität. Sie bezieht sich auf das Moment, wo die Spannung, die in der Er-
kenntnisdyade zwischen Subjekt und Subjekt besteht, nicht ausgehalten wird,
sondern das Reflexionsmedium benutzt wird, um etwas über sich zu erfahren.
Und das ist einem psychoanalytischen Verständnis geschuldet, das vermeintlich
meint: Wenn ich über mich nachdenke, erkenne ich etwas beim Gegenüber. Das
ist eine starke – pauschalisiert falsche – Annahme, die dazu führt, Reflexivität
zum Selbstzweck und – im Hinblick auf empirische Forschung – leeren Haltung
zu machen. Devereux sagt indes immer auch – und das wird in der Regel zu
wenig berücksichtigt –, dass die objektivierenden Methoden auch Schutz bieten:
Einen Schutz davor, in eine Situation hineingezogen zu werden, die letztendlich
eben nicht erkenntnisproduktiv ist, weil man aus dieser infiniten Reflexionsspira-
le nicht (mehr) herauskommt.

In dieser Hinsicht scheint der Übertragungsbegriff in den qualitativen Methoden mitunter herabgekommen zu sein zur Bezeichnung der Beziehung an
sich. Übertragung heißt aber analytisch ursprünglich einen Bruch im Selbstverständnis beider, eine Irritation in der Situation. In dem Sinne ist nicht alles Übertragung, nicht alles Gegenübertragung. Ich merke, dass ich gegenübertrage,
wenn ich plötzlich in meinem Selbstverständnis auf Punkte stoße, wo ich mich
selbst nicht wieder erkenne; wo ich an mir etwas entdecke, das eigentlich ein

Fremdkörper ist. Das ist in der Psychoanalyse die Bedingung dafür zu sagen: Das geht nicht von mir aus, sondern ich bin nur der Empfänger von etwas, das von Gegenüber kommt. Da erkenne ich das Gegenüber. Aber ich erkenne ihn in Krisensituationen. Übertragung-Gegenübertragung ist wichtig, wenn eine Krise entstanden ist, wenn eine Irritation entstanden ist, wenn routinisiertes Verstehen nicht funktioniert, wenn es mit hohen Affekten einhergeht, die ich von mir nicht gewohnt bin, wenn es also einen Bruch in der sozialen Situation gibt. Und in diesem Bruch ist dann die Regel: Nimm in den Blick, wie eure Beziehung eigentlich funktioniert. Nimm in den Blick, was dieser Fremdkörper eigentlich ist. Indes: In der Verabsolutierung dieser Einstellung wird Reflexion leer. Sie wird unter Umständen zu einem Shibboleth für Narzissmus.

4 Über das Setzen von Grenzen und das Bewusstsein der medialen Abhängigkeit

Bei Reflexion muss es, soll diese für qualitative Forschung fruchtbar gemacht werden, daher um zweierlei gehen: Das Medium zu begreifen, an dem etwas reflektiert wird, und eine Grenze zu setzen, um den prinzipiell endlosen Reflexionsprozess für das eigene Forschungsanliegen zu nutzen. Das Ergebnis der Reflexion ist stets abhängig von deren Medium. Um zu verstehen, was jemand von sich sieht, wenn er sich reflektiert, muss ich das Medium kennen, in dem er sich reflektiert. Das wird am Spiegel als dem Medium *par excellence* von Reflexion deutlich, von dem in der Regel angenommen wird, dass er die in ihn Blickenden objektiv abbildet. Das ist aber nicht der Fall, denn der Spiegel ist ein raffiniertes Ding, weil es seine Eigenbeteiligung an der Reflexion versteckt. Das merkt man dann, wenn Spiegel hinten abblättern und plötzlich einen blinden Fleck haben oder wenn sie gefärbt sind oder wenn sie Zerrspiegel sind. Der Spiegel ist immer mit seinen eigenen Gesetzlichkeiten als Medium im Spiel. Dies trifft auch für die Reflexion im Forschungsprozess zu, deren Medien etwa das Gegenüber im Interview oder die Interpretationsgruppe bei der Diskussion der Daten sein kann. Im Grunde genommen könnte man sagen: Ich kann diesen Spiegelungen überhaupt nicht entgehen, weil das Bild, das ich von mir habe, auch ein Bild ist, das von außen entwickelt wird; mit dem ich mich dann identifiziere oder nicht identifiziere.

Der infinite Regress, den eine grenzenlose Reflexionsdynamik in Szene setzt, kann letztlich nur pragmatisch unterbunden werden. Im konkreten Forschungsprozess setzen Zeitdruck und Ressourcenknappheit diese Grenzen. Knappheit der Ressourcen kann auch heißen, dass der/dem Forschenden nichts mehr einfällt. Sie/er ist mit den eigenen Lesarten erschöpft, woraus sich die Idee ableitet, eine Gruppe zu bilden. Interpretationsgruppen dienen in dieser Hinsicht nicht nur als Validierungsinstrument, sondern auch als Medien zur Begründung eines verbesserten Entdeckungszusammenhangs für Lesarten. Doch auch hier wird ein Zustand einer „affektiven Sättigung" erreicht werden, der selbst nicht einfach als Irritation negiert, sondern – analog etwa zur „theoretischen Sättigung" im Forschungsstil der *Grounded Theory* – als Fixierungsmoment von Bedeutung ernst genommen werden will.

Letztlich gibt es zwei Zustände, in denen man nichts erfährt: Wenn man zu weit weg von etwas ist und wenn man zu dicht dran ist. Forschungsprozesse haben immer etwas mit der Ausbalancierung von Nähe und Distanz zu tun. Die kann man auch nicht ein für allemal festlegen, die wird sich auch im Gespräch immer wieder verändern. Aber es ist eine notwendige Bemühung im Forschungsprozess, eine produktive Nähe, die gleichzeitig eine produktive Distanz ist, zu gewinnen. Das Bemühen um diese Grenzen als ein permanentes Ringen um einen optimalen Abstand der beide Seiten nicht verletzt, ist wichtig und setzt voraus, dass ich dem Beforschten nicht als Person, sondern als Rollenträger begegne.

5   Perspektiven einer „reflexiven Methodenvermittlung"

Wie aber kann es gelingen, das Verführungspotenzial, das in einer reflexiven Haltung in qualitativer Forschung begründet liegt, für die Methodenausbildung zu nutzen, ohne in die folgenreiche Dynamik der (im Forschungssinn) „leeren" Selbstbespiegelung hineinzugeraten? Trotz der hier vorgebrachten Kritik an bestimmten Tendenzen innerhalb qualitativer Forschung, daran möchten wir keinen Zweifel lassen, halten wir die Einübung einer „reflexiven Haltung" in der qualitativen Methodenausbildung für unverzichtbar. Zugleich ist es bemerkenswert, dass angesichts der vielfachen Betonungen der Bedeutung von Reflexivität als wesentlicher Fähigkeit qualitativ Forschender bislang vergleichsweise wenig darüber geschrieben wurde, wie diese in der akademischen Lehre vermittelt werden könne.

Eine Ausnahme im deutschsprachigen Raum bietet Bettina Dausien (2007) in ihrem Diskussionsbeitrag zur Debatte „Lehren und Lernen der Methoden qualitativer Sozialforschung" in der Online-Zeitschrift *Forum qualitative Sozialforschung*, in dem sie – unter Bezug auf Bourdieus Begriff der „wissenschaftlichen Reflexivität" auf das Potenzial von Forschungswerkstätten als soziale Lernräume in qualitativer Forschung verweist:

Mein Argument ist nun, dass durch die Teilnahme an der Praxis qualitativer Forschung, insbesondere im Rahmen eines Teams oder einer Interpretationsgemeinschaft [...], jene Elemente wissenschaftlicher Reflexivität systematisch „eingeübt" werden können. Studierende, die sich an qualitativer Forschung beteiligen, werden angeleitet, empirische Erfahrungen systematisch zu rekonstruieren, Methoden kritisch anzuwenden und zu hinterfragen und sich gedanklich mit Phänomenen auseinanderzusetzen, also eigene theoretische „Modelle" und argumentative „Netze" zu entwickeln – und zwar in einem Rahmen, der sie potenziell immer wieder darauf zurückführt, die Bedingungen und Praktiken, in denen derartige Modelle oder Interpretationen entwickelt werden, kritisch in den Blick zu nehmen. Diese Form der Reflexivität impliziert vor allem die Fähigkeit zur Distanznahme gegenüber „selbstverständlichen" Deutungen und der eigenen Interpretationspraxis. Sie übt in der „Befremdung des eigenen Blicks".

Angesichts der oben skizzierten Überlegungen zur Funktion des Spiegels als Medium im Vorgang der Reflexion erscheint es gleichwohl wichtig, dass es sich bei der Interpretationsgruppe nicht um einen „perfekten", also illusionären Spiegel handelt, sondern einen, der die eigene Position irritiert, die Macht des Imaginären bricht und zur Symbolisierung zwingt.

Ping-Chun Hsiung (2008) entwickelt in einem Beitrag aus ihrer akademischen Lehrpraxis zu diesem Zweck einen Leitfaden, der es Studierenden ermöglichen soll, sich ihres „konzeptionellen Gepäcks", das sie in die Forschung implizit einbringen, bewusst zu werden. Aus ihrer Forschungswerkstatt führt sie dazu folgendes Beispiel an:[122]

Identification	Personal Location	Possible Advantage	Possible Barriers
Research Interest	Conflict resolution in interpersonal relationships	Treating intergenerational relationships as a particular type of interpersonal relationships	Never have carried out a qualitative interview before
Personal Agenda	Learning how parents and children deal with the generational gap	Open minded	Does not know what to expect
Biography, Beliefs	Second child in a nuclear family	Can relate to the informant	White, female
Socio-Economic Position	Middle class	Knowing what it is to be in a nuclear, middle-class familiy	Do not know what it is like to be in a working-class family

---

122 Die folgende Tabelle ist Hsiung (2008: 220) entnommen.

In diesem Fall scheint das in den letzten Jahren in qualitativer Forschung ebenfalls forcierte Konzept der Positionalität als ein Bindeglied zwischen Bourdieus
„narzisstischer" und „wissenschaftlicher" Reflexivität zu fungieren.
Inwieweit die Einübung einer reflexiven Haltung durch entsprechende didaktische Operationalisierungen, die den Anforderungen eines semesterweise
immer kurzfristiger orientierten akademischen Lehrbetriebs nachkommen, nachhaltig realisieren lässt, oder welche „blinde Flecken" sich durch längerfristige
Einbezüge von Studierenden in Forschungswerkstätten, die nicht selten als durch
Meister-Schüler-Verhältnisse geprägte *Ingroups* funktionieren, ergeben, die dem
Ziel der Vermittlung von Reflexivität paradoxerweise entgegenlaufen, muss an
dieser Stelle offen bleiben. In jedem Fall erscheint es lohnenswert, über die
Möglichkeiten, die notwendige Strenge wissenschaftlicher Reflexivität und das
verführerische Phantasma der Tiefe narzisstischer Reflexivität in der qualitativen
Methodenlehre zusammenzubringen, weiter nachzudenken.
Aus psychoanalytischer Sicht plädiert Rolf Haubl dabei für ein Vorgehen,
das jene „Tiefe" nicht als Ausgangspunkt in qualitativer Methodenlehre und
Forschungsbetreuung nimmt, da eine so konzipierte Forschung dazu tendiert, mit
Funktionen der Therapie aufgeladen zu werden:

> Ich würde immer versuchen, von der Oberfläche in die Tiefe zu gehen – und nicht
> gleich mit der Tiefe anfangen. Denn das wäre eine Verachtung der Oberfläche. Die
> Frage nach dem richtigen Abstand ist für mich zugleich immer auch eine Frage bei
> der Themenwahl von Arbeiten. Wie weit gehe ich damit? Denn es gibt viele Studie-
> rende, die möchten eigentlich Arbeiten schreiben, weil sie selbst von dem Gegen-
> stand in irgendeiner Weise betroffen sind. Und jetzt ist die Frage: Verbietet sich das
> von vornherein? Geht das gar nicht? Das würde ich nicht sagen, es geht schon. Aber
> es bedarf einer stärkeren Begleitung und es gilt die Regel: Man ist in den Bereichen
> gut, wo man dieselben Probleme hatte, aber sie in der Zwischenzeit bewältigt hat.
> Wenn ich Unbewusstheit analytisch ernst nehme, dann ist das existenziell. Und die-
> ses Existenzielle hat eine große Faszination. Man ist an den großen Themen dran
> wie Gewalt, Vernichtung, Liebe, Tod. Aber gleichzeitig ist man auch bereit, seine
> eigenen Schutzmechanismen aufzugeben.[123]

Als Lehrende haben wir in dieser Hinsicht nicht nur die Aufgabe der Vermittlung von Forschungskompetenzen, zu denen zweifelsohne Reflexivität wesentlich gehört, sondern eine Verantwortung, die Studierenden bei der Entwicklung
eines eigenen Forschungsstils kritisch zu begleiten. Das bezeichnet nicht nur
didaktische Herausforderungen, sondern betrifft immer wieder aufs Neue das
Rollen- und Selbstverständnis von uns Lehrenden. Qualitative Sozialforschung

---

123 Zitiert nach dem Transkript des Gesprächs mit Rolf Haubl vom 16.04.2013. Für die Transkrip-
    tion sei Drew Mazyck gedankt.

verlange demnach, wie Angela Kühner (2012: 73) in einem – ebenfalls in Thesen formulierten – Beitrag zur Vermittlung einer adäquaten Forschungshaltung in der qualitativen Methodenlehre vermerkt, „von Lehrenden wie Lernenden immer wieder die Bereitschaft, sich auf Nicht-Wissen (Unbekanntes) einzulassen":

> In der Wissensgesellschaft hat die Wertschätzung für das Nichtwissen einen schweren Stand (vgl. Wehling 2006). Psychoanalytisch betrachtet ist jedoch die Wahrnehmung, dass ich etwas nicht verstanden habe oder nicht weiß, die zentrale Voraussetzung für das Verstehen, für Entwicklung und Veränderung. Die Gefahr liegt nicht darin, zu langsam zu verstehen, sondern zu schnell zu denken, dass man schon verstanden hat. Dieser Umgang mit dem Nichtwissen ist nicht nur für Studierende, sondern gerade auch für Lehrende eine große Herausforderung, denn das Selbstverständnis, Wissende zu sein, gehört zum Kern ihrer professionellen Identität (vgl. French/Simpson 1999). Konzepte wie „negative capability" (Bion 1984) oder das Konzept der „Kompetenzlosigkeitskompetenz" (Mecheril 2004) aus der interkulturellen Beratung können helfen, die Fähigkeit zur Verunsicherung als notwendige professionelle Fähigkeit in diesem Kontext zu begreifen und schließlich auch den Studierenden zu vermitteln: Lehrende haben eine Vorsprung, den sie nicht leugnen sollten, doch Forschung bedeutet auch für sie, sich immer wieder auf neues Terrain zu begeben: Angst zu überwinden und darauf zu vertrauen, dass sich danach auch wieder der – für Forschung ebenfalls essenzielle – Mut einstellt.

Literatur:

Bion, Winfred (1984). *Attention and Interpretation*. London: Karnac.

Bourdieu, Pierre (1993). Narzißtische Reflexivität und wissenschaftliche Reflexivität. In Eberhard Berg & Martin Fuchs (Hrsg.), *Kultur, soziale Praxis, Text. Die Krise der ethnographischen Repräsentation* (S.365-374). Frankfurt/M.: Campus.

Dausien, Bettina (2007). Reflexivität, Vertrauen, Professionalität. Was Studierende in einer gemeinsamen Praxis qualitativer Forschung lernen können. *Forum Qualitative Sozialforschung*, *8*(1). Abgerufen am 1.5.2013 von URL http://nbn-resolving.de/urn:nbn:de:0114-fqs0701D4Da3.

Devereux, George (1967). *Angst und Methode in den Verhaltenswissenschaften*. München: Hanser.

Friebertshäuser, Barabara, Rieder-Ladich, Markus & Wigger, Lothar (2009). *Reflexive Erziehungswissenschaft. Forschungsperspektiven im Anschluss an Pierre Bourdieu*. Wiesbaden: VS Verlag für Sozialwissenschaften.

Hsiung, Ping-Chun (2008). Teaching Reflexivity in Qualitative Interviewing. *Teaching Sociology, 36*, 211-226.

Keupp, Heiner (1993). Einführung: Für eine Reflexive Sozialpsychologie. In ders. (Hrsg.), *Zugänge zum Subjekt. Perspektiven einer reflexiven Sozialpsychologie*. Frankfurt/M.: Suhrkamp, 7-20.

Kühner Angela (2011). „Angst und Methode" – Überlegungen zur Relevanz von Devereux' These für das Selbstverständnis kritischer Sozialwissenschaft heute. In Hoyer, Timo, Beumer, Ulrich & Leuzinger-Bohleber, Marianne & (Hrsg.), *Jenseits des Individuums. Emotion und Organisation.* Göttingen: Vandenhoeck, 111-130.

Kühner, Angela (2012). Subjektivität und Reflexivität im Erkenntnisprozess. Drei Thesen zur Vermittlung einer adäquaten Forschungshaltung in der qualitativen Methodenlehre. *Freie Assoziation, 15*(1), S. 71–74.

Mecheril, Paul (2004): *Einführung in die Migrationspädagogik.* Weinheim & Basel: Beltz.

Pörksen, Uwe (1988). *Plastikwörter. Die Sprache einer internationalen Diktatur.* Stuttgart: Reclam.

Wehling, Peter (2006): *Im Schatten des Wissens? Perspektiven der Soziologie des Nichtwissens.* Konstanz: UVK.

Autor*innen

Dr. Alexander **Geimer**, 1977, arbeitet seit 2012 am Institut für Soziologie der Universität Hamburg (insbesondere im Bereich Methoden der qualitativen Sozialforschung) als Juniorprofessor. Er studierte Soziologie und Neuere Dt. Literatur an der Universität Mannheim und Tübingen (1999-2005) und absolvierte seine Promotion an der Freien Universität Berlin (2009), wo er im Arbeitsbereich Philosophie der Erziehung (2005-2007) und Qualitative Bildungsforschung (2007-2012) tätig war. Daneben war er als Lehrkraft an der Universität Oldenburg, der Universität Lüneburg, der Universität Klagenfurt und der International Psychoanalytic University Berlin tätig. Seine Forschungsinteressen liegen insbesondere im Bereich der Medien(rezeptions)forschung, Diskurs- bzw. Subjektivierungsanalyse, praxeologische Wissenssoziologie, Cultural Studies und Entwicklung qualitativer Methoden.

Vesna **Glavaski**, studierte von 2008 bis 2013 Soziologie, psychoanalytische Sozialpsychologie und Psychoanalyse an der Goethe-Universität in Frankfurt. In ihrer Qualifikationsarbeit untersuchte sie das Verhältnis von Identifizierung und transgenerativer Weitergabe von Traumata im Kontext des ehemaligen Jugoslawiens. Zu den weiteren Interessenschwerpunkten zählen sozialpsychologische Fragestellungen in Bezug auf Migration und Identitätsempfinden, subjekt- und identitätstheoretische Ansätze sowie Diskussionsstränge bezüglich des Verhältnisses von Kritik und Subjekt im Rahmen kritischer Gesellschaftstheorie.

Katharina **Hametner** ist Psychologin und lehrt an der Sigmund Freud Privatuniversität Wien (SFU) im Fachbereich qualitative Methoden. Derzeit dissertiert sie an der Universität Wien zum Thema „Rassismus und Biographie: Ethnisierungs- und Rassismuserfahrungen 'türkisch-österreichischer' Frauen". Sie ist Gründungsmitglied des Instituts für Kulturpsychologie und qualitative Sozialforschung (ikus) sowie Mitglied der Forschungsgruppe Kritische Migrationsforschung (Krimi) und der AG Kritische Sozialpsychologie an der SFU.

Ping-Chun **Hsiung**, PhD, ist Assistenzprofessorin am Department of Sociology und Mitglied des Centre for Critical Qualitative Health Research der University von Toronto. Sie arbeitet derzeit an einer Historiografie qualitativer Forschung in China. Ihre Arbeit zielt auf ein Verständnis der Entwicklung und der Praktiken qualitativen Forschens an den Rändern eines sich globalisierenden Forschungsfeldes.

Alexandra **Ivanova**, M. A., hat Japanologie (B. A.) und Soziologie (M. A.) an der Goethe-Universität in Frankfurt am Main studiert. Ihre Forschungsinteressen liegen im Bereich soziologischer Ideengeschichte, psychoanalytischer Sozialforschung und kritischer Gesellschaftstheorie. Derzeit ist sie als wissenschaftliche Hilfskraft am Uni-Fachbereich Gesellschaftswissenschaften in Frankfurt tätig.

Dr. Yeşim **Kasap Çetingök** hat an der Goethe-Universität Frankfurt Erziehungswissenschaften studiert und in dem Fach promoviert. Sie war von 2007 bis 2012 Lehrbeauftragte an der Goethe-Universität und der Universität Bielefeld sowie Projektmitarbeiterin in der universitären Forschung (Übergangsgespräche für weiterführende Schulen in Hessen) und im außeruniversitären Bereich (Projektleitung und Durchführung des Modellprojektes der Multiplikatorenausbildung in Grundschulen und in Kindertagesstätten). Seit März 2012 ist sie Universitätsassistentin im Bereich der Migration und Bildung im Institut für Erziehungswissenschaft an der Leopold-Franzens-Universität Innsbruck. Ihre Lehr- und Forschungsschwerpunkte betreffen Pädagogische Professionalität, Subjektwerdung und Beratung in der Migrations- und Wissensgesellschaft (auch in vergleichenden Kontexten).

Dr. Angela **Kühner**, ist wissenschaftliche Mitarbeiterin am Fachbereich Gesellschaftswissenschaften der Johann Wolfgang Goethe-Universität Frankfurt, Arbeitsbereich Soziologie und psychoanalytische Sozialpsychologie. Sie promoviert in Sozialpsychologie an der Ludwig-Maximilians-Universität München zum Thema „Trauma und Kollektives Gedächtnis". Im Wintersemester 2011/2012 vertrate sie die Professur für Methoden der qualitativen empirischen Sozialforschung am FB Gesellschaftswissenschaften und veranstaltete in diesem Rahmen zusammen mit Phil C. Langer die Tagung „(Be)Deutungsansprüche in qualitativer Forschung. Positionen, Strategien und Perspektiven (selbst-)kritischer Wissensproduktion", die Ausgangspunkt des vorliegenden Bandes war.

Dr. Phil C. **Langer** ist seit 2011 Juniorprofessor für Soziologie mit dem Schwerpunkt soziologische Sozialpsychologie am Fachbereich Gesellschaftswissenschaften der Goethe-Universität Frankfurt. Er studierte Germanistik, Psychologie und Politikwissenschaft in München, Berlin und London und promovierte in Germanistik (2002) und Psychologie (2009) in München. Er arbeitete u.a. als Lehrbeauftragter am Zentrum für transdisziplinäre Geschlechterstudien der Humboldt-Universität Berlin und an der Sozial- und Wirtschaftswissenschaftlichen Fakultät der Universität Potsdam, als wissenschaftlicher Mitarbeiter am Department für Psychologie der Universität München und am Sozialwissenschaftlichen Institut der Bundeswehr in Strausberg. Im Rahmen von qualitativen Forschungsprojekten untersuchte er psychosoziale Dynamiken der Beschädigung schwuler Identität, Hintergründe von HIV-Spätdiagnosen und Erfahrungen kollektiver Gewalt in Afghanistan. Er arbeitet derzeit an einem Lehrbuch zu partizipativer Forschung.

Dr. Ulrich **Oevermann** war bis zu seiner Emeritierung 2008 Inhaber des Lehrstuhls für Soziologie und Sozialpsychologie mit dem Schwerpunkt Methoden der interpretativen empirischen Sozialforschung am Fachbereich Gesellschaftswissenschaften der Goethe-Universität Frankfurt.

Constanze **Oth** studierte von 2007 bis 2013 Soziologie, Psychologie und Psychoanalyse an der Goethe-Universität Frankfurt. In ihrer Diplomarbeit untersuchte sie Gruppendynamiken und Abwehrstrukturen in Interpretationsgruppen im Kontext der qualitativen Sozialforschung. Ihre Forschungs- und Interessenschwerpunkte sind psychoanalytische Theorie und psychoanalytische Sozialforschung, Methodologie und Methodik qualitativer Forschung sowie subjekttheoretische Fragestellungen im Rassismusdiskurs.

Karolina **Rakoczy** ist Literaturwissenschaftlerin, Literaturübersetzerin und Autorin. Von 2006 bis 2012 war sie wissenschaftliche Mitarbeiterin am Institut für Allgemeine und Vergleichende Literaturwissenschaft der Johannes Gutenberg-Universität Mainz. Veröffentlichungen in Vorbereitung: Die Zäsur des Ersten Weltkrieges in der deutschen und polnischen Lyrik sowie die Zäsuren 1945 und 1989 im deutsch-polnischen Vergleich.

Bettina **Schmidt**, hat Interkulturelle Pädagogik an der Universität Oldenburg studiert und ist freiberuflich in der politischen Bildungsarbeit tätig, insbesondere mit dem Anti-Bias-Ansatz (Anti-Diskriminierungsarbeit) in der Anti-Bias-Werkstatt. Von 2009-2012 war sie Promotionsstipendiatin der Rosa-Luxemburg-Stiftung, seit Juli 2012 ist sie wissenschaftliche Mitarbeiterin an der Universität Oldenburg. Ihre Promotion zielt auf eine praxisbegleitende, subjektwissenschaftliche Forschung mit Blick auf Spannungsverhältnisse in der politischen Bildungsarbeit an Schulen im Themenfeld von 'Vielfalt und Demokratie'. Ein Artikel dazu ist im Februar 2012 im Jahrbuch der Rosa-Luxemburg-Stiftung erschienen (abrufbar unter ULR http://www.rosalux.de/publication/38203/work-in-progress-work-on-progress.html).

Panja **Schweder** hat an der Johann Wolfgang Goethe-Universität Frankfurt Soziologie mit dem Schwerpunkt Sozialpsychologie studiert. Seit 2009 ist sie wissenschaftliche Mitarbeiterin im Bereich psychoanalytische Sozialpsychologie des Fachbereichs Soziologie in Frankfurt. Für Ihre Promotion arbeitet sie an der Frage, wie partizipative Forschung und deren Erkenntnisse im Rahmen von professioneller Beratung in die Praxis zurückgegeben werden können, dies am Beispiel des Handlungsdrucks durch den demografischen Wandel in kleinen Kommunen auf dem Land. Weitere Interessenschwerpunkte sind Stadtsoziologie und Organisationssoziologie sowie psychoanalytisch inspirierte Sozialforschung. Sie ist Projektleiterin eines Forschungsprojektes zu „triangulierten Gesprächen im Beratungskontext von Schulen" (Informationen dazu über http://www.sfi-frankfurt.de/forschung/forschungsfeld-5/triangulierte-gespraeche-im-beratungskontext-von-schulen.html).

The manufacturer's authorised representative in the EU is Springer
Nature Customer Service Centre GmbH, Europaplatz 3, 69115 Heidelberg,
Germany. If you have any concerns regarding our products, please
contact ProductSafety@springernature.com

Printed and bound by CPI Group (UK) Ltd, Croydon, CR0 4YY
23/04/2026
02095642-0002